高等职业教育财会专业系列教材

新编企业纳税实务

（第 4 版）

主　编　高　敏　邹　莉　徐　珊
副主编　邵　珊　甄立敏

微信扫描
获取课件等资源

南京大学出版社

内容简介

本书以省级精品课程“纳税会计实务”为基础，按照工作过程导向式课程改革的理念，以“项目导向，任务驱动”教学法来设计体例，安排教学内容。全书共有10个项目，每个项目根据实际工作需要划分为若干任务，每个任务设计了具体的知识和技能要求；将相关理论嵌入各个相关的工作项目中，穿插到企业办税业务的操作过程中，涵盖了作为纳税主体的企业在不同环节的应纳税种类、应纳税额的计算与核算，以及申报纳税和会计处理的方法，构建了理论实践一体化教学的内容体系。

本书可作为高职高专院校会计、审计、财务管理等专业的教材，也可作为广大税务、财会岗位工作人员的参考用书。

图书在版编目(CIP)数据

新编企业纳税实务 / 高敏，邹莉，徐珊主编. -- 4版. -- 南京 ：南京大学出版社，2022.6

ISBN 978-7-305-25656-1

Ⅰ. ①企… Ⅱ. ①高… ②邹… ③徐… Ⅲ. ①企业管理－税收管理－中国－高等职业教育－教材 Ⅳ. ①F279.235.4

中国版本图书馆CIP数据核字(2022)第068873号

出版发行 南京大学出版社
社 址 南京市汉口路22号 邮 编 210093
出 版 人 金鑫荣

书 名 新编企业纳税实务
主 编 高 敏 邹 莉 徐 珊
责任编辑 武 坦 编辑热线 025-83592315

照 排 南京南琳图文制作有限公司
印 刷 江苏扬中印刷有限公司
开 本 787×1092 1/16 印张17.75 字数432千
版 次 2022年6月第4版 2022年6月第1次印刷
ISBN 978-7-305-25656-1
定 价 49.80元

网址：http://www.njupco.com
官方微博：http://weibo.com/njupco
微信服务号：njuyuexue
销售咨询热线：(025) 83594756

前 言

2018 年以来，我国财税改革继续发力，多项税收政策进行了重大的调整，因此，我们以截至 2021 年 12 月 1 日的税收政策和会计准则为主要依据，再次对本教材进行了修订和进一步完善。主要变化如下：

（1）根据新增值税政策修订了项目三～项目九。

为贯彻落实党中央、国务院决策部署，推进增值税实质性减税，发布了《关于深化增值税改革有关政策的公告》（财政部 税务总局 海关总署公告 2019 年第 39 号）、《国家税务总局关于增值税、消费税与附加税费申报表整合有关事项的公告》（国家税务总局公告 2021 年第 20 号），公告涉及增值税税率调整等 8 项重大措施，对本教材各章节的内容讲解、会计处理、例题、习题和纳税申报表等均有很大影响，对涉及的变化均做了修订。

（2）根据新《中华人民共和国个人所得税法》及相关政策修订了项目十。

2018 年 8 月 31 日我国新修订了《中华人民共和国个人所得税法》，随后，陆续发布了新《中华人民共和国个人所得税实施条例》及其他相关政策。此次根据个税新政，对项目十的内容讲解、会计处理、例题、习题和纳税申报表均做了修订。

（3）根据其他税收新政策，分别修订了各项目相关内容。

2018 年 7 月 1 日起施行的《中华人民共和国烟叶税法》，2019 年 9 月 1 日起施行的《中华人民共和国耕地占用税法》，2019 年 7 月 1 日起施行的《中华人民共和国车辆购置税法》，2021 年 7 月 1 日起施行的《中华人民共和国印花税》等，以及其他相关政策、纳税申报表的调整，对本教材各项目均有影响，本次对政策和纳税申报表涉及的变化均做了修订。

本教材由咸宁职业技术学院高敏、湖北三峡职业技术学院邹莉、福建商学院徐珊担任主编，咸宁职业技术学院邵珊、河北软件职业技术学院甄立敏担任副主编。高敏负责全书初稿的修改和定稿。

编者力争使教材内容及时反映最新变化，但由于水平有限，加之时间仓促，教材中难免存在疏漏之处，敬请读者批评指正。

编　者

2022 年 4 月

目 录

项目一
熟悉企业纳税工作

学习目标

通过学习，了解税法的含义及特点，掌握税制的构成要素，熟悉我国现行税法体系。

任务一　税收基本理论职业能力学习

一、税法的含义与特点

（一）税法的含义

税收是政府为了满足社会公共需要，凭借政治权力，强制、无偿地取得财政收入的一种形式。税收是国家取得财政收入的一种重要工具，其本质是一种分配关系。国家征税的依据是政治权力，它有别于按生产要素进行的分配。国家课征税款的目的是满足社会公共需要。

税法，即税收法律制度，是国家制定的用以调整国家与纳税人之间在征税、纳税方面的权利与义务关系的法律规范的总称。税法体现为法律这一规范形式，是税收制度的核心内容。

（二）税法的特点

税法具有义务性法规和综合性法规的特点。

(1) 从法律性质上看，税法属于义务性法规，以规定纳税人的义务为主。这一特点是由税收的无偿性和强制性所决定的。

税法作为强制性规范，即对于一切满足税收要素的纳税人，均应根据税法缴纳税款，而不允许行政机关与纳税人之间达成默契变动法定纳税义务的内容。

(2) 税法具有综合性，它是由一系列单行税收法律法规及行政规章制度组成的体系，其内容涉及课税的基本原则、征纳双方的权利和义务、税收管理规则、法律责任、解决税务争议的法律规范等。这一特点是由税收制度所调整的税收分配关系和税收法律关系的复杂性所决定的。

二、税法原则

税法原则是一个国家调整税收关系的基本规律的抽象和概括，是贯穿税法的立法、执法、司法和守法全过程的具有普遍指导意义的法律准则。其实质就是税收的经济基本职能的法律原则化。税法原则包括税法基本原则和税法适用原则。

（一）税法基本原则

税法基本原则是统领所有税收规范的根本准则，为包括税收立法、执法、司法在内的一切税收活动所必须遵守。

1. 税收法定原则

税收法定原则也称为税收法定主义，是指税法主体的权利义务必须由法律加以规定，税法的各类构成要素都必须且只能由法律予以明确。税收法定原则贯穿税收立法和执法的全部领域，其内容包括税收要件法定原则和税务合法性原则。

（1）税收要件法定原则是指有关纳税人、课税对象、课税标准等税收要件必须以法律形式做出规定，且有关课税要素的规定必须尽量明确。

（2）税务合法性原则是指税务机关按法定程序依法征税，不得随意减征、停征或免征，无法律依据不征税。

提示

税收法定原则是税法基本原则的核心。

2. 税收公平原则

税收公平包括税收横向公平和纵向公平，即税收负担必须根据纳税人的负担能力分配——负担能力相等，税负相同；负担能力不等，税负不同。税收公平原则源于法律的平等性原则，因此许多国家的税法在贯彻税收公平原则时，都特别强调“禁止不平等对待”的法理，禁止对特定纳税人给予歧视性对待，也禁止在没有正当理由的情况下对特定纳税人给予特别优惠。

3. 税收效率原则

税收效率原则所要求的是以最小的费用获取最大的税收收入，并利用其经济调控作用最大限度地促进经济发展，或者最大限度地减轻税收对经济发展的妨碍。税收效率原则包含两个方面：一是经济效率，二是行政效率。前者要求税法的制定要有利于资源的有效配置和经济体制的有效运行，后者要求提高税收行政效率。

4. 实质课税原则

实质课税原则是指根据客观事实确定是否符合课税要件，并根据纳税人的真实负担能力决定纳税人的税负，而不能仅考虑相关外观和形式。

(二) 税法适用原则

1. 法律优位原则

其基本含义为法律的效力高于行政立法的效力，还可进一步推论税收行政法规的效力优于税收行政规章效力；效力低的税法与效力高的税法发生冲突时，效力低的税法是无效的。

2. 法律不溯及既往原则

新法实施后，之前人们的行为不适用新法，而只沿用旧法。

3. 新法优于旧法原则

这也称为后法优于先法原则，即新旧法对同一事项有不同规定时，新法的效力优于旧法。

4. 特别法优于普通法原则

对同一事项，两部法律分别订有一般和特别规定时，特别规定的效力高于一般规定的效力。本原则打破了税法效力等级的限制，居于特别法地位级别比较低的税法，其效力可高于作为普通法的级别比较高的税法。

5. 实体从旧，程序从新原则

实体从旧，程序从新原则即实体法不具备溯及力，而程序法在特定条件下具备一定溯及力。

6. 程序优于实体原则

程序优于实体原则即在税收争讼发生时，程序法优于实体法，以保证国家课税权的实现。

三、税法的效力与解释

(一) 税法的效力

税法的效力是指税法在什么条件下，什么时间、什么区域，对什么人和什么事项有约束力，即税法的适用范围，包括时间、空间和对人的效力。

1. 税法的时间效力

税法的时间效力是指税法何时失效和有无溯及力的问题。

1) 税法的生效

在我国，税法的生效主要分为以下 3 种情况：① 税法通过一段时间后开始生效；② 税法自通过发布之日起生效；③ 税法公布后授权地方政府自行确定实施日期，这种税法生效方式实质上是将税收管理权限下放给地方政府。

2) 税法的失效

税法的失效表明其法律约束力的终止，其失效通常有以下 3 种类型：① 以新税法代替旧税法，这是最常见的税法失效宣布方式；② 直接宣布废止某项税法；③ 税法本身规定废止的日期，这种方法在税收立法实践中很少采用。

3）有无溯及力

税法时间效力的另一个问题是溯及力问题。一部新税法实施后，对其实施之前纳税人的行为如果适用，该税法即具有溯及力；反之则无溯及力。我国及许多国家的税法都坚持不溯及既往的原则。

小知识

1. 税法从何时开始实施？

第一，税法实施时间与公布时间一致。例如，《中华人民共和国个人所得税法》（以下简称《个人所得税法》）第十四条规定，本法自公布之日起施行。第二，税法先期公布，然后付诸实施。我国大部分税法的实施时间都属于这种情况。例如，《中华人民共和国消费税暂行条例》（以下简称《消费税暂行条例》）于2008年11月5日国务院第34次常务会议修订通过，修订后的《消费税暂行条例》自2009年1月1日起施行。实施时间晚于公布时间，可以为征税机关和纳税主体留出一定的时间熟悉和掌握税法的具体规定，从而有助于税法的有效实施。

2. 税法从何时开始废止？

第一，客观废止，即税法由于失去其存在的客观条件而废止。第二，规定废止，即新税法明文规定新税法生效之日即旧税法自行废止之时，这是目前我国税法采用最多的一种废止方式。例如，《中华人民共和国企业所得税法》（以下简称《企业所得税法》）第六十条规定："本法自2008年1月1日起施行。1991年4月9日第七届全国人民代表大会第四次会议通过的《中华人民共和国外商投资企业和外国企业所得税法》和1993年12月13日国务院发布的《中华人民共和国企业所得税暂行条例》同时废止。"第三，代替废止，即根据新法优于旧法效力原则，新税法或修改过的税法开始实施，旧税法自行废止，而不再在新法条文中明文规定旧法无效。第四，抵触废止，即新税法规定与其相抵触的部分税法规范被废止。例如，《中华人民共和国土地增值税暂行条例》第十五条规定："本条例自1994年1月1日起施行，各地区的土地增值费征收办法与本条例抵触的同时终止执行。"

2. 税法的空间效力

我国税法的空间效力主要包括以下两种情况。

1）在全国范围内有效

由全国人民代表大会及其常务委员会制定的税收法律，国务院颁布的税收行政法规，财政部、国家税务总局制定的税收行政规章，以及具有普遍约束力的税务行政命令在除个别特殊地区外的全国范围内有效。这里所谓的"个别特殊地区"，主要是指中国香港、澳门、台湾和保税区等。

2）在地方范围内有效

这里包括两种情况：一是由地方立法机关或政府依法制定的地方性税收法规、规章，具有普遍约束力的税收行政命令在其管辖区域内有效；二是由全国人民代表大会及其常务委员会、国务院、财政部、国家税务总局制定的具有特别法性质的税收法律、法规、规章和具有普遍约束力的税收行政命令在特定地区（如经济特区，老、少、边、贫地区等）有效。

3. 税法对人的效力

税法对人的效力是指受税法规范和约束的纳税人的范围,包括纳税个人和纳税单位。税法对人的效力涉及一国的税收管辖权问题。一般而言,一个主权国家主要参照下列原则来确定本国的税收管辖权。

1）属地原则

属地原则是指一个国家以地域的概念作为其行使征税权力所遵循的指导原则。依照属地原则,国家对其所属领土内的一切人和物或发生的事件,有权按照法律实行管辖。它把征税对象是否发生在本国领土内作为征税的标准,而不论纳税人是本国人还是外国人。

2）属人原则

属人原则是指一国政府以人的概念作为其行使征税权力所遵循的指导原则。依照属人原则,国家可以对本国公民或居民按照本国的法律实行管辖。公民是指具有本国国籍的人;居民是指居住在本国境内享有一定权利并承担一定义务的人。

3）折中原则

折中原则是属地原则和属人原则相结合的一种原则。现在大多数国家和地区采取折中原则。我国采取的也是折中原则。

(二) 税法的解释

1. 按解释权限,税法解释划分为立法解释、司法解释和行政解释

1）立法解释

按照税收立法机关的不同,我国税法立法解释可分为:税收法律由全国人民代表大会负责解释;由最高行政机关制定的税收行政法规,其形式主要是各类税法的实施细则,由国务院负责解释;地方税收法规,由制定相应法规的地方人大常委会负责解释。

税法立法解释包括事前解释和事后解释。通常所说的税法立法解释是指事后解释。

2）司法解释

税法司法解释是指最高司法机关对如何具体办理税务刑事案件和税务行政诉讼案件所做的具体解释或正式规定。

税法司法解释可进一步划分为:① 由最高人民法院做出的审判解释,如2002年最高人民法院《关于审理骗取出口退税刑事案件具体应用法律若干问题的解释》;② 由最高人民检察院做出的检察解释,如1991年最高人民检察院《关于严肃查处暴力抗税案件的通知》;③ 由最高人民法院和最高人民检察院联合做出的共同解释,如1992年"两院"《关于办理偷税、抗税刑事案件具体应用法律的若干问题的解释》对我国原《刑法》第一百二十一条关于偷税罪、抗税罪的规范做出了全面的解释。

司法解释的主体只能是最高人民法院和最高人民检察院,它们的解释具有法的效力,可以作为办案及适用法律、法规的依据。

3）行政解释

税法行政解释也称为税法执法解释,是指国家税务机关在执法过程中对税收法律、法规等如何具体应用所做的解释。原则上讲,行政解释不能作为法庭判案的直接依据,其主体一般是财政部或国家税务总局。

小知识

① 是否属于司法解释主要看是谁做出的，如果是最高人民法院和最高人民检察院或者“两院”共同做出的解释，则属于司法解释；如果是全国人大或者全国人大常委会做出的解释，则属于立法解释；如果是财政部、国家税务总局所做的解释，则属于行政解释。

② 作为办案及适用法律、法规的依据，立法解释可以，司法解释也可以，但是行政解释不可以。

2. 按解释尺度，税法解释划分为字面解释、限制解释和扩充解释

字面解释是既不扩大也不缩小；限制解释是缩小解释；扩充解释是扩大解释。

1）字面解释

税法的字面解释是指按照文义解释原则，必须严格依税法条文的字面含义进行解释，既不扩大也不缩小。

小知识

字面解释是税法解释的基本方法，税法解释首先应当坚持字面解释。例如，我国《个人所得税法》规定的“居民”即附加了在我国境内居住累计满 183 天的条件，需要税法解释加以明示。但是对于税法没有特别规定的，不能通过税法解释来改变其原有含义。

2）限制解释

税法的限制解释是指为了符合立法精神与目的，对税法条文所进行的窄于其字面含义的解释。

小知识

限制解释在我国税法中也时有使用。例如，《中华人民共和国个人所得税法实施条例》第二条规定，在中国境内有住所的个人，是指因户籍、家庭、经济利益关系而在中国境内习惯性居住的个人。国家税务总局在《征收个人所得税若干问题的规定》中将“习惯性居住”解释为“所谓习惯性居住，是判定纳税义务人是居民或非居民的一个法律意义上的标准，不是指实际居住或在某一个特定时期内居住”，其范围明显窄于“习惯性居住”的字面含义。

3）扩充解释

税法的扩充解释是指为了更好地体现立法精神，对税法条文所进行的大于其字面含义的解释。

小知识

《中华人民共和国个人所得税法》第六条第一款第二项规定，非居民个人……劳务报酬所得……以每次收入额为应纳税额所得额。但是容易出现纳税人将取得的劳务报酬的

次数无限分割，逃避纳税、减少税收收入的问题。故《中华人民共和国个人所得税法实施条例》第十四条第一项将“劳务报酬按次”扩充解释为：劳务报酬所得……连续性收入的，以一个月内取得的收入为一次。

任务二　税制的构成要素

税收制度即税收法律制度，简称税制，是调整国家与纳税人之间税收征收关系的法律规范，是国家各种税收法令和征收办法的总称。

税制主要有以下构成要素。

一、纳税义务人

纳税义务人也称为纳税人，是指税法规定的直接负有纳税义务的单位和个人。任何一个税种首先要解决的就是国家对谁征税的问题。纳税人一般分为自然人和法人两种。

（一）自然人

自然人是基于自然规律而出生的，有民事权利和义务的主体，包括本国公民，也包括外国人和无国籍人。

（二）法人

法人是基于法律规定具有权利能力和行为能力，依法独立承担民事责任的社会组织。我国的法人主要有4种，即机关法人、事业法人、企业法人和社团法人。

（三）代扣代缴义务人和代收代缴义务人

代扣代缴义务人是指虽不承担纳税义务，但依照有关规定，在向纳税人支付收入、结算货款、收取费用时有义务代扣代缴其应纳税款的单位和个人。代收代缴义务人是指虽不承担纳税义务，但依照有关规定，在向纳税人收取商品或劳务收入时，有义务代收代缴其应纳税款的单位和个人。

小知识

纳税人应当与负税人进行区别：纳税人是法律用语，即依法缴纳税收的人；而负税人即税收的实际负担者。税法只规定纳税人，不规定负税人。二者有时可能相同，有时可能不同，如个人所得税的纳税人与负税人是相同的，而增值税的纳税人与负税人就不一定一致。

二、征税对象、税目与计税依据

（一）征税对象

征税对象又称征税客体，是指税法规定对什么征税。征税对象是税法最基本的要素，是各个税种之间相互区别的根本标志，体现了征税的最基本界限，决定了某一种税的基本征税范围。同时，征税对象也决定了各个不同税种的名称。例如，消费税、土地增值税、个人所得税等，这些税种因征税对象、性质不同，税名也就不同。征税对象按其性质不同可划分为流转额、所得额、财产、资源、特定行为五大类。

税目和计税依据与征税对象密切相关。

（二）税目

税目是征税对象的具体化，反映了各税种具体的征税项目，体现了每个税种的征税广度。设置税目的目的首先是明确具体的征税范围，凡列入税目的即为应税项目，未列入税目的则不属于应税项目；其次，划分税目也是贯彻国家税收调节政策的需要，国家可根据不同项目的利润水平及国家经济政策等制定高低不同的税率，以体现不同的税收政策。并非所有税种都需要规定税目，有些税种不分课税对象的具体项目，一律按照课税对象的应税数额采用同一税率计征税款，因此无须设置税目，如企业所得税等；有些税种的具体课税对象比较复杂，需要规定税目，如消费税、资源税等。

（三）计税依据

计税依据又称为征税基数或税基，是指税法中规定的据以计算各种应征税款的依据或标准。从价计征的税收，以计税金额为计税依据，如增值税、所得税等；从量计征的税收，以征税对象的数量、重量、面积、体积为计税依据，如车船税等。

小知识

征税对象与计税依据的关系：征税对象是征税的目的物；计税依据则是在目的物已经确定的前提下，对目的物据以计算税款的依据或标准。征税对象是从质的方面对征税所做的规定，而计税依据则是从量的方面对征税所做的规定，是课税对象量的表现。

三、税率

税率是指应纳税额与征税对象之间的比例，是计算税额的尺度，代表征税的深度。税率是税收制度的核心要素，也是衡量税负轻重的重要标志。我国现行的税率主要有以下 3 种。

（一）比例税率

比例税率是指对同一计税依据，不论其数额大小，只规定相同的法定比例。比例税率也可以分为以下3类：① 单一比例税率。它是指一种税只设一个比例税率，所有纳税人都按同一税率纳税。② 差别比例税率。它是指一种税设两个或两个以上的比例税率。③ 幅度比例税率。它是指对同一征税对象，税法只规定最低税率和最高税率，各地区在该幅度内确定具体的适用税率。采用比例税率的有增值税、城市维护建设税、企业所得税等。

（二）定额税率

定额税率又称为税额标准，是指从量计税时按照计税依据的计量单位直接规定的应纳税额。定额税率由计税依据的计量单位和每个计量单位的应纳税额两个要素构成。计税依据的计量单位可以是自然单位，也可以是复合单位。采用定额税率的有城镇土地使用税、车船税等。

（三）累进税率

累进税率是指随着征税对象数量增大而随之提高的税率，即按征税对象数额的大小划分为若干等级，不同等级的课税数额分别适用不同的税率。课税数额越大，适用税率越高。

1. 全额累进税率

全额累进税率是指把征税对象的数额划分为若干等级，对每个等级分别规定相应税率，当税基超过某个级距时，课税对象的全部数额都按提高后级距的相应税率征税。全额累进税率的计算方法简便，但税收负担不合理，特别是在划分级距的临界点附近，税负呈跳跃式递增，甚至会出现税额增加超过课税对象数额增加的不合理现象，不利于鼓励纳税人增加收入。我国目前没有采用全额累进税率。

2. 超额累进税率

超额累进税率是指把征税对象按数额大小分成若干等级，每一等级规定一个税率，税率依次提高，但每一纳税人的征税对象则依所属等级同时适用几个税率分别计算，将计算结果相加后得出应纳税款。个人所得税中综合所得、经营所得项目采用此税率。

3. 超率累进税率

超率累进税率是指以征税对象数额的相对率划分若干级距，分别规定相应的差别税率，相对率每超过一个级距，对超过的部分就按高一级的税率计算征税。目前，土地增值税采用这种税率。

四、减税免税

减税免税是指对某些纳税人和征税对象采取减少征税或者免予征税的特殊规定，属于税收优惠政策的一种。减税是对应纳税额少征一部分税款；免税是免征全部税款。

五、纳税环节

纳税环节主要是指税法规定的征税对象在从生产到消费的流转过程中应当缴纳税款的环节，如流转税在生产和流通环节纳税，所得税在分配环节纳税等。纳税环节有广义和狭义之分。广义的纳税环节是指全部课税对象在再生产中的分布情况，如资源税分布在资源生产环节，商品税分布在生产或流通环节，所得税分布在分配环节等；狭义的纳税环节特指应税商品在流转过程中应纳税的环节。商品从生产到消费要经历诸多流转环节，各环节都存在销售额，都可能成为纳税环节。

六、纳税期限

纳税期限是税法规定的纳税人、扣缴义务人发生纳税义务或者扣缴义务后向国家缴纳税款的期限。税法关于纳税期限的规定有 3 个概念：① 纳税义务发生的时间。它是指应税行为发生的时间。② 纳税期限。税法规定了每种税的纳税期限，即每隔固定时间汇总一次纳税义务的时间。③ 缴库期限。税法规定的纳税期满后，纳税人将应纳税款缴入国库的期限。

小知识

纳税期限一般有两种形式：一是按期纳税，如增值税的纳税期限分别为 1 日、3 日、5 日、10 日、15 日或者 1 个月，纳税计算期满以后，纳税人、扣缴义务人即应缴纳应缴的税款；二是按次纳税，即以纳税人从事生产、经营活动的次数作为纳税计算期，一般适用于对某些特定行为的征税或者对临时经营者的征税，如印花税、契税等税种多在纳税人发生纳税义务以后按次纳税。

七、违章处理

违章处理是对有违反税法行为的纳税人采取的惩罚措施。违章处理是税收强制性特点在税收制度中的体现。纳税人必须按期足额缴纳税款，凡有拖欠税款、逾期不缴税、偷税、逃税等违反税法行为的，都应受到制裁（包括法律制裁和行政处罚等）。

任务三　我国税法体系

税法内容十分丰富，涉及范围也极为广泛，各单行税收法律法规结合起来，形成了完整配套的税法体系，共同规范和制约税收分配的全过程，是实现依法治税的前提和保证。税法体系就是通常所说的税收制度（简称“税制”）。

一、税法的分类

（一）按基本内容和效力分类

按照基本内容和效力的不同，税法分为税收基本法和税收普通法。

税收基本法也称为税收通则，是税法体系的主体和核心，在税法体系中起着税收母法的作用。我国还没有制定统一的税收基本法，随着我国税收法制建设的发展和完善，将研究制定税收基本法。税收普通法是根据税收基本法的原则，对税收基本法规定的事项分别立法实施的法律，如《个人所得税法》《中华人民共和国税收征收管理法》（以下简称《税收征管法》）等。

（二）按职能作用分类

按照职能作用的不同，税法分为税收实体法和税收程序法。

税收实体法是指确定税种立法，具体规定各税种的征收对象、征收范围、税目、税率和纳税地点等。例如，《个人所得税法》《企业所得税法》就属于税收实体法。税收程序法是指税务管理方面的法律，主要包括税收管理法、纳税程序法、发票管理法、税务机关组织法和税务争议处理法等。例如，《税收征管法》就属于税收程序法。

（三）按征收对象分类

按照征收对象的不同，税法分为商品（货物）和劳务税税法等5种。

（1）商品（货物）和劳务税税法，包括增值税、消费税、关税等税法，主要在生产、流通或者服务业中发挥调节作用。

（2）所得税税法，包括企业所得税、个人所得税等税法，主要是在国民收入形成后，对生产经营者的利润和个人的纯收入发挥调节作用。

（3）财产、行为税税法，包括房产税、印花税等税法，主要是对财产的价值或某种行为课税。

（4）资源税税法，包括资源税、土地增值税和城镇土地使用税等税法，主要是对因开发和利用自然资源差异而形成的级差收入发挥调节作用。

（5）特定目的税法，包括城市维护建设税、烟叶税等税法，其目的是对某些特定对象和特定行为发挥调节作用。

（四）按管理范围分类

按管理范围的不同，我国的税收分别由税务、海关等系统负责征收管理。

（1）税务机关系统负责征收和管理的税种有增值税、消费税、车辆购置税、企业所得税、个人所得税、城市维护建设税、资源税、城镇土地使用税、耕地占用税、土地增值税、房产税、车船税、印花税、契税。

（2）海关系统负责征收和管理的项目有关税、船舶吨税，同时负责代征进出口环节的增值税和消费税。

现行的税法还按其他标志进行分类，如按照主权国家行使税收管辖权的不同，可分为国内税法、国际税法、外国税法等；按计税依据的不同，可分为从价税、从量税、从价从量复

合税；按税负能否转嫁，可分为直接税和间接税。

二、我国税法体系的建立与发展

从总体上来看，中华人民共和国成立 70 多年来我国税制的发展经历了 5 次较大改革，如表 1.1 所示。

表 1.1　我国税制主要经历的 5 次改革

改革次序	改革年份	改革的主要内容
第一次	1950	初步建立了中华人民共和国的新税制
第二次	1958	简化税制，以适应社会主义改造基本完成、经济管理体制改革之后的形势的要求
第三次	1973	简化税制
第四次	1984	普遍实行国营企业“利改税”和全面改革工商税收制度，以适应发展有计划社会主义商品经济的要求
第五次	1994	全面改革工商税制，以适应建立社会主义市场经济体制的要求

我国现行税法体系基本上是在 1994 年税制改革时期形成的。

1994 年税制改革的主要内容：第一，全面改革了流转税制，实行以比较规范的增值税为主体，消费税、营业税并行，内外统一的流转税制；第二，改革了企业所得税制，将过去对国营企业、集体企业和私营企业分别征收的多种所得税合并为统一的企业所得税；第三，改革并统一了个人所得税制；第四，对资源税、特别目的税、财产税、行为税做了大幅度的调整。

经过 1994 年的税制改革和多年来的逐步完善，我国已经初步建立了适应社会主义市场经济体制需要的税收制度，对保证财政收入，加强宏观调控，深化改革，促进经济与社会的发展起到了重要作用。

1994 年以后，税收制度经历了一系列的调整，如表 1.2 所示。

表 1.2　税收制度的调整

年　份	税制调整文件	税制调整内容
2003	《完善社会主义市场经济体制若干问题的决定》	分步实施以下税制改革：改革出口退税制度；统一各类企业税制；增值税由生产型改为消费型；完善消费税制，适当扩大计税依据；改进个人所得税制
2004	《关于取消除烟叶外的农业特产税有关问题的通知》	自 2006 年 1 月 1 日起，废止 1958 年 6 月 3 日通过的《中华人民共和国农业税条例》
2005	《关于修改〈中华人民共和国个人所得税法〉的决定》	提高了工资、薪金所得费用扣除标准
2006	《关于调整和完善消费税政策的通知》	对我国现行消费税的税目、税率及相关政策进行调整
2007	《中华人民共和国企业所得税法》	新企业所得税法自 2008 年 1 月 1 日起施行，结束了我国长期以来执行《中华人民共和国企业所得税暂行条例》和《外商投资企业和国外企业所得税法》两套内外有别的企业所得税税法的历史

续　表

年　份	税制调整文件	税制调整内容
2008	《中华人民共和国增值税暂行条例》《中华人民共和国消费税暂行条例》和《中华人民共和国营业税暂行条例》	公布修订后的新修订的3个条例于2009年1月1日起施行
2012	《营业税改征增值税试点方案》等	扩大增值税征收范围，相应调减营业税等税收
2016	《关于全面推开营业税改征增值税试点的通知》	2016年5月1日起，我国全面实施营改增试点，试点范围扩大到建筑业、房地产业、金融业、生活服务业，并将所有企业新增不动产所含增值税纳入抵扣范围，确保所有行业税负只减不增。这意味着我国税制改革迈出关键一步，国家治理的基础将打得更牢，夯得更实。66年的营业税正式“谢幕”
2017	国务院关于废止《中华人民共和国营业税暂行条例》和修改《中华人民共和国增值税暂行条例》的决定	废止《中华人民共和国营业税暂行条例》，同时对《中华人民共和国增值税暂行条例》做修改
2018	全国人民代表大会常务委员会关于修改《中华人民共和国个人所得税法》的决定(2018年8月31日第十三届全国人民代表大会常务委员会第五次会议通过)	居民个人取得综合所得，按纳税年度合并计算个人所得税
2021	《中华人民共和国印花税法》	本法自2022年7月1日起施行。1988年8月6日国务院发布的《中华人民共和国印花税暂行条例》同时废止。2021年6月10日第十三届全国人民代表大会常务委员会第二十九次会议通过

除上述重大改革措施外，近年来我国还相继出台了其他多项改革举措，如改革出口退税机制；颁布了烟叶税法、耕地占用税法、车辆购置税法、资源税法；修订了个人所得税法；等等。

目前，我国已初步建立了一个适合我国国情的多层次、多税种、多环节的税法体系。

税收实体法主要有增值税、消费税、关税、企业所得税、个人所得税、资源税、耕地占用税、城市维护建设税、烟叶税、房产税、土地增值税、城镇土地使用税、车船税、车辆购置税、契税和印花税等税法。税收程序法主要是税收征管法。

我国现行的税法体系如表1.3所示。

表1.3　我国现行的税法体系

税　种	中央政府固定收入	地方政府固定收入	中央政府与地方政府共享收入	备　注
增值税	√		√	海关征收的增值税为中央固定收入；其他为共享，中央分享增值税的50%，地方按税收缴纳地分享增值税的50%
消费税	√			含海关代征的消费税
关税	√			
企业所得税			√	铁道部、各银行总行及海洋石油企业缴纳的部分归中央政府，其余部分中央与地方政府按60%与40%的比例分享

续 表

税 种	中央政府固定收入	地方政府固定收入	中央政府与地方政府共享收入	备 注
个人所得税			√	除储蓄存款利息所得的个人所得税外，其余部分的分享比例与企业所得税相同
资源税			√	按不同的资源品种划分，海洋石油企业缴纳的资源税作为中央收入，其余部分归地方政府
房产税		√		
车辆购置税	√			
契税		√		
城镇土地使用税		√		
车船税		√		2007 年起车船税代替原执行的车船使用税和车船使用牌照税
土地增值税		√		
印花税			√	从 2016 年 1 月 1 日起，证券交易印花税收入归中央，其他印花税收入归地方
城市维护建设税			√	铁道部、各银行总行、各保险总公司集中缴纳的部分归中央政府，其余部分归地方政府
耕地占用税		√		

项目小结

税法是国家制定的用以调整国家与纳税人之间在征税、纳税方面的权利与义务关系的法律规范的总称，具有无偿性、强制性、固定性三大特征。

税制是调整国家与纳税人之间税收征收关系的法律规范，是国家各种税收法令和征收办法的总称。税制的构成要素主要有纳税义务人、征税对象、税率、减税免税、纳税环节、纳税期限和违章处理等。其中，纳税义务人、征税对象和税率是比较重要的税制构成要素。

我国税收体系从新中国成立到现在经历了 5 次重大改革，现行税法体系基本上是在 1994 年税制改革时期形成的。

税法按照基本内容和效力的不同，可分为税收基本法和税收普通法；按照职能作用的不同，可分为税收实体法和税收程序法；按照征收对象的不同，可分为商品(货物)和劳务税税法，所得税税法，财产、行为税税法和资源税税法四大类；按照管理权限的不同，可分为中央税、地方税和中央地方共享税。

项目二 企业税务登记及发票凭证管理

学习目标

通过学习，熟悉企业纳税的基本程序及发票的基本内容，能对发票和账簿进行管理。

任务一　企业税务登记事务

税务登记是税务机关对纳税人的生产、经营活动进行登记并据此对纳税人实施税务管理的一种法定制度。税务登记又称为纳税登记，是税务机关对纳税人实施税收管理的首要环节和基础工作，是征纳税双方法律关系成立的依据和证明，也是纳税人必须依法履行的义务。

市场主体，包括各类企业、农民专业合作社、外国(地区)企业常驻代表机构、个体工商户等，领取由市场监督管理部门核发加载法人和其他组织统一社会信用代码(以下称统一代码)的营业执照后，无须再次进行税务登记，不再领取税务登记证。

小知识

2016年7月5日，国务院办公厅印发《关于加快推进“五证合一、一照一码”登记制度改革的通知》。从2016年10月1日起，“五证合一、一照一码”登记制度改革在全国范围内全面落地实施。“五证合一、一照一码”，即营业执照的注册号、组织机构代码证号、税务登记证号、统计证号及社保登记证号统一为一个登记码，标注在营业执照上。2018年1月1日后一律使用加载统一代码的营业执照，未加载统一代码的营业执照不再有效。“五证合一、一照一码”是落实国务院注册资本登记制度改革，便利市场主体，激发市场活力的重大举措。

一、补充信息采集

(一) 业务描述

实行“五证合一、一照一码”登记的纳税人办理涉税事宜时，在完成补充信息采集后，凭加载统一代码的营业执照可代替税务登记证使用。

除以上情形外，其他税务登记按照原有法律制度执行。

提示

非市场监督管理部门批准设立的纳税人，如教育部门批准的培训机构、卫计委批准的医院等，仍需按《税收征管法》和《税务登记管理办法》的规定向税务机关申请办理纳税登记。

（二）报送资料

（1）加载统一社会信用代码的营业执照。

（2）经办人身份证明。

（三）基本流程

补充信息采集基本流程如图 2.1 所示。

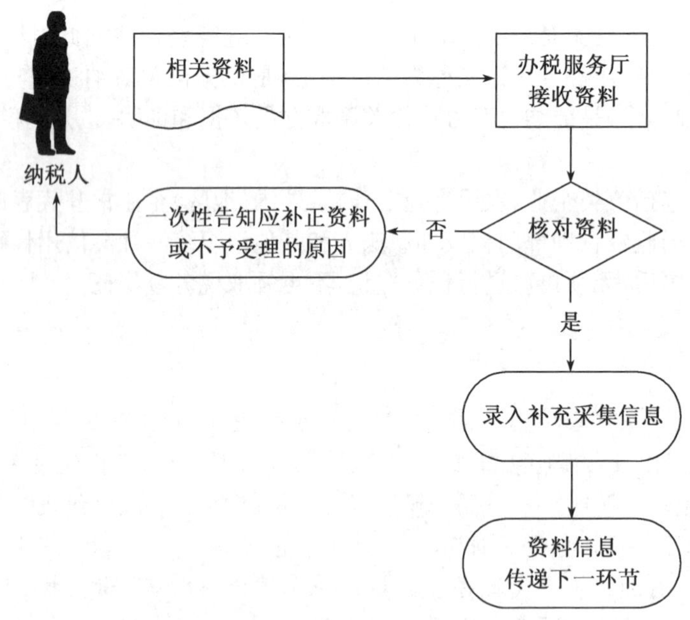

图 2.1　补充信息采集基本流程

（四）基本规范

（1）办税服务厅根据纳税人首次办理涉税事宜的具体情形，分别采集补充信息并录入税种登记信息。

① 纳税人首次办理除申报纳税和增值税一般纳税人登记外的涉税事宜时，采集办税人员和行业等补充信息，如委托税务代理的，还应采集税务代理人信息。

② 纳税人首次办理申报纳税事项时，采集核算方式、从业人数、会计制度、代扣代缴代收代缴税款业务情况等其他补充信息。

③ 纳税人办理增值税一般纳税人登记事项的，应采集全部补充信息。

(2) 办税服务厅根据纳税人提供的资料和信息，在税收征管系统中录入补充信息。补充信息全部采集完毕后，打印补充信息，交纳税人签章确认。纳税人无法当场签章确认的，将打印的补充信息交纳税人，提示纳税人在下次办理涉税事宜时返还已经签章确认的补充信息。

(3) 办税服务厅在进行补充信息采集后，1 个工作日内将相关资料信息转到下一环节。

(五) 升级规范

(1) 提供互联网络预采集补充信息服务，实现纳税人网上预填单。

(2) 提供同城通办服务。

二、信息变更

(一) 业务描述

实行“五证合一、一照一码”登记的纳税人发生生产经营地址、财务负责人、核算方式等涉税信息事项变更的，应向主管税务机关申报变更。

除以上情形外，其他税务登记变更按照原有法律制度执行。

(二) 报送资料

(1) 纳税人信息变更的有关证明文件原件及复印件。

(2) 经办人身份证明。

(三) 基本流程

参见图 2.1。

(四) 基本规范

(1) 办税服务厅核对纳税人提交的相关资料所载信息是否准确、是否完整并符合法定形式，经办人出示的身份证明是否与本人一致，符合的受理并录入变更信息；不符合的当场一次性提示应补正资料或不予受理原因。

(2) 办税服务厅根据纳税人提供的资料和信息，在税收征管系统中录入并打印相关变更信息，交纳税人签章确认。纳税人无法当场签章确认的，可将打印的变更信息交纳税人，提示纳税人在下次办理涉税事宜时返还已签章确认的变更信息。

(3) 办税服务厅采集变更信息后，1 个工作日内将相关资料信息转到下一环节。

(五) 升级规范

(1) 提供互联网络预采集变更信息服务,实现纳税人网上预填单。
(2) 提供同城通办服务。

三、开具清税证明

(一) 业务描述

实行“五证合一、一照一码”登记的纳税人注销时,需先进行清税申报,向税务机关填报清税申报表,税务机关在结清应纳税款、多退(免)税款、滞纳金和罚款,缴销发票和其他税务证件后,向纳税人出具清税证明。

除以上情形外,其他税务登记注销按照原有法律制度执行。

(二) 报送资料

(1) 清税申报表3份。
(2) 单位纳税人应提供上级主管部门批复文件或董事会决议原件及复印件。
(3) 居民企业应提供项目完工证明、验收证明等相关文件原件及复印件。
(4) 经办人身份证明。

(三) 基本流程

参见图2.1。

(四) 基本规范

(1) 办税服务厅核对纳税人提交的相关资料所载信息是否准确,核对资料是否齐全、是否符合法定形式、填写内容是否完整,核对经办人出示的身份证明是否与本人一致,符合的予以受理;不符合的当场一次性提示应补正资料或不予受理原因。

(2) 国税机关或地税机关一方受理后,受理方税务机关应及时向对方税务机关进行信息传递共享,纳税人无须再向另一方税务机关提出申请。

(3) 主管税务机关应在规定的期限内按照职责分别进行清税,并出具清税证明交纳税人。对于未领用发票、没有进行生产经营活动的纳税人,即时办结。

(五) 升级规范

(1) 提供互联网络清税申报服务。
(2) 提供免填单服务。
(3) 提供同城通办服务。

四、停业税务登记

（一）停业登记

实行定期定额征收方式的纳税人，在营业执照核准的经营期限内需要停业的，应当向税务机关提出停业登记，说明停业的理由、时间、停业前的纳税情况和发票的领、用、存情况，并如实填写申请停业登记表。税务机关经过审核（必要时可实地审查），应当责成申请停业的纳税人结清税款并收回税务登记证件、发票领购簿和发票，办理停业登记。纳税人停业期间发生纳税义务，应当及时向主管税务机关申报，依法补缴应纳税款。

（二）复业登记

纳税人应当于恢复生产、经营之前，向税务机关提出复业登记申请，经确认后，办理复业登记，领回或启用税务登记证件和发票领购簿及其领购的发票，纳入正常管理。

纳税人停业期满不能及时恢复生产、经营的，应当在停业期满前向税务机关提出延长停业登记。纳税人停业期满未按期复业又不申请延长停业的，税务机关应当视为已恢复营业，实施正常的税收征收管理。

五、跨区域涉税事项报验管理

纳税人跨省（自治区、直辖市和计划单列市）临时从事生产经营活动的，实行跨区域涉税事项报告、报验及反馈管理制度。

纳税人在跨区域经营前，向机构所在地的税务机关填报“跨区域涉税事项报告表”。

纳税人首次在经营地办理涉税事宜时，向经营地税务机关报验跨区域涉税事项。纳税人报验跨区域涉税事项时，应当出示税务登记证件。跨区域经营合同延期的，纳税人可向经营地或机构所在地的税务机关办理报验管理有效期限延期手续。纳税人跨区域经营活动结束后，应当结清经营地的税务机关的应纳税款以及其他涉税事项，向经营地的税务机关填报“经营地涉税事项反馈表”。经营地的税务机关核对“经营地涉税事项反馈表”后，同意办结的，经营地的税务机关应当及时将相关信息反馈给机构所在地的税务机关。纳税人不需要另行向机构所在地的税务机关反馈。

任务二　发票的领购流程

一、发票的种类与使用范围

发票是指在购销商品、提供或者接受服务以及从事其他经营活动中，开具、收取的业务凭证。它是财务收支的法定凭证,也是会计核算的原始凭证,还是税务检查的重要依据。

税务机关是发票的主管机关,负责发票的印制、领购、开具、取得、保管、缴销的管理和监督。增值税专用发票由国务院税务主管部门确定的企业印制;其他发票,按照国务院税务主管部门的规定,分别由省、自治区、直辖市国家税务局、地方税务局确定的企业印制。未经规定的税务机关指定,不得印制发票。

(一) 增值税专用发票及使用范围

增值税专用发票是纳税人销售货物、劳务、服务、无形资产和不动产开具的发票,是购买方支付增值税税额,并可按照增值税有关规定据以抵扣增值税进项税额的凭证。

增值税专用发票一般用于工业、商业企业结算销售货物和加工、修理修配劳务、提供服务等。

增值税专用发票使用的具体范围详见本书项目三。

(二) 普通发票

普通发票是增值税纳税人使用的,从事经营活动中提供给对方的收、付款的书面证明。

普通发票主要由增值税小规模纳税人使用,增值税一般纳税人在不能开具专用发票的情况下也可使用普通发票。2011 年起全国统一使用通用普通发票。

2020 年 2 月 1 日起,增值税小规模纳税人(其他个人除外)发生增值税应税行为,需要开具增值税专用发票的,可以自愿使用增值税发票管理系统自行开具。选择自行开具增值税专用发票的小规模纳税人,税务机关不再为其代开增值税专用发票。

二、发票领购管理规程

(一) 发票领购的适用范围

依法办理税务登记的单位和个人,在领取税务登记证后,可以向主管税务机关申请领购发票。对于无固定经营场地或者财务制度不健全的纳税人申请领用发票,主管税务机关有权要求其提供担保人,不能提供担保人的,可以视其情况,要求其缴纳保证金,并限期缴销发票。对发票保证金应设专户储存,不得挪作他用。纳税人可以根据自己的需要申请领用普通发票。纳税人可以根据自己的需要申请领用发票。

(二) 发票领购手续

纳税人办理了税务登记后,即具有了领购普通发票的资格,无须办理行政审批事项。纳税人可根据经营需要向主管税务机关提出领购普通发票申请。主管税务机关接到申请后,应根据纳税人生产经营等情况,确认纳税人使用发票的种类、联次、版面金额及购票数量。确认期限为 5 个工作日,确认完毕后通知纳税人办理领购发票事宜。需要临时使用

发票的单位和个人，可以直接向税务机关申请办理发票的开具。

三、代理领购发票操作要点

（一）发票购买方式

1. 批量供应

税务机关根据用票单位业务量对发票需求量的大小，确定一定时期内的合理领购数量。

2. 交旧购新

用票单位交回旧的（即已填用过的）发票存根联，经主管税务机关审核后留存，才允许购领新的发票。主管税务机关对旧发票存根联进行审核，主要看是否按顺序号完整保存，作废发票是否全份缴销，填开的内容是否真实、完整、规范等。

3. 验旧购新

这种方式与交旧购新方式基本相同，主要区别是税务机关审核旧发票存根联以后，交由用票单位自己保管存根联。

（二）税务大厅普通发票领购业务操作要点

（1）如果是初次领用，必须提出办理发票准购证及购买发票的书面申请，并提交以下证件及资料：经办人身份证、私章，营业执照副本，以及发票专用章。

（2）税务机关初审合格后，发给“普通发票领购申请审批表”（见表2.1）、“纳税人领购发票票种核定申请表”（见表2.2）。申领人应认真填写，并盖好有关印章。

表2.1　普通发票领购申请审批表

纳税代码：

申请单位名称		经济类型		法定代表人 或负责人	
地　址				税务登记证件号码	
行　业		发票管理责任人		电　话	
经营范围					
申领发票名称	联　次	票面限额	每月用量	备　注	

续 表

申请理由： 法定代表人签章： 经办人签章：　　　　　　申请单位（公章） 年　月　日			申请单位财务专用章或发票专用章印模	
以下由税务机关填写				
发票名称	发票代码	联次	每次限购数量	备注
购票方式		保管方式		
发票管理部门审批意见： 负责人：　　　　　经办人：			分管局长意见： （公章） 年　月　日	

表 2.2　纳税人领购发票票种核定申请表

纳税人识别号：□□□□□□□□□□□□□□□□□□

注册地址：

纳税人名称				
法定代表人		身份证号码		
登记注册类型		联系电话		
申请理由： 单位公章 申请人签字：　　　　　　法人签章： 年　月　日		申请人财务专用章或发票专用章印模		
发票名称	联次	持票最高数量	每月最高购票数量	每次购票最高数量
发票经办人	身份证件名称	证件号码		

续　表

以下由税务机关填写					
发票名称	联　次	持票最高数量	每月最高购票数量	每次购票最高数量	购票方式
税务所(管理所)审批意见 (盖章)	审批岗人员：		所长：		年　月　日
经审批合格后审批岗录入人员签字：			录入日期：　年　月　日		
如对审批意见有争议可于收到本审批意见之日起 60 日内向上一级税务机关申请复议，也可在 3 个月之内直接向人民法院起诉					

注：本表填制一份。不作为日常领购发票的依据。

(3) 领取发票准购证。主管税务机关对领购发票申请及有关证件审核后，发给“发票准购证”(见表 2.3)。

表 2.3　发票准购证

发票准购证	
纳税人识别号	
发票准购证号码	
纳税人名称	
法人代表	
发票管理人	
税务机关盖章： 年　月　日	

核准使用发票情况	发票种类	发票代码	发 票 名 称	单位	限 购 数 量 每次限购/每月限购 数量	票面金额	备注

发票领购记录								
年		发票代码	发 票 名 称	单位	数量	起 讫 号 码	售票人	经办人
月	日							

（4）领购发票。代理人凭发票准购证核准的发票种类、数量及购票方式向主管税务机关领购发票。发票领购后，代理人应将其与发票准购证记载的种类、数量、起讫号码进行核对，确认无误后交给用票单位使用。代理人再次领购发票时，应按税务机关发票保管与使用的规定，认真审查发票存根联的各项内容，对于发现的问题应予以纠正，再到税务机关办理发票领购手续。

（三）税务大厅增值税专用发票领购操作要点

企业先申请安装防伪税控系统，初次领购可同时办理发票领购资格确认手续、发票最高开票限额申请。

（1）准备好相关证件和资料，到税务机关办税服务厅的综合窗口，提交给税务机关办理人进行初审，并领取增值税专用发票领购簿申请书。相关证件如下：

① 营业执照副本。

② 经办人身份证。

③ 公章、发票专用章、经办人私章。

④ 增值税防伪税控系统操作资格证（申请增值税专用发票领购资格的提供）。

⑤ 防伪税控 IC 卡。

（2）填写“领取增值税专用发票领购簿申请书”（见表 2.4），并盖好单位公章。

（3）将申请书及相关证件提交后，报主管税务机关和上级税务机关审核批准。

（4）领取发票准购证。

表 2.4　领取增值税专用发票领购簿申请书

__________国家税务局：

我单位已于　　年　　月　　日被认定为增值税一般纳税人，纳税人识别号□□□□□□□□□□□□□□□□□□，现申请购买增值税专用发票。

<table>
<tr><th>发票名称</th><th>发票代码</th><th>联　次</th><th>每次领购最大数量</th></tr>
<tr><td></td><td></td><td></td><td>本/份</td></tr>
<tr><td></td><td></td><td></td><td>本/份</td></tr>
<tr><td></td><td></td><td></td><td>本/份</td></tr>
<tr><td colspan="4">为做好专用发票的领购工作，我单位特指定＿＿＿＿＿（身份证号：　　　　　　）和＿＿＿＿＿（身份证号：　　　　　　）＿＿＿位同志为购票员。
我单位将建立健全专用发票管理制度，严格遵守有关专用发票领购、使用、保管的法律和法规。

法定代表人（负责人）（签章）：

申请单位（签章）
年　　月　　日</td></tr>
<tr><td colspan="4">主管税务机关审核意见：

（公章）
年　　月　　日</td></tr>
<tr><td colspan="4">县（市）级税务机关审核意见：

（公章）
年　　月　　日</td></tr>
</table>

注：本表一式三份，一份纳税人留存，各级税务机关留存一份。

(四) 网上领购发票

除前往税务大厅进行发票领购，也可登录电子税务局网上平台领购发票。打开电子税务局网上平台后利用纳税人识别号或社会信用代码登录，接下来依次进行如下操作：

(1) 我要办税→发票使用→发票领用→发票发放→新申请。

(2) 根据可申请发票数量及种类，填写相关信息并保存。

(3) 完成发票领购，并打开税控盘，读入所申请发票信息。

任务三　发票的开具要求及填开操作要点

一、发票的开具要求

任何单位和个人销售商品、提供服务以及从事经营活动时，对外发生经营业务收取款项，收款方应向付款方开具发票。特殊情况下由付款方向收款方开具发票：一是收购单位收购货物或者农副产品付款时，应当向收款人开具发票；二是扣缴义务人支付个人款项时，应当向收款人开具发票。

所有单位和从事生产、经营活动的个人在购买商品、接受服务以及从事其他经营活动支付款项时，应当向收款方索取发票。索取发票时，不得要求变更品名和金额。不符合规定的发票不得作为财务报销凭证，任何单位和个人有权拒收。开具发票应当按照规定的时限、顺序，逐栏、全部联次一次性如实开具，并加盖单位财务专用章或者发票专用章。

使用计算机开具发票，必须经主管税务机关批准，并使用税务机关统一监制的机打发票，开具后的存根联应当按照顺序号装订成册。使用计算机开具发票，按一般普通发票领购手续办理。

二、发票填开的操作要点

(一) 普通发票填开的操作要点

单位、个人在购销商品、提供或者接受经营服务以及从事其他经营活动中，应当按照规定开具、使用、取得发票。普通发票开具、使用、取得的管理，应注意以下几点：

(1) 销货方按规定填开发票。

(2) 购买方按规定索取发票。

(3) 纳税人进行电子商务必须开具或取得发票。

(4) 发票要全联一次填写。

(5) 发票不得跨省、直辖市、自治区使用。发票限于领购单位和个人在本省、自治区、直辖市内开具。发票领购单位未经批准不得跨规定使用区域携带、邮寄、运输空白发票，禁止携带、邮寄或运输空白发票出入境。

(6) 开具发票要加盖发票专用章。

(7) 开具发票后，如发生销货退回需开红字发票的，必须收回原发票并注明"作废"字样或者取得对方有效证明；发生销售折让的，在收回原发票并证明"作废"后，重新开具发票。发票的具体项目包括付款单位，即填写客户的全称；项目内容，即填写业务内容，包括品名、规格、数量等；金额，即根据每行的业务内容总额计算合计数，并填写大小写金额；开票人签名或盖章。

(二) 增值税专用发票填开的操作要点

增值税专用发票要求使用计算机开具，在增值税发票开票系统中进行。

(1) 执行"发票管理"→"发票开具管理"→"发票填开"命令。

(2) 按系统提示进行发票号码确认。

(3) 进入"专用发票填开"窗口。

(4) 填写购货方信息。

(5) 打印发票。

相关链接

增值税电子普通发票的推广与应用

2015 年 11 月 26 日，国家税务总局发布了《关于推行通过增值税电子发票系统开具的增值税电子普通发票有关问题的公告》，规定了增值税电子发票系统开具的增值税电子普通发票票样，增值税电子普通发票的开票方和受票方需要纸质发票的，可以自行打印增值税电子普通发票的版式文件，其法律效力、基本用途、基本使用规定等与税务机关监制的增值税普通发票相同。

任务四　账簿、凭证管理

一、账簿的设置

(1) 从事生产、经营的纳税人应当在领取营业执照之日起 15 日内，按照规定设置总账、明细账、日记账及其他辅助性账簿。其中，总账和日记账必须采用订本式。

(2) 生产经营规模小且确无建账能力的个体工商业户，可以聘请注册会计师或者经主管国家税务机关认可的财会人员代为建账和办理账务——聘请注册会计师或者经主管国家税务机关认可的财会人员有实际困难的，经县(市)级以上国家税务局批准，可以按照国家税务机关的规定，建立收支凭证粘贴簿、进货销货登记簿等。扣缴义务人应当自税收法律、行政法规规定的扣缴义务发生之日起 10 日内，按照所代扣、代收的税种，分别设置代扣代缴、代收代缴税款账簿。

(3) 纳税人、扣缴义务人采用计算机记账的，对于会计制度健全，能够通过计算机正确、完整计算其收入、所得的，其计算机存储和输出的会计记录，可视同会计账簿，但应按期打印成书面记录并完整保存；对于会计制度不健全，不能通过计算机正确、完整反映其收入、所得的，应当建立总账和与纳税或者代扣代缴、代收代缴税款有关的其他账簿。

(4) 从事生产、经营的纳税人应当自领取税务登记证件之日起 15 日内，将其财务、会计制度或者财务、会计处理办法报送主管国家税务机关备案。纳税人、扣缴义务人采用计算机记账的，应当在使用前将其记账软件、程序、使用说明书及有关资料报送主管国家税务机关备案。

二、账簿、凭证的管理

(1) 会计人员在年度结束后，应将各种账簿、凭证和有关资料按顺序装订成册，统一编号、归档保管。

(2) 纳税人的账簿(包括收支凭证粘贴簿、进销货登记簿)、会计凭证、报表和完税凭证及其他有关纳税资料，除另有规定外，保存 10 年；保存期满需要销毁时，应编制销毁清册，经主管国家税务机关批准后方可销毁。

(3) 账簿、记账凭证、完税凭证及其他有关资料不得伪造、变造或者擅自损毁。

三、财务会计制度的管理

(一) 备案制度

从事生产、经营的纳税人必须将所采用的财务、会计制度和具体的财务、会计处理办法，按税务机关的规定，自领取税务登记证件之日起 15 日内，及时报送主管税务机关备案。

(二) 财会制度、办法与税收规定相抵触的处理办法

当从事生产、经营的纳税人和扣缴义务人所使用的财务会计制度和具体的财务、会计处理办法与国务院和财政部、国家税务总局有关税收方面的规定相抵触时，纳税人和扣缴义务人必须按照国务院制定的税收法规的规定或者财政部、国家税务总局制定的有关税收的规定计缴税款。

项目小结

税务登记是税务机关对纳税人的生产、经营活动进行登记并据此对纳税人实施税务管理的一种法定制度。企业税务登记相关事务主要包括开业税务登记、变更税务登记、停业税务登记、注销税务登记和外出经营活动报验登记。

发票是指一切单位和个人在购销商品、提供或者接受服务以及从事其他经营活动中，提供给对方的收付款的书面证明。单位销售货物或对外提供劳务等需要为对方开具发票。发票包括增值税专用发票和普通发票。

从事生产、经营的纳税人应当在领取营业执照之日起 15 日内按照规定建账，无建账能力的个体工商业户，可以聘请专业财会人员代为建账和办理账务。建账的纳税人应按规定对账簿、凭证进行管理，并将执行的会计政策报税务机关备案。

项目三 增值税的业务处理

学习目标

通过学习，掌握我国现行增值税的有关法律规定，熟悉增值税的计算方法，掌握增值税的会计处理方法，提高增值税会计核算的实务操作能力。

任务一　增值税的基本知识

一、增值税的含义、特点及类型

（一）增值税的含义

增值税是以商品和劳务在流转过程中产生的增值额作为征税对象而征收的一种流转税。

按照我国增值税暂行条例的规定，增值税是对在我国境内销售货物，提供加工修理修配劳务（以下简称“劳务”），销售服务、无形资产、不动产以及进口货物的单位和个人，就其应税销售行为的增值额和货物进口金额为计税依据而课征的一种流转税。

小知识

增值税是1917年由耶鲁大学的亚当斯教授提出的。1921年，德国学者西蒙士正式提出了“增值税”的名称。1954年，法国政府率先采用增值税。我国于1984年正式实施增值税。目前，全球已有170多个国家实行了增值税。增值税在半个多世纪的时间里能得到如此多国家的广泛认可和推行，在世界税制发展史上是罕见的，是世界税收史上最重要的改革和成就。

我国于1984年正式实施增值税。2008年国务院决定全面实施增值税改革，即将生产型增值税转为消费型增值税。2011年，经国务院批准，财政部、国家税务总局联合下发营业税改征增值税（以下简称“营改增”）试点方案。2016年5月1日起，实行了“营改增”试点全覆盖，全部营业税纳税人由缴纳营业税改为缴纳增值税。2017年11月19日国务院对增值税暂行条例进行了第二次修订。

(二) 增值税的特点

1. 税源充足,普遍征收

增值税实行普遍征收,其课税范围涉及社会的生产、流通、消费、劳务等诸多生产经营领域,销售货物、劳务、服务、无形资产、不动产(以下统称应税销售行为)的单位和个人,只要取得增值额都要缴纳增值税。因此,增值税课征于经济活动的各个领域,其税基广阔、征收普遍,是流转税的主导税种。

2. 逐环节征收,但不重复征税

一般情况下,应税销售行为在其经过的每一个环节都会创造增值额,在每个环节都要征收增值税。但是根据增值税的计税原理,仅对流转额中新创造的增值部分征税。因此,对同一应税销售行为而言,无论流转环节多与少,只要增值额相同,税负就相等,从而有效地避免了重复征税。

3. 实行价外税制度

在计税时,作为计税依据的销售额中不包含增值税税额,这样有利于形成均衡的生产价格,并有利于税负转嫁的实现。这是增值税与传统的以全部流转额为计税依据的流转税的一个重要区别。

4. 税负具有转嫁性

虽然增值税是向企业主征收的,但企业主在提供应税销售行为时通过价格将税负转嫁给下一生产流通环节,也就是处在生产、流通各环节的纳税人仅仅是将从下一环节收取的税款缴纳给国家,自身并未承担税款。当税负随商品流转至零售环节时,消费者便成了增值税的真正负担人。因此,增值税是一种典型的间接税。

(三) 增值税的类型

根据对购入固定资产已纳税款处理的不同,可以将增值税分为生产型增值税、收入型增值税和消费型增值税 3 种。

1. 生产型增值税

生产型增值税是指在计算增值额时,不允许扣除购入的固定资产内含税款。由于税基中包含了外购固定资产的价款,存在重复计税的弊端,因此,生产型增值税是一种不彻底的增值税,不利于鼓励投资,但可以保证财政收入。

2. 收入型增值税

收入型增值税是指在计算增值额时,允许分期扣除固定资产折旧内含税款。从理论上讲,这是一种比较标准的增值税,但是外购固定资产价款是以计提折旧的方式分期转入产品价值的,且转入部分没有逐笔对应的外购凭证,因此给依据发票扣税带来了不便。此类型增值税操作性较差,影响了其被广泛采用。

3. 消费型增值税

消费型增值税是指在计算增值额时,允许一次性扣除固定资产内含税款。这种类型的增值税在购进固定资产时因扣除额大大增加,会减少财政收入,但这种方法是最适合凭

发票扣税的计算方法，因为凭固定资产的外购发票可以一次将其已纳税款全部扣除，既便于操作，也便于管理。因此，消费型增值税是3种增值税类型中最简便、最能体现增值税优越性的一种。

我国自2009年1月1日起实行消费型增值税。

二、增值税纳税人及其认定

（一）增值税纳税人的基本规定

增值税的纳税人是在中华人民共和国境内销售货物或者加工、修理修配劳务，销售服务、无形资产、不动产以及进口货物的单位和个人。

单位，是指企业、行政单位、事业单位、军事单位、社会团体及其他单位。

个人，是指个体工商户和其他个人。

单位以承包、承租、挂靠方式经营的，承包人、承租人、挂靠人（以下统称承包人）以发包人、出租人、被挂靠人（以下统称“发包人”）名义对外经营并由发包人承担相关法律责任的，以该发包人为纳税人。否则，以承包人为纳税人。

提示

同时满足以下两个条件的，以发包人为纳税人：

① 以发包人名义对外经营。

② 由发包人承担相关法律责任。

不同时满足上述两个条件的，以承包人为纳税人。

资管产品运营过程中发生的增值税应税行为，以资管产品管理人为增值税纳税人。

两个或者两个以上的纳税人，经财政部和国家税务总局批准可以视为一个纳税人合并纳税。具体办法由财政部和国家税务总局另行制定。

（二）小规模纳税人与一般纳税人的资格登记

为了配合增值税专用发票的管理，既简化增值税计算和征收，也有利于减少税收征管漏洞，我国现行增值税法将增值税纳税人按会计核算水平和经营规模分为一般纳税人和小规模纳税人两类，分别采取不同的增值税计税方法。

1. 小规模纳税人的认定

小规模纳税人是指年销售额在规定标准以下，并且会计核算不健全，不能按规定报送有关税务资料的增值税纳税人。会计核算不健全是指不能正确核算增值税的销项税额、进项税额和应纳税额。

小规模纳税人不采取发票扣税法，而实行简易征税办法。

有下列情形之一的，应认定为小规模纳税人：

(1) 自 2018 年 5 月 1 日起，增值税小规模纳税人标准为年应征增值税销售额 500 万元及以下。

(2) 年应税销售额超过小规模纳税人标准的其他个人(指自然人)按小规模纳税人纳税。

(3) 兼有应税销售行为，且不经常发生这些情况的单位和个体工商户可选择按照小规模纳税人纳税。

小规模纳税人会计核算健全(能够按照国家统一的会计制度规定设置账簿，根据合法、有效凭证核算)，能够提供准确税务资料，可以向主管税务机关申请一般纳税人资格认定。

提示

在一般情况下，销售额达标的应办理一般纳税人登记；销售额未达标但符合资格条件的，可办理一般纳税人登记。

2. 一般纳税人的认定

一般纳税人是指年应征增值税销售额超过小规模纳税人标准的企业和企业性单位。

一般纳税人的增值税税务处理和会计核算，实行统一、规范的发票扣税法，即凭增值税专用发票注明税款进行抵扣的办法。一般纳税人应通过增值税防伪税控系统使用专用发票。

符合一般纳税人条件的纳税人应当向主管税务机关办理一般纳税人资格登记。纳税人向主管税务机关填报增值税一般纳税人资格登记表，并提供税务登记证件。纳税人填报内容与税务登记信息一致的，主管税务机关当场登记；纳税人填报内容与税务登记信息不一致，或者不符合填列要求的，税务机关应当场告知纳税人需要补正的内容。

注意：年应税销售额的范围是指纳税人在连续不超过 12 个月的经营期内累计应征增值税的销售额，包括纳税申报销售额、稽查查补销售额、纳税评估调整销售额、税务机关代开发票销售额和免税销售额。

无须办理一般纳税人资格登记的纳税人如下：

(1) 个体工商户以外的其他个人。其他个人是指自然人。

(2) 选择按照小规模纳税人纳税的非企业性单位。非企业性单位是指行政单位、事业单位、军事单位、社会团体和其他单位。

(3) “营改增”试点实施前已取得增值税一般纳税人资格并兼有“营改增”应税行为的试点纳税人，不需要重新登记，由主管税务机关制作、送达《税务事项通知书》，告知纳税人。

除国家税务总局另有规定外，纳税人一经认定为增值税一般纳税人，不得再转为小规模纳税人。

想一想

为什么要将增值税纳税人分为一般纳税人和小规模纳税人？二者在税务处理和会计核算上各采用什么方法？

三、增值税的征税范围

根据《增值税暂行条例》《增值税暂行条例实施细则》和“营改增”的规定，现行增值税征税范围的一般规定包括销售或者加工、修理修配劳务，销售服务、无形资产和不动产。

（一）征税范围的一般规定

1. 在我国境内销售货物

在我国境内是指销售货物的起运地或所在地在我国境内。货物是指有形动产，包括电力、热力、气体在内。销售货物是指有偿转让货物的所有权。

2. 销售劳务

劳务是指提供加工、修理修配劳务。加工是指受托加工货物，即委托方提供原料及主要材料，受托方按照委托方的要求制造货物并收取加工费的业务。修理修配是指受托对损伤和丧失功能的货物进行修复，使其恢复原状和功能的业务。提供加工、修理修配劳务是指有偿提供加工、修理修配劳务。单位或者个体工商户聘用的员工为本单位或者雇主提供加工、修理修配劳务则不包括在内。

解释：加工、修理修配的对象限于“有形动产”，对不动产的是修缮行为，属于建筑业。

3. 进口货物

进口货物是指进入中国关境的货物。

提示

进口货物，在报关进口时，依法向海关缴纳增值税。

4. 销售服务、无形资产和不动产

服务包括交通运输服务、邮政服务、电信服务、建筑服务、金融服务、现代服务和生活服务。

其具体征税范围如下：

（1）交通运输服务，是指利用运输工具将货物或旅客送达目的地，使其空间位置得到转移的业务活动，包括陆路运输服务、水路运输服务、航空运输服务和管道运输服务。

解释：出租车公司向使用本公司自有出租车的出租车司机收取的管理费用，按照陆路运输服务缴纳增值税。水路运输的程租、期租业务，属于水路运输服务。

（2）邮政服务，是指中国邮政集团公司及其所属邮政企业提供邮件寄递、邮政汇兑和机要通信等邮政基本服务的业务活动，包括邮政普遍服务、邮政特殊服务和其他邮政服务。

解释：邮政储蓄业务按金融保险业税目征收。

（3）电信服务，是指利用有线、无线的电磁系统或光电系统等各种通信网络资源，提供语音通话服务，传送、发射、接收或应用图像、短信等电子数据和信息的业务活动，包括基础电信服务和增值电信服务。

(4) 建筑服务，是指各类建筑物、构筑物及其附属设施的建造、修缮、装饰，线路、管道、设备、设施等的安装以及其他工程作业的业务活动，包括工程服务、安装服务、修缮服务、装饰服务和其他建筑服务。

(5) 金融服务，是指经营金融保险的业务活动，包括贷款服务、直接收费金融服务、保险服务和金融商品转让。

解释：以货币资金投资收取的固定利润或保底利润，按照贷款服务缴纳增值税。

(6) 现代服务，是指围绕制造业、文化产业、现代物流产业等提供技术性、知识性服务的业务活动，包括研发和技术服务、信息技术服务、文化创意服务、物流辅助服务、租赁服务、鉴证咨询服务、广播影视服务、商务辅助服务和其他现代服务。

想一想

融资性售后回租按照哪个税目缴纳增值税？

(7) 生活服务，是指为满足城乡居民日常生活需求提供的各类服务活动，包括文化体育服务、教育医疗服务、旅游娱乐服务、餐饮住宿服务、居民日常服务和其他生活服务。

解释：纳税人在游览场所经营索道、摆渡车、电瓶车、游船等取得的收入，按照"文化体育服务"缴纳增值税。提供餐饮服务的纳税人销售的外卖食品，按照"餐饮服务"缴纳增值税。

(8) 销售无形资产，是指转让无形资产所有权或使用权的业务活动。

解释：无形资产，是指不具实物形态，但能带来经济利益的资产，包括技术、商标、著作权、商誉、自然资源使用权和其他权益性无形资产。

(9) 销售不动产。销售不动产，是指转让不动产所有权的业务活动。不动产，是指不能移动或者移动后会引起性质、形状改变的财产，包括建筑物、构筑物等。转让建筑物有限产权或永久使用权的，转让在建的建筑物或构筑物所有权的，以及在转让建筑物或构筑物时一并转让其所占土地的使用权的，按照销售不动产缴纳增值税。

相关链接

确定一项经济行为是否需要缴纳增值税，一般应同时具备4个条件：① 应税行为发生在中华人民共和国境内；②应税行为是经营活动，非经营活动不属于征税范围；③ 应税服务是为他人提供的；④ 应税行为是有偿的。

小知识

下列非经营活动不缴纳增值税：

① 行政单位收取的同时满足规定条件的政府性基金或行政事业性收费。

由国务院或财政部批准设立的政府性基金，由国务院或省级人民政府及其财政、价格主管部门批准设立的行政事业性收费，收取时开具省级以上(含省级)财政部门监(印)制的财政票据，所收款项全额上缴财政。

② 单位或个体工商户聘用的员工为本单位或雇主提供取得工资的服务。

③ 单位或个体工商户为聘用的员工提供服务。

④ 财政部和国家税务总局规定的其他情形。

(二) 征税范围的具体规定

1. 视同应税销售行为

纳税人有下列行为的,视同应税销售行为,征收增值税:

(1) 将货物交付其他单位或者个人代销。

(2) 销售代销货物。

(3) 设有两个以上机构并实行统一核算的纳税人,将货物从一个机构移送至其他机构用于销售,但相关机构设在同一县(市)的除外。

解释:“用于销售”是指受货机构发生以下情形之一的经营行为:一是向购货方开具发票;二是向购货方收取货款。受货机构的货物移送行为有上述两项情形之一的,应当向所在地税务机关缴纳增值税;未发生上述两项情形的,则应由总机构统一缴纳增值税。

(4) 将自产、委托加工的货物用于集体福利或者个人消费。

提示

外购的货物用于集体福利或者个人消费,属于不得抵扣进项的情形,而不是视同销售行为,已经抵扣进项税额的要做进项税额转出。

(5) 将自产、委托加工或者购进的货物作为投资,提供给其他单位或者个体工商户。

(6) 将自产、委托加工或者购进的货物分配给股东或者投资者。

(7) 将自产、委托加工或者购进的货物无偿赠送给其他单位或者个人。

(8) 单位和个体工商户向其他单位或个人无偿销售服务、无偿转让无形资产或不动产,但以公益活动为目的或以社会公众为对象的除外。

(9) 财政部、国家税务总局规定的其他情形。

小知识

确定为视同应税销售行为或视同发生应税行为的,均要征收增值税。其确定的目的是保证增值税税款抵扣制度的实施,防止以上述行为逃避纳税,同时体现增值税计算的配比原则。

2. 混合销售行为

混合销售行为是指一项销售行为既涉及货物又涉及服务。出现混合销售行为,涉及的货物和服务只是针对一项销售行为而言的,也就是说,服务是为了直接销售一批货物而提供的,二者之间是紧密相连的从属关系。

解释:如果一项销售行为只涉及销售服务,不涉及货物,这种行为就不是混合销售行为;反之,如果涉及销售服务和涉及货物的行为不是存在一项销售行为之中,这种行为也不是混合销售行为。

从事货物生产、批发或者零售的企业、企业性单位和个体工商户的混合销售行为，视为销售货物缴纳增值税；其他单位和个人的混合销售行为，视为销售服务缴纳增值税。

3. 兼营行为

试点纳税人发生应税销售行为适用不同税率或征收率的，应当分别核算适用不同税率或征收率的销售额。未分别核算销售额的，按照以下方法适用税率或征收率：

(1) 兼有不同税率的应税销售行为，从高适用税率。

(2) 兼有不同征收率的应税销售行为，从高适用征收率。

(3) 兼有不同税率和征收率的应税销售行为，从高适用税率。

4. 属于征税范围的特殊项目

(1) 货物期货，包括商品期货和贵金属期货，应当征收增值税，在期货的实物交割环节纳税。

(2) 对增值税纳税人收取的会员费收入不征收增值税。

(3) 各燃油电厂从政府财政专户取得的发电补贴不属于价外费用，不征收增值税。

(4) 供电企业利用自身输变电设备对并入电网的企业自备电厂生产的电力产品进行电压调节，收取并网服务费，属于提供加工劳务，应当征收增值税。

(5) 经批准允许从事二手车经销业务的纳税人，收购二手车时将其办理过户登记到自己名下，销售时再将该二手车过户登记到买家名下的行为，属于销售货物的行为，应按照现行规定征收增值税。

(6) 关于罚没物品征免增值税问题：执罚部门和单位查处的具备拍卖条件、不具备拍卖条件以及属于专营的财物，取得的收入如数上缴财政，不予征税。购入方再销售的照章纳税。

(7) 按照现行增值税政策，纳税人取得的中央财政补贴，不属于增值税应税收入，不征收增值税。

(8) 根据现行增值税的有关规定，融资性售后回租业务中，承租方出售资产的行为，不属于增值税的征收范围，不征收增值税。

(9) 航空运输企业已售票但未提供航空运输服务取得的逾期票证收入，按照航空运输服务征收增值税。

(10) 根据国家指令无偿提供的铁路运输服务、航空运输服务，属于《营业税改征增值税试点实施办法》(以下简称《试点实施办法》)第十四条规定的用于公益事业的服务，不征收增值税。

(11) 药品生产企业销售自产创新药的销售额，为向购买方收取的全部价款和价外费用，其提供给患者后续免费使用的相同创新药，不属于增值税视同销售范围。

(12) 纳税人在资产重组过程中，通过合并、分立、出售、置换等方式，将全部或部分实物资产以及与其相关联的债权、负债和劳动力一并转让给其他单位和个人，不属于增值税的征税范围，其中涉及的货物转让，不征收增值税。

(13) 存款利息不征收增值税。

(14) 被保险人获得的保险赔付不征收增值税。

(15) 房地产主管部门或者其指定机构、公积金管理中心、开发企业以及物业管理单位代收的住宅专项维修资金,不属于增值税的征收范围。

想一想

下列各项业务中,哪些属于增值税的征收范围?

① 邮局销售邮票。

② 对供电企业进行电力调压并按电量向电厂收取的并网服务费收入。

③ 增值税纳税人收取会员费收入。

④ 燃油电厂从政府财政专户取得的发电补贴。

四、增值税的税率和征收率

(一) 税率

自 2019 年 4 月 1 日起,增值税税率如下:

(1) 纳税人销售货物、劳务、有形动产租赁服务或者进口货物,除另有规定外,税率为 13%。这就是通常所说的基本税率。

(2) 纳税人销售交通运输、邮政、基础电信、建筑、不动产租赁服务,销售不动产,转让土地使用权,销售或者进口下列货物,税率为 9%:

① 粮食等农产品、食用植物油、食用盐;

② 自来水、暖气、冷气、热水、煤气、石油液化气、天然气、二甲醚、沼气、居民用煤炭制品;

③ 图书、报纸、杂志、音像制品、电子出版物;

④ 饲料、化肥、农药、农机、农膜。

(3) 纳税人销售服务、无形资产,除另有规定外,税率为 6%。

(4) 纳税人出口货物,税率为 0;但是,国务院另有规定的除外。

(5) 境内单位和个人跨境销售国务院规定范围内的服务、无形资产,税率为 0。

想一想

增值税零税率和免税有什么不同?

(二) 增值税征收率

增值税征收率是指对特定的货物或特定的纳税人销售货物、提供应税劳务、发生应税行为在某一生产流通环节应纳税额与销售额的比率。增值税一般纳税人采用简易征收办法和小规模纳税人发生应税行为时适用增值税征收率。

1. 适用 5% 征收率的情况

(1) 小规模纳税人销售自建或取得的不动产。

(2) 一般纳税人选择简易计税方法计税的不动产销售。

(3) 房地产开发企业中的小规模纳税人,销售自行开发的房地产项目。

(4) 其他个人销售其取得(不含自建)的不动产(不含其购买的住房)。

(5) 一般纳税人选择简易计税方法计税的不动产经营租赁。

(6) 小规模纳税人出租(经营租赁)其取得的不动产(不含个人出租住房)。

(7) 其他个人出租(经营租赁)其取得的不动产(不含住房)。

(8) 个人出租住房,应按照5%的征收率减按1.5%计算应纳税额。

(9) 一般纳税人和小规模纳税人提供劳务派遣服务选择差额纳税的。

(10) 一般纳税人2016年4月30日前签订的不动产融资租赁合同,或以2016年4月30日前取得的不动产提供的融资租赁服务,选择适用简易计税方法的。

(11) 一般纳税人收取试点前开工的一级公路、二级公路、桥、闸通行费,选择适用简易计税方法的。

(12) 一般纳税人提供人力资源外包服务,选择适用简易计税方法的。

(13) 纳税人转让2016年4月30日前取得的土地使用权,选择适用简易计税方法的。

2. 适用3%征收率的情况

(1) 除上述适用5%征收率以外的小规模纳税人适用3%征收率。

(2) 一般纳税人销售、提供或发生以下特定的货物、应税劳务、应税行为,可选择按照简易办法依照3%征收率计算缴纳增值税。

① 县级及县级以下小型水力发电单位生产的电力。小型水力发电单位,是指各类投资主体建设的装机容量为5万千瓦以下(含5万千瓦)的小型水力发电单位。

② 建筑用和生产建筑材料所用的砂、土、石料。

③ 以自己采掘的砂、土、石料或其他矿物连续生产的砖、瓦、石灰(不含黏土实心砖、瓦)。

④ 用微生物、微生物代谢产物、动物毒素、人或动物的血液或组织制成的生物制品。

⑤ 自产自来水以及自来水公司销售自来水。

⑥ 商品混凝土(仅限于以水泥为原料生产的水泥混凝土)。

⑦ 非企业性单位中的一般纳税人提供的研发和技术服务、信息技术服务、鉴证咨询服务,以及销售技术、著作权等无形资产。

⑧ 非企业性单位中的一般纳税人提供规定的"技术转让、技术开发和与之相关的技术咨询、技术服务"。

⑨ 一般纳税人提供教育辅助服务。

⑩ 一般纳税人提供公共交通运输服务。公共交通运输服务,包括轮客渡、公交客运、地铁、城市轻轨、出租车、长途客运、班车。

⑪ 经认定的动漫企业为开发动漫产品提供的动漫脚本编撰、形象设计、背景设计、动画设计、分镜、动画制作、摄制、描线、上色、画面合成、配音、配乐、音效合成、剪辑、字幕制作、压缩转码(面向网络动漫、手机动漫格式适配)服务,以及在境内转让动漫版权(包括动漫品牌、形象或者内容的授权及再授权)。

⑫ 电影放映服务、仓储服务、装卸搬运服务、收派服务和文化体育服务。

⑬ 提供非学历教育服务。

(3) 一般纳税人销售货物属于下列情形之一的，暂按简易办法依照3%征收率计算缴纳增值税：

① 寄售商店代销寄售物品(包括居民个人寄售的物品在内)；

② 典当业销售死当物品；

③ 经国务院或国务院授权机关批准的免税商店零售的免税品。

提示

一般纳税人选择简易办法计算缴纳增值税后，36个月内不得变更。

3. 征收率的特殊政策

增值税小规模纳税人销售自己使用过的固定资产和旧货，适用简易办法，依照3%征收率减按2%征收增值税。增值税一般纳税人销售旧货和上述小规模纳税人的征税政策一致。对增值税一般纳税人销售自己使用过的固定资产征税时，要区分固定资产的类型和购入时间，其征税政策如下：

(1) 销售自己使用过的2013年7月31日以前购进或自制的小汽车、摩托车和游艇，以及2008年12月31日以后购进或自制的其他固定资产(未抵扣进项税额)，依3%征收率减按2%征收增值税。

(2) 销售自己使用过的2013年8月1日以后购进或自制的小汽车、摩托车和游艇，以及2009年1月1日以后购进或自制的其他固定资产，按正常销售货物适用税率征收增值税。

(3) 纳税人销售自己使用过的固定资产，适用简易办法，依照3%征收率减按2%征收增值税政策的，可以放弃减税，按照简易办法依照3%征收率缴纳增值税，并可以开具增值税专用发票。

上述纳税人销售自己使用过的固定资产、旧货适用按照简易办法依照3%征收率减按2%征收增值税的，按下列公式确定销售额和应纳税额：

$$\text{销售额}=\text{含税销售额}\div(1+3\%)$$

$$\text{应纳税额}=\text{销售额}\times 2\%$$

提示

"已使用过的固定资产"是指纳税人根据财务会计制度已经计提折旧的固定资产。"旧货"，是指进入二次流通的具有部分使用价值的货物(含旧汽车、旧摩托车和旧游艇)，但不包括自己使用过的物品。

(4) 提供物业管理服务的纳税人，向服务接受方收取的自来水水费，以扣除其对外支付自来水水费后的余额为销售额，按照简易计税方法依3%的征收率计算缴纳增值税。

(5) 小规模纳税人提供劳务派遣服务,可以按照有关规定,以取得的全部价款和价外费用为销售额,按照简易计税方法依3%的征收率计算缴纳增值税;也可以选择差额纳税,以取得的全部价款和价外费用,扣除代用工单位支付给劳务派遣员工的工资、福利和为其办理社会保险及住房公积金后的余额为销售额,按照简易计税方法依5%的征收率计算缴纳增值税。

提示

选择差额纳税的纳税人,向用工单位收取用于支付给劳务派遣员工工资、福利和为其办理社会保险及住房公积金的费用,不得开具增值税专用发票,可以开具普通发票。

注意:增值税一般纳税人使用征收率计税时不能抵扣该项目相关的进项税额。采用征收率计算的税额,不能称其为销项税额,对于小规模纳税人直接就是应纳税额;对于一般纳税人,是其应纳税额的组成部分。

五、增值税的税收优惠

(一) 增值税起征点的规定

对个人(认定为一般纳税人的个体工商户除外)销售额未达到规定起征点的,免征增值税;达到起征点的,依照规定全额计算缴纳增值税。其具体幅度规定如下:

(1) 按期纳税的,为月销售额5 000~20 000元(含本数)。

(2) 按次纳税的,为每次(日)销售额300~500元(含本数)。

提示

以上销售额为不含税销售额。

(二)《增值税暂行条例》规定的免税项目

免税是对货物或应税劳务在本生产环节的应纳税额全部免缴增值税。

小知识

免税只免征本环节的应纳税额,对货物在以前生产流通环节所缴纳的税款不予退还,免税后货物仍然负担一定的增值税,即进项税。

《增值税暂行条例》规定的免税项目如下:

(1) 农业生产者销售的自产初级农产品。

(2) 避孕药品和用具。

(3) 古旧图书。

(4) 直接用于科学研究、科学试验和教学的进口仪器、设备。

(5) 外国政府、国际组织无偿援助的进口物资和设备。

(6) 由残疾人组织直接进口供残疾人专用的物品。

(7) 其他个人销售自己使用过的物品。

(三) "营改增"规定的税收优惠政策

1. 免征增值税项目

(1) 托儿所、幼儿园提供的保育和教育服务。

(2) 养老机构提供的养老服务。

(3) 残疾人福利机构提供的育养服务。

(4) 婚姻介绍服务。

(5) 殡葬服务。

(6) 残疾人员本人为社会提供的服务。

(7) 医疗机构提供的医疗服务。

(8) 从事学历教育的学校提供的教育服务。

(9) 学生勤工俭学提供的服务。

(10) 农业机耕、排灌、病虫害防治、植物保护、农牧保险以及相关技术培训业务，家禽、牲畜、水生动物的配种和疾病防治。

(11) 纪念馆、博物馆、文化馆、文物保护单位管理机构、美术馆、展览馆、书画院、图书馆在自己的场所提供文化体育服务取得的第一道门票收入。

(12) 寺院、宫观、清真寺和教堂举办文化、宗教活动的门票收入。

(13) 行政单位之外的其他单位收取的符合《试点实施办法》第十条规定条件的政府性基金和行政事业性收费。

(14) 个人转让著作权。

(15) 个人销售自建自用住房。

(16) 台湾航运公司、航空公司从事海峡两岸海上直航、空中直航业务在大陆取得的运输收入。

(17) 纳税人提供的直接或间接国际货物运输代理服务。

(18) 以下利息收入。

① 2016 年 12 月 31 日前，金融机构农户小额贷款。

② 国家助学贷款。

③ 国债、地方政府债。

④ 人民银行对金融机构的贷款。

⑤ 住房公积金管理中心用住房公积金在指定的委托银行发放的个人住房贷款。

⑥ 外汇管理部门在从事国家外汇储备经营过程中，委托金融机构发放的外汇贷款。

⑦ 统借统还业务中，企业集团或企业集团中的核心企业以及集团所属财务公司按不高于支付给金融机构的借款利率水平或者支付的债券票面利率水平，向企业集团或者集

团内下属单位收取的利息。

(19) 被撤销金融机构以货物、不动产、无形资产、有价证券、票据等财产清偿债务。

(20) 保险公司开办的一年期以上人身保险产品取得的保费收入。

(21) 再保险服务。

(22) 下列金融商品转让收入：

① 合格境外投资者(QFII)委托境内公司在我国从事证券买卖业务。

② 香港市场投资者(包括单位和个人)通过沪港通买卖上海证券交易所上市A股。

③ 香港市场投资者(包括单位和个人)通过基金互认买卖内地基金份额。

④ 证券投资基金(封闭式证券投资基金、开放式证券投资基金)管理人运用基金买股票、债券。

⑤ 个人从事金融商品转让业务。

(23) 金融同业往来利息收入。

(24) 符合规定条件的担保机构从事中小企业信用担保或再担保业务取得的收入(不含信用评级、咨询、培训等收入)3年内免征增值税。

(25) 国家商品储备管理单位及其直属企业承担商品储备任务，从中央或地方财政取得的利息补贴收入和价差补贴收入。

(26) 纳税人提供技术转让、技术开发和与之相关的技术咨询、技术服务。

(27) 符合条件的合同能源管理服务。

(28) 政府举办的从事学历教育的高等、中等和初等学校(不含下属单位)，举办进修班、培训班取得的全部归该学校所有的收入。

(29) 家政服务企业由员工制家政服务员提供家政服务取得的收入。

(30) 各党派、共青团、工会、妇联、中科协、青联、台联、侨联收取党费、团费、会费，以及政府间国际组织收取会费，属于非经营活动，不征收增值税。

(31) 福利彩票、体育彩票的发行收入。

(32) 军队空余房产租赁收入。

(33) 为了配合国家住房制度改革，企业、行政事业单位按房改成本价、标准价出售住房取得的收入。

(34) 将土地使用权转让给农业生产者用于农业生产。

(35) 涉及家庭财产分割的个人无偿转让不动产、土地使用权。

(36) 土地所有者出让土地使用权和土地使用者把土地使用权归还给土地所有者。

(37) 县级以上地方人民政府或自然资源行政主管部门出让、转让或收回自然资源使用权(不含土地使用权)。

(38) 随军家属就业。

① 为安置随军家属就业而新开办的企业，自领取税务登记证之日起，其提供的应税服务3年内免征增值税。

享受税收优惠政策的企业，随军家属必须占企业总人数的60%(含)以上，并有军(含)以上政治和后勤机关出具的证明。

② 从事个体经营的随军家属，自办理税务登记事项之日起，其提供的应税服务3年

内免征增值税。

(39) 军队转业干部就业。

① 从事个体经营的军队转业干部，自领取税务登记证之日起，其提供的应税服务3年内免征增值税。

② 为安置自主择业的军队转业干部就业而新开办的企业，凡安置自主择业的军队转业干部占企业总人数60%(含)以上的，自领取税务登记证之日起，其提供的应税服务3年内免征增值税。

2. 增值税即征即退

(1) 增值税一般纳税人销售其自行开发生产的软件产品，按13%税率征收增值税后，对其增值税实际税负超过3%的部分实行即征即退政策。

(2) 一般纳税人提供管道运输服务，对其增值税实际税负超过3%的部分实行增值税即征即退政策。

(3) 经人民银行、银监会或商务部批准从事融资租赁业务的试点纳税人中的一般纳税人，提供有形动产融资租赁服务和有形动产融资性售后回租服务，对其增值税实际税负超过3%的部分实行增值税即征即退政策。

提示

上述所称增值税实际税负，是指纳税人当期提供应税服务实际缴纳的增值税税额占纳税人当期提供应税服务取得的全部价款和价外费用的比例。

3. 其他

(1) 金融企业发放贷款后，自结息日起90天内发生的应收未收利息按现行规定缴纳增值税，自结息日起90天后发生的应收未收利息暂不缴纳增值税，待实际收到利息时按规定缴纳增值税。

(2) 个人将购买不足2年的住房对外销售的，按照5%的征收率全额缴纳增值税；个人将购买2年以上(含2年)的住房对外销售的，免征增值税。上述政策适用于北京市、上海市、广州市和深圳市之外的地区。

个人将购买2年以上(含2年)的非普通住房对外销售的，以销售收入减去购买住房价款后的差额按照5%的征收率缴纳增值税；个人将购买2年以上(含2年)的普通住房对外销售的，免征增值税。上述政策仅适用于北京市、上海市、广州市和深圳市。

(四) 财政部、国家税务总局规定的其他部分征免税项目

(1) 纳税人销售自产的综合利用产品和提供资源综合利用劳务，可享受增值税即征即退政策。

(2) 对从事蔬菜批发、零售的纳税人销售的蔬菜免征增值税。

(3) 除豆粕以外的其他粕类饲料产品，均免征增值税。

(4) 制种行业免征增值税政策。

制种企业在下列生产经营模式下生产销售种子，属于农业生产者销售自产农业产品，

应根据规定免征增值税。

① 制种企业利用自有土地或承租土地，雇用农户或雇工进行种子繁育，再经烘干、脱粒、风筛等深加工后销售种子。

② 制种企业提供亲本种子委托农户繁育并从农户手中收回，再经烘干、脱粒、风筛等深加工后销售种子。

(5) 纳税人生产销售和批发、零售有机肥产品免征增值税。

(6) 按债转股企业与金融资产管理公司签订的债转股协议，债转股原企业将货物资产作为投资提供给债转股新公司的，免征增值税。

(7) 增值税小规模纳税人，月销售额不超过 10 万元(含 10 万元，下同)的，按照规定免征增值税。其中，以 1 个季度为纳税期限的增值税小规模纳税人，季度销售额不超过 30 万元的，按照上述规定免征增值税。

其他个人采取一次性收取租金的形式出租不动产，取得的租金收入可在租金对应的租赁期内平均分摊，分摊后的月租金收入不超过 10 万元的，免征增值税。

(8) 供热企业自 2019 年 1 月 1 日起至 2020 年供暖季结束，对供热企业向居民个人供热而取得的采暖费收入免征增值税。

(9) 自 2019 年 1 月 1 日起至 2020 年 12 月 31 日，对国产抗艾滋病病毒药品免征生产环节和流通环节增值税。

(10) 对于内资研发机构和外资研发中心采购的国产设备全额退还增值税。

纳税人兼营免税、减税项目的，应当分别核算免税、减税项目的销售额；未分别核算销售额的，不得免税、减税。纳税人销售货物、劳务和应税行为适用免税规定的，可以放弃免税。放弃免税后，36 个月内不得再申请免税。纳税人销售货物、提供应税劳务和发生应税行为同时适用免税和零税率规定的，优先适用零税率。

任务二　增值税应纳税额的计算

一、增值税的计税方法

增值税的计税方法包括一般计税方法和简易计税方法。

一般纳税人发生应税销售行为适用一般计税方法计税。

小规模纳税人发生应税销售行为适用简易计税方法计税。

境外单位或个人在境内发生应税行为，在境内未设有经营机构的，扣缴义务人适用扣缴计税方法计算应扣缴税额。

提示

一般纳税人销售、提供或者发生财政部和国家税务总局规定的特定的货物、应税劳务、应税行为，也可以选择适用简易计税方法计税，但一经选择，36 个月内不得变更。

二、一般计税方法的核算

一般计税方法是指不直接计算增值额，而是以纳税人在纳税期内的销售额乘以适用税率计算出销项税额，将当期准予抵扣的进项税额进行抵扣，从而间接计算出当期增值额部分的应纳税额。其计算公式为：

应纳税额＝当期应税销售行为的整体税金－当期项目已纳税额
＝当期应税销售额×适用税率－当期准予抵扣的进项税额
＝当期销项税额－当期准予抵扣的进项税额

（一）销项税额的计算

销项税额是指纳税人发生应税销售行为时，按照规定的税率计算并向购买方收取的增值税税额。其计算公式为：

销项税额＝销售额或组成计税价格×适用税率

此公式包括两层含义：一是销项税额是计算出来的，对销售方来讲，在没有依法抵扣其进项税额前，销项税额不是其应纳增值税税额，而是发生应税销售行为的整体税负；二是销售额是不含销项税额的，体现了增值税是一种价外税的性质。

销项税额计算的关键是确定作为增值税计税依据的销售额。

1. 销售额的一般规定

销售额为纳税人发生应税销售行为收取的全部价款和价外费用，但是不包括收取的销项税额。

价外费用包括价外向购买方收取的手续费、补贴、基金、集资费、返还利润、奖励费、违约金、滞纳金、延期付款利息、赔偿金、代收款项、代垫款项、包装费、包装物租金、储备费、优质费、运输装卸费以及其他各种性质的价外收费。

无论会计制度如何核算，价外费用均应并入销售额计算应纳税额。但下列项目不包括在内：

（1）受托加工应征消费税的消费品所代收代缴的消费税。

（2）同时符合以下条件的代垫运输费用：承运部门的运输费用发票开具给购买方，并且由纳税人将该项发票转交给购买方的。

（3）同时符合以下条件代为收取的政府性基金或者行政事业性收费：由国务院或者财政部批准设立的政府性基金，由国务院或者省级人民政府及其财政、价格主管部门批准设立的行政事业性收费，收取时开具省级以上财政部门印制的财政票据，所收款项全额上缴财政。

（4）销售货物的同时代办保险等向购买方收取的保险费，以及向购买方收取的代购买方缴纳的车辆购置税、车辆牌照费。

提示

消费税属于价内税，凡征收消费税的货物在计征增值税时，销售额应包括消费税税金。增值税一般纳税人向购买方收取的价外费用和逾期包装物押金，应视为含税收入，在征税时换算成不含税收入再并入销售额。

2. 销售额的特别规定

1）价款和税款合并收取情况下的销售额

价款和税款合并收取是指在发生应税销售行为时，将销售额和增值税税额合并定价的方法。在这种情况下，必须将含税销售额换算成不含税销售额，其换算公式为：

不含税销售额＝含税销售额÷(1＋适用税率)

例 3-1 世华企业为增值税一般纳税人，销售钢材一批，开出增值税专用发票，销售额为10万元，税额13 000元，另开一张普通发票收取包装费113元，则该笔业务的计税销售额＝100 000＋113÷(1＋13%)＝100 100(元)。

2）视同发生应税销售行为的销售额

纳税人发生了视同销售行为而无销售额的现象，或者有时纳税人发生应税销售行为的价格明显偏低或者偏高且不具有合理商业目的的，在计算增值税时，销售额要按照下列顺序来确定，不能随意跨越次序。

(1) 按纳税人最近时期同类发生应税销售行为的平均销售价格确定。

(2) 按其他纳税人最近时期同类发生应税销售行为的平均销售价格确定。

(3) 在以上两种方法均不能确定其销售额的情况下，可按组成计税价格确定销售额。其计算公式为：

组成计税价格＝成本×(1＋成本利润率)

用这个公式组价的货物不涉及消费税。

属于应征消费税的货物，其组成计税价格中应加计消费税税额，这里的消费税税额包括从价计算、从量计算、复合计算的全部消费税税额。其计算公式为：

组成计税价格＝成本×(1＋成本利润率)＋消费税税额

在上述公式中，成本分为两种情况：属于销售自产货物的为实际生产成本，属于销售外购货物的为实际采购成本，成本利润率为国家税务总局确定；属于应征消费税的货物，其组成计税价格公式中的成本利润率为《消费税若干具体问题的规定》中规定的成本利润率。

提示

注意增值税组成计税价格与消费税组成计税价格的关系。

例 3-2 永新电视机厂(增值税一般纳税人)将自产的液晶电视机发放给管理

人员作为个人福利。该厂共发放32L型电视机10台，销售价每台0.8万元(不含税)；发放32B型电视机10台，目前市场尚未销售。已知制作10台32B型电视机的总成本为7万元，税务机关核定的成本利润率为10%，则两种电视机的计税销售额=10×0.8+7×(1+10%)=15.7(万元)。

3) 特殊销售方式下的销售额

(1) 采取折扣方式销售。折扣销售是指销货方在发生应税销售行为时，因购货方购货数量较大等原因而给予购货方的价格优惠。如果销售额和折扣额在同一张发票的"金额"栏分别注明，可以按折扣后的销售额征收增值税；如果仅在发票的"备注"栏注明折扣额，或者将折扣额另开发票，无论其在财务上如何处理，均不得从销售额中减除折扣额。折扣销售仅限于货物价格的折扣，如果是实物折扣，则视同应税销售行为。

小知识

销售折扣(现金折扣)的税务处理规则：销售折扣不能在计算增值税时扣减销售额，但是可以在计算所得税时作为财务费用扣减所得额。

销售折让的税务处理规则：因产品质量问题等发生的销售折让，按规定开具红字发票，可以折让后的货款为销售额。

(2) 采取以旧换新方式销售，应按新货物的同期销售价格确定销售额，不得扣减旧货物的收购价格，但对金银首饰以旧换新业务，可按销售方实际收取的不含增值税的全部价款计算缴纳增值税。

(3) 采取还本销售方式销售，不得从销售额中减除还本支出。

(4) 采取以物易物方式销售。这里的"物"仅指应税货物。以物易物双方都应做购销处理，以各自发出的货物核算销售额并计算销项税额，以各自收到的货物按规定核算购货额并计算进项税额。

(5) 包装物押金计税问题。纳税人为销售货物而出租、出借包装物收取的押金，单独记账核算，时间在1年以内且未过期的，不并入销售额征税，但对因逾期未收回包装物不再退还的押金，应按所包装货物的适用税率计算销项税额。对于个别包装物周转使用期限较长的，报经税务机关确定后，可适当放宽逾期期限。对销售除啤酒、黄酒外的其他酒类产品收取的包装物押金，无论是否返还以及会计上如何核算，均应并入当期销售额征税。对销售啤酒、黄酒所收取的押金，按上述一般押金的规定处理。

提示

在将包装物押金并入销售额征税时，需要先将该押金换算为不含税价，再并入销售额征税。

想一想

包装物销售收入、包装物押金收入以及包装物租金收入的税务处理有何不同？

(6) 直销的税务处理。直销企业先将货物销售给直销员，直销员再将货物销售给消费者的，直销企业的销售额为其向直销员收取的全部价款和价外费用。直销员将货物销售给消费者时，应按照现行规定缴纳增值税。

直销企业通过直销员向消费者销售货物，直接向消费者收取货款，直销企业的销售额为其向消费者收取的全部价款和价外费用。

(7) 贷款服务的销售额。贷款服务，以提供贷款服务取得的全部利息及利息性质的收入为销售额。银行提供贷款服务按期计收利息的，结息日当日计收的全部利息收入，均应计入结息日所属期的销售额，按照现行规定计算缴纳增值税。

(8) 直接收费金融服务的销售额。直接收费金融服务，以提供直接收费金融服务收取的手续费、佣金、酬金、管理费、服务费、经手费、开户费、过户费、结算费、转托管费等各类费用为销售额。

4) 按差额确定销售额

(1) 金融商品转让的销售额。金融商品转让，按照卖出价扣除买入价后的余额为销售额。转让金融商品出现的正负差，按盈亏相抵后的余额为销售额。若相抵后出现负差，可结转下一纳税期与下期转让金融商品销售额相抵，但年末时仍出现负差的，不得转入下一个会计年度。

证券公司、保险公司、金融租赁公司、证券基金管理公司、证券投资基金以及其他经人民银行、银监会、证监会、保监会批准成立且经营金融保险业务的机构发放贷款后，自结息日起 90 天内发生的应收未收利息按现行规定缴纳增值税，自结息日起 90 天后发生的应收未收利息暂不缴纳增值税，待实际收到利息时按规定缴纳增值税。

金融商品的买入价，可以选择按照加权平均法或移动加权平均法进行核算，选择后 36 个月内不得变更。金融商品转让，不得开具增值税专用发票。

纳税人无偿转让股票时，转出方以该股票的买入价为卖出价，按照“金融商品转让”计算缴纳增值税；在转入方将上述股票再转让时，以原转出方的卖出价为买入价，按照“金融商品转让”计算缴纳增值税。

(2) 经纪代理服务的销售额。经纪代理服务，以取得的全部价款和价外费用，扣除向委托方收取并代为支付的政府性基金或行政事业性收费后的余额为销售额。

提示

向委托方收取的政府性基金或行政事业性收费，不得开具增值税专用发票。

(3) 航空运输企业的销售额，不包括代收的机场建设费和代售其他航空运输企业客票而代收转付的价款。

(4) 试点纳税人中的一般纳税人提供客运场站服务，以其取得的全部价款和价外费用，代收转付的价款和价外费用，扣除支付给承运方运费后的余额为销售额。

(5) 试点纳税人提供旅游服务，可以选择以取得的全部价款和价外费用，扣除向旅游服务购买方收取并支付给其他单位或个人的住宿费、餐饮费、交通费、签证费、门票费和支付给其他接团旅游企业的旅游费用后的余额为销售额。

提示

选择上述办法计算销售额的试点纳税人，向旅游服务购买方收取并支付的上述费用，不得开具增值税专用发票，可以开具普通发票。

(6) 试点纳税人提供建筑服务适用简易计税方法的，以取得的全部价款和价外费用扣除支付的分包款后的余额为销售额。

(7) 房地产开发企业中的一般纳税人销售其开发的房地产项目(选择简易计税方法的房地产老项目除外)，以取得的全部价款和价外费用，扣除受让土地时向政府部门支付的土地价款后的余额为销售额。

(8) 纳税人转让不动产缴纳增值税差额扣除的有关规定如下：

① 纳税人转让不动产，按照有关规定差额缴纳增值税的，如因丢失等原因无法提供取得不动产时的发票，可向税务机关提供其他能证明契税计税金额的完税凭证等资料，进行差额扣除。

② 纳税人以契税计税金额进行差额扣除的，按照下列公式计算增值税应纳税额。

2016 年 4 月 30 日及以前缴纳契税的：

增值税应纳税额＝[全部交易价格(含增值税)－契税计税金额(含营业税)]÷(1＋5%)×5%

2016 年 5 月 1 日及以后缴纳契税的：

增值税应纳税额＝[全部交易价格(含增值税)÷(1＋5%)－契税计税金额(不含增值税)]×5%

③ 纳税人同时保留取得不动产时的发票和其他能证明契税计税金额的完税凭证等资料的，应当凭发票进行差额扣除。

相关链接

虽然原营业税的征税范围全行业均纳入了增值税的征收范围，但是目前仍然有无法通过抵扣机制避免重复征税的情况存在，因此引入了差额征税的办法，解决纳税人税收负担增加问题。

(二) 进项税额的计算

纳税人购进货物、劳务、服务、无形资产、不动产支付或者负担的增值税税额，为进项税额。其根据以下两种方法来确定：一是进项税额体现支付或者负担的增值税税额，直接在销货方开具的增值税专用发票和海关完税凭证上注明的税额，不需要计算；二是购进某些特定的货物、劳务、服务、无形资产、不动产时，其进项税额是根据支付金额和法定的扣除率计算出来的。

注意：增值税的配比原则，即指购进项目金额与提供应税销售行为销售额之间应有配比性。当纳税人购进的货物、劳务、服务、无形资产、不动产不是用于增值税应税项目，而是用于非应税项目、免税项目或用于集体福利、个人消费等情况时，其支付的进项税额就不能从销项税额中抵扣。

1. 准予从销项税额中抵扣的进项税额

(1) 从销售方或者提供方取得的增值税专用发票(含税控机动车销售统一发票)上注明的增值税税额。

(2) 从海关取得的海关进口增值税专用缴款书上注明的增值税税额。

(3) 自境外单位或个人购进劳务、服务、无形资产或境内的不动产，从税务机关或扣缴义务人取得的代扣代缴税款的完税凭证上注明的增值税税额。

(4) 未纳入农产品增值税进项税额核定扣除试点范围的纳税人购进农产品的抵扣政策如下：

① 农场和农村合作社等销售自产农产品适用免征增值税政策而开具的普通发票。对农民专业合作社销售本社成员生产的农业产品，视同农业生产者销售自产农业产品免征增值税。

② 农业生产者个人销售自产农产品，到税务机关代开的免税普通发票。

2. 不得从销项税额中抵扣的进项税额

纳税人取得的增值税扣税凭证(增值税专用发票、海关进口增值税专用缴款书、农产品收购发票、农产品销售发票和税收缴款凭证)不符合法律、行政法规或者国家税务总局有关规定的，其进项税额不得从销项税额中抵扣。具体而言，下列项目的进项税额不得从销项税额中抵扣：

(1) 用于简易计税方法计税项目、免征增值税项目、集体福利或者个人消费的购进货物、劳务、服务、无形资产和不动产。其中涉及的固定资产、无形资产、不动产，仅指专用于上述项目的固定资产、无形资产(不包括其他权益性无形资产)、不动产。但是，发生兼用于上述不允许抵扣项目情况的，该进项税额准予全部抵扣。

另外，纳税人购进其他权益性无形资产无论是专用于简易计税方法计税项目、免征增值税项目、集体福利或个人消费，还是兼用于上述不允许抵扣项目，均可以抵扣进项税额。

提示

其他权益性无形资产，包括基础设施资产经营权、公共事业特许权、配额、经营权(包括特许经营权、连锁经营权、其他经营权)、经销权、分销权、代理权、会员权、席位权、网络游戏虚拟道具、域名、名称权、肖像权、冠名权、转会费等。

纳税人的交际应酬消费属于个人消费，即交际应酬消费不属于生产经营中的生产投入和支出。

(2) 非正常损失的购进货物，以及相关的劳务和交通运输服务。非正常损失是指因管理不善造成被盗、丢失、霉烂变质的损失，以及因违反法律法规造成货物或者不动产被依法没收销毁、拆除的情形。

(3) 非正常损失的在产品、产成品所耗用的购进货物(不包括固定资产)、劳务和交通运输服务。

(4) 非正常损失的不动产，以及该不动产所耗用的购进货物、设计服务和建筑服务。

(5) 非正常损失的不动产在建工程所耗用的购进货物、设计服务和建筑服务。纳税人新建、改建、扩建、修缮、装饰不动产，均属于不动产在建工程。

(6) 购进的贷款服务、餐饮服务、居民日常服务和娱乐服务。纳税人接受贷款服务向贷款方支付的与该笔贷款直接相关的投融资顾问费、手续费、咨询费等费用，其进项税额不得从销项税额中抵扣。

(7) 适用一般计税方法的纳税人，兼营简易计税方法计税项目、免征增值税项目而无法划分不得抵扣的进项税额，按照下列公式计算不得抵扣的进项税额：

$$\text{不得抵扣的进项税额}=\text{当期无法划分的全部进项税额}\times\left(\text{当期简易计税方法计税项目销售额}+\text{免征增值税项目销售额}\right)\div\text{当期全部销售额}$$

(8) 一般纳税人已抵扣进项税额的固定资产、无形资产发生进项税额转出情形的，按照下列公式计算不得抵扣的进项税额：

不得抵扣的进项税额＝固定资产、无形资产或者不动产净值×适用税率

提示

固定资产是指使用期限超过 12 个月的机器、机械、运输工具以及其他与生产经营有关的设备、工具、器具等。

(9) 有下列情形之一者，应按销售额依照增值税税率计算应纳税额，不得抵扣进项税额，也不得使用增值税专用发票：

① 一般纳税人会计核算不健全，或者不能够提供准确税务资料的。

② 除年应税销售额超过小规模纳税人标准的其他个人(按小规模纳税人纳税)、非企业性单位、不经常发生应税行为的企业，可选择按小规模纳税人纳税外，纳税人销售额超过小规模纳税人标准，未申请办理一般纳税人资格登记手续的。

3. 特殊的计算规则

(1) 计算应纳税额时进项税额不足抵扣的处理。

由于增值税实行购进扣税法，有时企业在计算应纳税额时会出现当期销项税额小于当期进项税额不足抵扣的情况。根据税法规定，当期进项税额不足抵扣的部分可以结转下期继续抵扣。

(2) 一般纳税人因进货退回和折让而从销货方收回的增值税税额，应从发生进货退回或折让当期的进项税额中扣减。

(3) 购进货物或劳务事先未确定用于不该抵扣进项税额项目，已经抵扣了进项税额，发生用途变化不该抵扣进项税额的，应将购进货物或应税劳务的进项税额从当期的进项税额中扣减。无法准确确定该项进项税额的，按当期实际成本计算应扣减的进项税额。

4. 增值税扣税凭证信息用途确认的规定

自 2020 年 3 月 1 日起，增值税一般纳税人取得 2017 年 1 月 1 日及以后开具的增值

税专用发票、海关进口增值税专用缴款书、机动车销售统一发票、收费公路通行费增值税电子普通发票,取消认证确认、稽核比对、申报抵扣的期限。纳税人在进行增值税纳税申报时,应当通过本省(自治区、直辖市和计划单列市)增值税发票综合服务平台对上述扣税凭证信息进行用途确认。

想一想

未按期申报抵扣,增值税扣税凭证该如何处理?

增值税一般纳税人取得的增值税专用发票以及海关进口增值税专用缴款书,除客观原因以外的其他原因造成增值税扣税凭证未按期申报抵扣的(按规定不用认证的纳税人除外),不得作为合法的增值税扣税凭证,不得计算进项税额抵扣。

(三) 应纳税额的计算

1. 纳税人转让不动产增值税征收管理

适用范围:纳税人转让其取得的不动产,包括以直接购买、接受捐赠、接受投资入股、自建以及抵债等各种形式取得的不动产。不适用于房地产开发企业销售自行开发的房地产项目。

1) 一般纳税人转让其取得的不动产,按照以下规定缴纳增值税

(1) 一般纳税人转让其2016年4月30日前取得(不含自建)的不动产,可以选择适用简易计税方法计税,以取得的全部价款和价外费用扣除不动产购置原价或者取得不动产时的作价后的余额为销售额,按照5%的征收率计算应纳税额。纳税人应按照上述计税方法向不动产所在地主管税务机关预缴税款,向机构所在地主管税务机关申报纳税。

(2) 一般纳税人转让其2016年4月30日前自建的不动产,可以选择适用简易计税方法计税,以取得的全部价款和价外费月为销售额,按照5%的征收率计算应纳税额。纳税人应按照上述计税方法向不动产所在地主管税务机关预缴税款,向机构所在地主管税务机关申报纳税。

(3) 一般纳税人转让其2016年4月30日前取得(不含自建)的不动产,选择适用一般计税方法计税的,以取得的全部价款和价外费用为销售额计算应纳税额。纳税人应以取得的全部价款和价外费用扣除不动产购置原价或者取得不动产时的作价后的余额,按照5%的预征率向不动产所在地主管税务机关预缴税款,向机构所在地主管税务机关申报纳税。

(4) 一般纳税人转让其2016年4月30日前自建的不动产,选择适用一般计税方法计税的,以取得的全部价款和价外费用为销售额计算应纳税额。纳税人应以取得的全部价款和价外费用,按照5%的预征率向不动产所在地主管税务机关预缴税款,向机构所在地主管税务机关申报纳税。

(5) 一般纳税人转让其2016年5月1日后取得(不含自建)的不动产,适用一般计税方法,以取得的全部价款和价外费用为销售额计算应纳税额。纳税人应以取得的全部价款和价外费用扣除不动产购置原价或者取得不动产时的作价后的余额,按照5%的预征

率向不动产所在地主管税务机关预缴税款，向机构所在地主管税务机关申报纳税。

(6) 一般纳税人转让其2016年5月1日后自建的不动产，适用一般计税方法，以取得的全部价款和价外费用为销售额计算应纳税额。纳税人应以取得的全部价款和价外费用，按照5%的预征率向不动产所在地主管税务机关预缴税款，向机构所在地主管税务机关申报纳税。

注意： 区分税率(9%)、征收率(5%)、预征率(5%)的不同表述。税款的征收分为预征和申报两个环节。

2) 小规模纳税人转让其取得的不动产，除个人转让其购买的住房外，按照以下规定缴纳增值税

(1) 小规模纳税人转让其取得(不含自建)的不动产，以取得的全部价款和价外费用扣除不动产购置原价或者取得不动产时的作价后的余额为销售额，按照5%的征收率计算应纳税额。

(2) 小规模纳税人转让其自建的不动产，以取得的全部价款和价外费用为销售额，按照5%的征收率计算应纳税额。

除其他个人之外的小规模纳税人，应按照本条规定的计税方法向不动产所在地主管地税机关预缴税款，向机构所在地主管税务机关申报纳税；其他个人按照本条规定的计税方法向不动产所在地主管税务机关申报纳税。

提示

其他个人不需向税务机关申报。

3) 个人转让其购买的住房，按照以下规定缴纳增值税

(1) 个人转让其购买的住房，按照有关规定全额缴纳增值税的，以取得的全部价款和价外费用为销售额，按照5%的征收率计算应纳税额。

(2) 个人转让其购买的住房，按照有关规定差额缴纳增值税的，以取得的全部价款和价外费用扣除购买住房价款后的余额为销售额，按照5%的征收率计算应纳税额。

提示

个体工商户应按照本条规定的计税方法向住房所在地主管税务机关预缴税款，向机构所在地主管税务机关申报纳税；其他个人应按照本条规定的计税方法向住房所在地主管税务机关申报纳税。

4) 其他个人以外的纳税人转让其取得的不动产，区分以下情形计算应向不动产所在地主管税务机关预缴的税款

(1) 以转让不动产取得的全部价款和价外费用作为预缴税款计算依据的，计算公式为：

应预缴税款＝全部价款和价外费用÷(1＋5%)×5%

(2) 以转让不动产取得的全部价款和价外费用扣除不动产购置原价或者取得不动产时的作价后的余额作为预缴税款计算依据的，计算公式为：

应预缴税款＝(全部价款和价外费用－不动产购置原价或者取得不动产时的作价)÷(1＋5%)×5%

其他个人转让其取得的不动产，按照以上计算方法计算应纳税额并向不动产所在地主管税务机关申报纳税。

5) 征收管理

(1) 纳税人按规定从取得的全部价款和价外费用中扣除不动产购置原价或者取得不动产时的作价的，应当取得符合法律、行政法规和国家税务总局规定的合法有效凭证。否则，不得扣除。

上述凭证是指税务部门监制的发票，法院判决书、裁定书、调解书以及仲裁裁决书、公证债权文书，国家税务总局规定的其他凭证。

(2) 纳税人转让其取得的不动产，向不动产所在地主管税务机关预缴的增值税税款，可以在当期增值税应纳税额中抵减，抵减不完的，结转下期继续抵减。纳税人以预缴税款抵减应纳税额，应以完税凭证作为合法有效凭证。小规模纳税人转让其取得的不动产，不能自行开具增值税发票的，可向不动产所在地主管税务机关申请代开。纳税人向其他个人转让其取得的不动产，不得开具或申请代开增值税专用发票。

2. 纳税人跨县(市、区)提供建筑服务增值税征收管理

纳税人跨县(市、区)提供建筑服务，是指单位和个体工商户(以下简称纳税人)在其机构所在地以外的县(市、区)提供建筑服务。

提示

其他个人跨县(市、区)提供建筑服务，不适用以下规定。

1) 计算应预缴税款

适用一般计税方法计税的，应预缴税款计算公式如下：

应预缴税款＝(全部价款和价外费用－支付的分包款)÷(1＋9%)×2%

适用简易计税方法计税的，应预缴税款计算公式如下：

应预缴税款＝(全部价款和价外费用－支付的分包款)÷(1＋3%)×3%

纳税人取得的全部价款和价外费用扣除支付的分包款后的余额为负数的，可结转下次预缴税款时继续扣除。纳税人应按照工程项目分别计算应预缴税款，分别预缴。

2) 征收管理

纳税人按照上述规定从取得的全部价款和价外费用中扣除支付的分包款，应当取得符合法律、行政法规和国家税务总局规定的合法有效凭证，否则不得扣除。上述凭证是指从分包方取得的 2016 年 5 月 1 日后开具的，“备注”栏注明建筑服务发生地所在县(市、区)、项目名称的增值税发票；国家税务总局规定的其他凭证。

纳税人跨县(市、区)提供建筑服务，向建筑服务发生地主管税务机关预缴的增值税税款，可以在当期增值税应纳税额中抵减，抵减不完的，结转下期继续抵减。纳税人以预缴

税款抵减应纳税额，应以完税凭证作为合法有效凭证。

小规模纳税人跨县（市、区）提供建筑服务，不能自行开具增值税发票的，可向建筑服务发生地主管税务机关按照其取得的全部价款和价外费用申请代开增值税发票。

3. 纳税人提供不动产经营租赁服务增值税征收管理

纳税人以经营租赁方式出租其取得的不动产（以下简称“出租不动产”），适用该管理规定。取得的不动产，包括以直接购买、接受捐赠、接受投资入股、自建以及抵债等各种形式取得的不动产。

提示

纳税人提供道路通行服务不适用该办法。

1）一般纳税人出租不动产，按照以下规定缴纳增值税

（1）一般纳税人出租其 2016 年 4 月 30 日前取得的不动产，可以选择适用简易计税方法，按照 5%的征收率计算应纳税额。

不动产所在地与机构所在地不在同一县（市、区）的，纳税人应按照上述计税方法向不动产所在地主管税务机关预缴税款，向机构所在地主管税务机关申报纳税。不动产所在地与机构所在地在同一县（市、区）的，纳税人向机构所在地主管税务机关申报纳税。

（2）一般纳税人出租其 2016 年 5 月 1 日后取得的不动产，适用一般计税方法计税。

不动产所在地与机构所在地不在同一县（市、区）的，纳税人应按照 3%的预征率向不动产所在地主管税务机关预缴税款，向机构所在地主管税务机关申报纳税。不动产所在地与机构所在地在同一县（市、区）的，纳税人应向机构所在地主管税务机关申报纳税。

一般纳税人出租其 2016 年 4 月 30 日前取得的不动产适用一般计税方法计税的，按照上述规定执行。

2）小规模纳税人出租不动产，按照以下规定缴纳增值税

（1）单位和个体工商户出租不动产（不含个体工商户出租住房），按照 5%的征收率计算应纳税额。个体工商户出租住房，按照 5%的征收率减按 1.5%计算应纳税额。

不动产所在地与机构所在地不在同一县（市、区）的，纳税人应按照上述计税方法向不动产所在地主管税务机关预缴税款，向机构所在地主管税务机关申报纳税。不动产所在地与机构所在地在同一县（市、区）的，纳税人应向机构所在地主管税务机关申报纳税。

（2）其他个人出租不动产（不含住房），按照 5%的征收率计算应纳税额，向不动产所在地主管税务机关申报纳税。其他个人出租住房，按照 5%的征收率减按 1.5%计算应纳税额，向不动产所在地主管税务机关申报纳税。

3）预缴税款的计算

（1）纳税人出租不动产适用一般计税方法计税的，按照以下公式计算应预缴税款：

$$应预缴税款=含税销售额\div(1+9\%)\times 3\%$$

（2）纳税人出租不动产适用简易计税方法计税的，除个人出租住房外，按照以下公式计算应预缴税款：

$$应预缴税款=含税销售额\div(1+5\%)\times 5\%$$

(3) 个体工商户出租住房，按照以下公式计算应预缴税款：

应预缴税款＝含税销售额÷(1＋5％)×1.5％

(4) 其他个人出租不动产，按照以下公式计算应纳税款。

出租住房，应纳税款计算公式如下：

应纳税款＝含税销售额÷(1＋5％)×1.5％

出租非住房，应纳税款计算公式如下：

应纳税款＝含税销售额÷(1＋5％)×5％

4) 征收管理

单位和个体工商户出租不动产，按照该办法规定向不动产所在地主管税务机关预缴税款时，应填写增值税预缴税款表。单位和个体工商户出租不动产，向不动产所在地主管税务机关预缴的增值税款，可以在当期增值税应纳税额中抵减，抵减不完的，结转下期继续抵减。纳税人以预缴税款抵减应纳税额，应以完税凭证作为合法有效凭证。

提示

其他个人没有预缴环节，只向主管税务机关申报纳税。

小规模纳税人中的单位和个体工商户出租不动产，不能自行开具增值税发票的，可向不动产所在地主管税务机关申请代开增值税发票。其他个人出租不动产，可向不动产所在地主管税务机关申请代开增值税发票。纳税人向其他个人出租不动产，不得开具或申请代开增值税专用发票。

纳税人出租不动产，按照该办法规定应向不动产所在地主管税务机关预缴税款。自应当预缴之月起超过6个月没有预缴税款的，由机构所在地主管税务机关按照《税收征管法》及相关规定进行处理。

4. 房地产开发企业不动产经营租赁服务的增值税处理

(1) 房地产开发企业中的一般纳税人，出租其自行开发的房地产老项目，可以选择适用简易计税方法，按照5％的征收率计算应纳税额。纳税人出租自行开发的房地产老项目与其机构所在地不在同一县(市)的，应按照上述计税方法在不动产所在地预缴税款后，向机构所在地主管税务机关进行纳税申报。

解释：房地产老项目，是指建筑工程施工许可证注明的合同开工日期在2016年4月30日前的房地产项目；建筑工程施工许可证未注明合同开工日期或者未取得建筑工程施工许可证但建筑工程承包合同注明的开工日期在2016年4月30日前的建筑工程项目。

(2) 房地产开发企业中的一般纳税人，出租自行开发的与机构所在地不在同一县(市)的房地产项目，应按照3％预征率在不动产所在地预缴税款后，向机构所在地主管税务机关进行纳税申报。

(3) 房地产开发企业中的小规模纳税人，出租自行开发的房地产项目，按照5％的征收率计算应纳税额。纳税人出租自行开发的房地产项目与其机构所在地不在同一县(市)的，应按照上述计税方法在不动产所在地预缴税款后，向机构所在地主管税务机关进行纳税申报。

5. 房地产开发企业(一般纳税人)销售自行开发的房地产项目增值税征收管理

解释：自行开发，是指在依法取得土地使用权的土地上进行基础设施和房屋建设。房地产开发企业以接盘等形式购入未完工的房地产项目继续开发后，以自己的名义立项销售的，属于销售自行开发的房地产项目。

1）销售额的确定

房地产开发企业中的一般纳税人(以下简称“一般纳税人”)销售自行开发的房地产项目，适用一般计税方法计税，按照取得的全部价款和价外费用，扣除当期销售房地产项目对应的土地价款后的余额计算销售额。销售额的计算公式如下：

$$\text{销售额}=(\text{全部价款和价外费用}-\text{当期允许扣除的土地价款})\div(1+9\%)$$

$$\text{当期允许扣除的土地价款}=\frac{\text{当期销售房地产项目建筑面积}}{\text{房地产项目可供销售建筑面积}}\times\text{支付的土地价款}$$

当期销售房地产项目建筑面积，是指当期进行纳税申报的增值税销售额对应的建筑面积。房地产项目可供销售建筑面积，是指房地产项目可以出售的总建筑面积，不包括销售房地产项目时未单独作价结算的配套公共设施的建筑面积。支付的土地价款，是指向政府土地管理部门或受政府委托收取土地价款的单位直接支付的土地价款。

在计算销售额时从全部价款和价外费用中扣除土地价款，应当取得省级以上(含省级)财政部门监(印)制的财政票据。一般纳税人应建立台账登记土地价款的扣除情况，扣除的土地价款不得超过纳税人实际支付的土地价款。

房地产开发企业的一般纳税人销售自行开发的房地产老项目，可以选择适用简易计税方法，按照5%的征收率计税。一经选择简易计税方法计税的，36个月内不得变更为一般计税方法计税。

房地产开发企业的一般纳税人销售自行开发的房地产老项目适用简易计税方法计税的，以取得的全部价款和价外费用为销售额，不得扣除对应的土地价款。

2）预缴税款

房地产开发企业的一般纳税人采取预收款方式销售自行开发的房地产项目，应在收到预收款时按照3%的预征率预缴增值税。

应预缴税款按照以下公式计算：

$$\text{应预缴税款}=\text{预收款}\div(1+\text{适用税率或征收率})\times3\%$$

适用一般计税方法计税的，按照10%的适用税率计算；适用简易计税方法计税的，按照5%的征收率计算。

房地产开发企业的一般纳税人应在取得预收款的次月纳税申报期向主管税务机关预缴税款。

3）进项税额

房地产开发企业的一般纳税人销售自行开发的房地产项目，兼有一般计税方法计税、简易计税方法计税、免征增值税的房地产项目而无法划分不得抵扣的进项税额的，应以建筑工程施工许可证注明的“建设规模”为依据进行划分。

$$\begin{matrix}\text{不得抵扣的}\\\text{进项税额}\end{matrix}=\begin{matrix}\text{当期无法划分的}\\\text{全部进项税额}\end{matrix}\times\left(\begin{matrix}\text{简易计税、免税房地产}\\\text{项目建设规模}\end{matrix}\div\begin{matrix}\text{房地产项目}\\\text{总建设规模}\end{matrix}\right)$$

4）纳税申报

一般纳税人销售自行开发的房地产项目适用一般计税方法计税的，应按照《试点实施办法》第四十五条规定的纳税义务发生时间，以当期销售额和10%的适用税率计算当期应纳税额，抵减已预缴税款后，向主管税务机关申报纳税。未抵减完的预缴税款可以结转下期继续抵减。

一般纳税人销售自行开发的房地产项目适用简易计税方法计税的，应按照《试点实施办法》第四十五条规定的纳税义务发生时间，以当期销售额和5%的征收率计算当期应纳税额，抵减已预缴税款后，向主管税务机关申报纳税。未抵减完的预缴税款可以结转下期继续抵减。

5）发票开具

一般纳税人销售自行开发的房地产项目，自行开具增值税发票。

一般纳税人向其他个人销售自行开发的房地产项目，不得开具增值税专用发票。

6. 计算应用

例 3－3 华兴公司为增值税一般纳税人，适用增值税税率为13%。2019年8月初留抵的进项税额为0.5万元。当月有关生产经营业务如下：

(1) 购进货物取得增值税专用发票，注明支付的货款60万元、增值税7.8万元；另外支付购货的运费6万元，取得运输公司开具的增值税专用发票，上面注明的税金为0.54万元。

(2) 向农业生产者购进水果一批（不适用进项税额核定扣除办法），支付收购价30万元，支付给运输单位的运费5万元，取得运输公司开具的货物运输业增值税专用发票，上面注明的税金为0.45万元。本月下旬全部用于生产水果罐头。

(3) 向修配厂购进0.8万元的修理用配件，取得普通发票。

(4) 销售甲产品给某大商场，开具增值税专用发票，取得不含税销售额80万元。

(5) 销售乙产品，开具普通发票，取得含税销售额29.25万元。

(6) 月末账面上有逾期1年以上未还的包装物押金0.1万元。

(7) 将上月购入的原材料转作建造食堂使用，原购进时不含税价款为5万元，取得专用发票。

以上相关票据均符合税法的规定。请计算该企业8月份应纳增值税税额。

(1) 计算当期销项税额。

销售甲产品销项税额＝80×13%＝10.4(万元)。

销售乙产品开具普通发票，应该价税分离计算，故销项税额＝29.25÷(1＋13%)×13%＝3.37(万元)。

包装物押金因逾期1年以上，故销项税额＝0.1÷(1＋13%)×13%＝0.01(万元)。

当期销项税额合计＝10.4＋3.37＋0.01＝13.78(万元)。

(2) 计算当期进项税额。

外购货物应抵扣的进项税额＝7.8＋0.54＝8.34(万元)。

外购免税农产品时应抵扣的进项税额＝30×9%＋0.45＝3.15(万元)。

领用时应加计扣除的进项税额＝30×(10%－9%)＝0.3(万元)。

购进 0.8 万元的修理用配件，因取得的是普通发票，不能抵扣。

因此，当期进项税额合计＝8.34＋3.15＋0.3＝11.79(万元)。

(3) 计算当期进项税额转出额。

原材料转作非应税项目，故进项税额转出额＝5×13%＝0.65(万元)。

(4) 计算该企业 8 月份应纳增值税税额。

该企业 8 月份应纳增值税税额＝13.78－(11.79－0.65)＝2.64(万元)。

三、简易计税方法的核算

纳税人发生应税销售行为适用简易计税方法的，应该按照销售额和征收率计算应纳增值税税额，并且不得抵扣进项税额。

其应纳税额的计算公式为：

应纳税额＝销售额×征收率

按简易计税方法计税的销售额不包括其应纳的增值税税额，纳税人采用销售额和应纳增值税税额合并定价方法的，按照下列公式计算销售额：

不含税销售额＝含税销售额÷(1＋征收率)

提示

小规模纳税人一律采用简易计税方法计税，一般纳税人发生特定应税销售行为可以选择适用简易计税方法。

例 3－4　华天商店为增值税小规模纳税人，2019 年 8 月取得零售收入总额 12 360 元，当月购进日用品取得的增值税专用发票上注明税款 2 600 元，当月销售自己使用过的设备一台，共收款 2 060 元，则华天商店 8 月应缴纳的增值税计算如下：

① 小规模纳税人销售自己使用过的固定资产，减按 2%征收率征收增值税。

② 购进日用品支付的税款不存在抵扣问题。

③ 含税销售额应换算为不含税销售额。

华天商店 8 月应缴纳的增值税税额＝12 360÷(1＋3%)×3%＋2 060÷(1＋3%)×2%＝400(元)

解析：简易计税办法不存在销项税额和进项税额的概念，购进货物不管是否取得增值税专用发票，均不存在抵扣进项税额的问题。

四、进口业务应纳增值税的计算

纳税人进口货物均应按照组成计税价格和税法规定的税率缴纳进口环节的增值税，不得抵扣任何税额，即在计算进口环节的应纳增值税税额时，不得抵扣发生在我国境外的各种税金。其组成计税价格和应纳税额的计算公式为：

组成计税价格＝关税完税价格＋关税＋消费税

应纳税额＝组成计税价格×税率

进口货物在海关缴纳的增值税，符合抵扣范围的，凭借海关进口增值税专用缴款书，可以从当期销项税额中抵扣。

例 3-5　世华进出口公司为增值税一般纳税人，2019 年 8 月进口一批高档化妆品，到岸价格为 90 万元。海关于 9 月 15 日开具了进口增值税专用缴款书。公司缴纳进口环节税金后海关放行。委托运输公司将进口办公设备从海关运回本单位，支付运输公司不含税运输费用 1 万元，取得了运输公司开具的增值税专用发票。假定该批进口货物在国内全部销售，取得不含税销售额 250 万元，另支付不含税销货运输费 1.3 万元，取得了运输公司开具的增值税专用发票。

计算该公司进口环节应纳增值税以及在国内销售环节应纳增值税税额（关税税率为 50%，消费税税率为 15%）。

关税的完税价格＝90（万元）

应纳进口关税＝90×50%＝45（万元）

进口环节应纳增值税的组成计税价格＝90×（1＋50%）÷（1－15%）＝158.82（万元）

进口环节应纳增值税税额＝158.82×13%＝20.64（万元）

国内销售环节的销项税额＝250×13%＝32.5（万元）

可以抵扣的进项税额＝20.64＋1×9%＋1.3×9%＝20.85（万元）

国内销售环节应纳增值税税额＝32.5－20.85＝11.65（万元）

任务三　增值税专用发票的使用及管理

增值税专用发票，是增值税一般纳税人销售货物、提供应税劳务和发生应税行为开具的发票，是购买方支付增值税税额并可按照增值税有关规定据以抵扣增值税进项税额的凭证。一般纳税人应通过增值税发票管理新系统（以下简称“新系统”）开具专用发票。

小知识

增值税发票管理新系统是对增值税防伪税控系统、货物运输业增值税专用发票税控系统、稽核系统以及税务数字证书系统等进行整合升级完善，实现纳税人经过税务数字证书安全认证、加密开具的发票数据，通过互联网实时上传税务机关，生成增值税发票电子底账，作为纳税申报、发票数据查验以及税源管理、数据分析利用的依据。

一、专用发票的联次

专用发票由基本联次或者基本联次附加其他联次构成。基本联次为 3 联，即记账联、抵扣联和发票联。记账联是销售方核算销售收入和增值税销项税额的记账凭证。抵扣联是购买方报送主管税务机关认证和留存备查的凭证。发票联是购买方核算采购成本和增值税进项税额的记账凭证。其他联次的用途,由一般纳税人自行确定。

二、专用发票的开票限额

专用发票实行最高开票限额管理。最高开票限额是指单份专用发票开具的销售额合计数不得达到的上限额度。

增值税专用发票(增值税税控系统)最高开票限额由一般纳税人申请,区县税务机关依法审批。防伪税控系统的具体发行工作由区、县级税务机关负责。

一般纳税人领购专用设备后,凭最高开票限额申请表、发票领购簿到税务机关办理初始发行。初始发行,是指主管税务机关将一般纳税人的信息载入空白金税卡和 IC 卡的行为。需要载入的纳税人的信息包括企业名称、税务登记代码、开票限额、购票限量、购票人员姓名及密码、开票机数量和国家税务总局规定的其他信息。

三、专用发票领购使用范围

一般纳税人凭发票领购簿、金税盘(或税控盘)和经办人身份证明领购专用发票。一般纳税人有下列情形之一的,不得领购专用发票:

(1) 会计核算不健全,不能向税务机关准确提供增值税销项税额、进项税额、应纳税额数据及其他有关增值税税务资料的。

前面所述其他有关增值税税务资料的内容,由省、自治区、直辖市和计划单列市国家税务局确定。

(2) 有《税收征管法》规定的税收违法行为,拒不接受税务机关处理的。

(3) 有下列行为之一,经税务机关责令限期改正而仍未改正的:

① 虚开增值税专用发票。

② 私自印制专用发票。

③ 向税务机关以外的单位和个人买取专用发票。

④ 借用他人专用发票。

⑤ 未按要求开具专用发票。

⑥ 未按规定保管专用发票和专用设备。

⑦ 未按规定申请办理防伪税控系统变更发行。

⑧ 未按规定接受税务机关检查。

有上述情形的,如已领购专用发票,主管税务机关应暂扣其结存的专用发票和 IC 卡。

四、专用发票开具范围

一般纳税人销售货物或者提供应税劳务、服务,应向购买方开具专用发票。

属于下列情形之一的，不得开具增值税专用发票：

(1) 向消费者销售应税项目。

(2) 销售免税货物。

(3) 销售报关出口的货物、在境外销售应税劳务。

(4) 将货物用于非应税项目。

(5) 将货物用于集体福利或个人消费。

(6) 向小规模纳税人销售应税项目，可以不开具专用发票。

(7) 商业零售的烟、酒、食品、服装、鞋帽(不包括劳保专用的部分)、化妆品等消费品。

小规模纳税人销售货物或者提供应税劳务、服务，接受方索取增值税专用发票的，可以自行开具增值税专用发票。

五、专用发票开具要求

专用发票开具要求如下：

(1) 项目齐全，与实际交易相符。

(2) 字迹清楚，不得压线、错格。

(3) 发票联和抵扣联加盖财务专用章或者发票专用章。

(4) 按照增值税纳税义务的发生时间开具。

不符合上述要求的专用发票，购买方有权拒收。

一般纳税人销售货物或者提供应税劳务可汇总开具专用发票。汇总开具专用发票的，同时使用防伪税控系统开具的销售货物或者提供应税劳务清单并加盖财务专用章或者发票专用章。

六、发生退货或开票有误的处理

(一) 专用发票的作废处理

专用发票的作废处理有即时作废和符合条件作废两种。即时作废是指开具时发现有误的；符合条件作废是指一般纳税人在开具专用发票当月，发生销货退回或销售折让、开票有误等情形，收到退回的发票联和抵扣联。符合作废条件是指同时具有以下情形：

(1) 收到退回的发票联、抵扣联时间未超过销售方开票当月。

(2) 销售方未抄税并且未记账。

(3) 购买方未认证或者认证结果为“纳税人识别号认证不符”“专用发票代码、号码认证不符”。

作废专用发票必须在防伪税控系统中将相应的数据电文按“作废”处理，在纸质专用发票(含未打印的专用发票)各联次上注明“作废”字样，全联留存。

（二）红字专用发票的开具

增值税一般纳税人开具增值税专用发票后，如发现销货退回或销货折扣、开票有误等情形不符合作废条件，应按规定开具红字专用发票。纳税人销售货物并向购买方开具增值税专用发票后，由于购买方在一定时期内累计购买货物达到一定数量，或者由于市场价格下降等原因，销售方给予购买方相应的价格优惠或补偿等折扣、折让行为，销售方也可按规定开具红字增值税专用发票。

(1) 红字专用发票的开具，应按以下办法处理：

① 购买方取得专用发票已用于申报抵扣的，购买方可在新系统中填开并上传开具红字增值税专用发票信息表(以下简称“信息表”)，在填开信息表时不填写相对应的蓝字专用发票信息，应暂依信息表所列增值税税额从当期进项税额中转出，待取得销售方开具的红字专用发票后，与信息表一并作为记账凭证。

购买方取得专用发票未用于申报抵扣，但发票联或抵扣联无法退回的，购买方填开信息表时应填写相对应的蓝字专用发票信息。

销售方开具专用发票尚未交付购买方，以及购买方未用于申报抵扣并将发票联及抵扣联退回的，销售方可在新系统中填开并上传信息表。销售方填开信息表时应填写相对应的蓝字专用发票信息。

② 主管税务机关通过网络接收纳税人上传的信息表，系统自动校验通过后，生成带有红字发票信息表编号的信息表，并将信息同步至纳税人端系统中。

③ 销售方凭税务机关系统校验通过的信息表开具红字专用发票，在新系统中以销项负数开具。红字专用发票应与信息表一一对应。

④ 纳税人也可凭信息表电子信息或纸质资料到税务机关对信息表内容进行系统校验。

(2) 税务机关为小规模纳税人代开专用发票，需要开具红字专用发票的，按照一般纳税人开具红字专用发票的方法处理。

(3) 纳税人需要开具红字增值税普通发票的，可以在所对应的蓝字发票金额范围内开具多份红字发票。红字机动车销售统一发票需与原蓝字机动车销售统一发票一一对应。

七、专用发票的认证与特殊情况处理

用于抵扣增值税进项税额的专用发票应经税务机关认证相符(国家税务总局另有规定的除外)。认证相符的专用发票应作为购买方的记账凭证，不得退还销售方。

认证是税务机关通过防伪税控系统对专用发票所列数据的识别、确认。认证相符，是指纳税人识别号无误，专用发票所列密文译后与明文一致。

(1) 经认证有无法认证、纳税人识别号认证不符，或专用发票代码或号码认证不符等情形的，不得作为增值税进项税额的抵扣凭证，税务机关退还原件，购买方可要求销售方重新开具专用发票。

(2) 有重复认证、密文有误、认证不符或列为失控专用发票等情形的，暂不得作为增值税进项税额的抵扣凭证，税务机关扣留原件，查明原因，分情况进行处理。

对丢失已开具专用发票的发票联和抵扣联的处理如下：

(1) 一般纳税人丢失已开具专用发票的发票联和抵扣联，如果丢失前已认证相符，购买方凭销售方提供的相应专用发票记账联复印件及销售方所在地主管税务机关出具的丢失增值税专用发票已报税证明单，经购买方主管税务机关审核同意后，可作为增值税进项税额的抵扣凭证；如果丢失前未认证，购买方凭销售方提供的相应专用发票记账联复印件到主管税务机关进行认证，认证相符可凭该专用发票记账联复印件及销售方所在地主管税务机关出具的丢失增值税专用发票已报税证明单，经购买方主管税务机关审核同意后，可作为增值税进项税额的抵扣凭证。

(2) 一般纳税人丢失已开具专用发票的抵扣联，如果丢失前已认证相符，可使用专用发票的发票联复印件留存备查；如果丢失前未认证，可使用专用发票的发票联到主管税务机关认证，专用发票的发票联复印件留存备查。

(3) 一般纳税人丢失已开具专用发票的发票联，可将专用发票抵扣联作为记账凭证，专用发票的抵扣联复印件留存备查。

(4) 专用发票抵扣联无法认证的，可使用专用发票的发票联到主管税务机关认证，专用发票的发票联复印件留存备查。

小知识

一般纳税人(除商业零售以外)可以使用同一套增值税防伪税控系统开具增值税专用发票、增值税普通发票等，俗称“一机多票”。增值税普通发票的格式、字体、栏次、内容与增值税专用发票完全一致。我国于 2015 年 11 月推行通过增值税电子发票系统开具的增值税电子普通发票。自行打印增值税电子普通发票的版式文件，其法律效力、基本用途、基本使用规定等与税务机关监制的增值税普通发票相同。

相关链接

2016 年 11 月起，我国推行住宿业小规模纳税人自行开具增值税专用发票试点。2017 年 3 月 1 日，鉴证咨询业小规模纳税人也被纳入试点范围。2017 年 6 月 1 日起再次扩大试点范围。将建筑业纳入小规模纳税人自行开具增值税专用发票试点。2018 年 2 月 1 日起，工业以及信息运输、软件和信息技术服务业小规模纳税人纳入试点范围。自 2020 年 2 月 1 日起，所有行业的小规模纳税人均可自行开具增值税专用发票。自 2020 年 12 月 21 日起，在天津、河北、上海、江苏、浙江、安徽、广东、重庆、四川、宁波和深圳等 11 个地区的新办纳税人中实行专票电子化，受票方范围为全国。其中，宁波、石家庄和杭州等 3 个地区已试点纳税人开具增值税电子专用发票(以下简称“电子专票”)的受票方范围扩至全国；自 2021 年 1 月 21 日起，在北京、山西、内蒙古、辽宁、吉林、黑龙江、福建、江西、山东、河南、湖北、湖南、广西、海南、贵州、云南、西藏、陕西、甘肃、青海、宁夏、新疆、大连、厦门和青岛等 25 个地区的新办纳税人中实行专票电子化，受票方范围为全国。

任务四　增值税的纳税申报与缴纳

一、增值税纳税义务发生时间

增值税纳税义务发生时间是指增值税纳税义务人、扣缴义务人发生应税、扣缴税款行为应承担纳税义务、扣缴义务的起始时间。

(一) 发生应税销售行为的纳税义务发生时间

(1) 发生应税销售行为，为收讫销售款项或者取得索取销售款项凭据的当天；先开具发票的，为开具发票的当天。

① 采取直接收款方式销售货物的，不论货物是否发出，均为收到销售款或者取得索取销售款凭据的当天。

② 采取托收承付和委托银行收款方式销售货物的，为发出货物并办妥托收手续的当天。

③ 采取赊销和分期收款方式销售货物的，为书面合同约定的收款日期的当天。无书面合同的或者书面合同没有约定收款日期的，为货物发出的当天。

④ 采取预收货款方式销售货物，为货物发出的当天，但生产销售生产工期超过 12 个月的大型机械设备、船舶、飞机等货物，为收到预收款或者书面合同约定的收款日期的当天。

⑤ 委托其他纳税人代销货物，为收到代销单位的代销清单或者收到全部或者部分货款的当天。未收到代销清单及货款的，为发出代销货物满 180 天的当天。

⑥ 销售应税劳务，为提供劳务同时收讫销售款或者取得索取销售款的凭据的当天。

⑦ 纳税人发生除将货物交付其他单位或个人代销和销售代销货物以外的视同销售货物行为，为移送的当天。

⑧ 纳税人提供租赁服务采取预收款方式的，其纳税义务发生时间为收到预收款的当天。

⑨ 纳税人从事金融商品转让，其纳税义务发生时间为金融商品所有权转移的当天。

⑩ 纳税人发生视同销售服务、无形资产或者不动产情形的，其纳税义务发生时间为服务、无形资产转让完成或者不动产权属变更的当天。

(2) 纳税人进口货物，其纳税义务发生时间为报关进口的当天。

(3) 增值税扣缴义务发生时间为纳税人增值税纳税义务发生的当天。

(二) 发生应税行为的纳税义务发生时间

(1) 纳税人发生应税行为并收讫销售款项或者取得索取销售款项凭据的当天；先开

具发票的，为开具发票的当天。

收讫销售款项，是指纳税人销售服务、无形资产、不动产过程中或者完成后收到款项。

取得索取销售款项凭据的当天，是指书面合同确定的付款日期；未签订书面合同或者书面合同未确定付款日期的，为服务、无形资产转让完成的当天或者不动产权属变更的当天。

(2) 纳税人提供租赁服务采取预收款方式的，其纳税义务发生时间为收到预收款的当天。

想一想

此政策与销售货物预收款的税务处理有何不同？

(3) 纳税人提供建筑服务取得预收款，应在收到预收款时，以取得的预收款扣除支付的分包款后的余额，按照预征率预缴增值税。

相关链接

按照现行规定应在建筑服务发生地预缴增值税的项目，纳税人收到预收款时在建筑服务发生地预缴增值税。按照现行规定无须在建筑服务发生地预缴增值税的项目，纳税人收到预收款时在机构所在地预缴增值税。适用一般计税方法计税的项目预征率为2%，适用简易计税方法计税的项目预征率为3%。

(4) 纳税人从事金融商品转让的，为金融商品所有权转移的当天。

(5) 纳税人发生视同销售服务、无形资产或者不动产情形的，其纳税义务发生时间为服务、无形资产转让完成的当天或者不动产权属变更的当天。

提示

增值税的纳税义务发生时间是计算当期销项税额的时点。

二、纳税期限

增值税的纳税期限分别为1日、3日、5日、10日、15日、1个月或者1个季度。纳税人的具体纳税期限，由主管税务机关根据纳税人应纳税额的大小分别核定。以1个季度为纳税期限的规定适用于小规模纳税人、银行、财务公司、信托投资公司、信用社，以及财政部和国家税务总局规定的其他纳税人。不能按照固定期限纳税的，可以按次纳税。

纳税人以1个月或者1个季度为1个纳税期的，自期满之日起15日内申报纳税；以1日、3日、5日、10日或者15日为1个纳税期的，自期满之日起5日内预缴税款，于次月1日起15日内申报纳税并结清上月应纳税款。

扣缴义务人解缴税款的期限，按照前述规定执行。

纳税人进口货物，应当自海关填发进口增值税专用缴纳书之日起15日内缴纳税款。

三、纳税地点

(1) 固定业户到外县(市)销售货物或者劳务,应当向其机构所在地的主管税务机关报告外出经营事项,并向其机构所在地的主管税务机关申报纳税;未报告的,应当向销售地或者劳务发生地的主管税务机关申报纳税;未向销售地或者劳务发生地的主管税务机关申报纳税的,由其机构所在地的主管税务机关补征税款。

(2) 非固定业户销售货物或者劳务,应当向销售地或者劳务发生地的主管税务机关申报纳税;未向销售地或者劳务发生地的主管税务机关申报纳税的,由其机构所在地或者居住地的主管税务机关补征税款。

(3) 进口货物,应当向报关地海关申报纳税。

(4) 扣缴义务人应当向其机构所在地或者居住地的主管税务机关申报缴纳其扣缴的税款。

四、增值税纳税申报操作流程

增值税纳税申报分一般纳税人和小规模纳税人两种申报。二者的办税程序有不同要求。

(一) 增值税一般纳税人申报办法

增值税一般纳税人申报的特点是报表体系严密,计税资料齐全。办理这种纳税申报须提供以下资料:

(1) 增值税及附加税费申报表(适用于增值税一般纳税人)、5 个增值税及附加税费纳税申报表附列资料和增值税减免税申报明细表。

国家税务总局公告 2021 年第 20 号规定:自 2021 年 8 月 1 日起,增值税与城市维护建设税、教育费附加、地方教育附加申报表整合,启用《增值税及附加税费申报表(一般纳税人适用)》及其附列资料。新启用的《增值税及附加税费申报表(一般纳税人适用)》及其附列资料,主要变化有三个方面:一是在原《增值税纳税申报表(一般纳税人适用)》主表增加第 39 栏至第 41 栏“附加税费”栏次,并将表名调整为《增值税及附加税费申报表(一般纳税人适用)》;二是将原《增值税纳税申报表附列资料(二)(本期进项税额明细)》第 23 栏“其他应作进项税额转出的情形”拆分为第 23a 栏“异常凭证转出进项税额”和第 23b 栏“其他应作进项税额转出的情形”,并将表名调整为《增值税及附加税费申报表附列资料(二)(本期进项税额明细)》。其中第 23a 栏专门用于填报异常增值税扣税凭证转出情况,第 23b 栏填报原第 23 栏内容。三是增加《增值税及附加税费申报表附列资料(五)(附加税费情况表)》。涉及增值税纳税申报内容的变化主要是,纳税人在办理纳税申报时,需要将按照规定本期应当作异常增值税扣税凭证转出处理的进项税额,填写在《增值税及附加税费申报表附列资料(二)(本期进项税额明细)》的第 23a 栏“异常凭证转出进项税额”。对于前期已经做过异常增值税扣税凭证转出处理,解除异常凭证或经税务机关核实允许继续抵扣的，且纳税人重新确认用于抵扣的进项税额，在本栏次填入负数。

（2）纳税申报其他资料：

① 已开具的税控机动车销售统一发票和普通发票的存根联。

② 符合抵扣条件且在本期申报抵扣的增值税专用发票（含税控机动车销售统一发票）的抵扣联。

③ 符合抵扣条件且在本期申报抵扣的海关进口增值税专用缴款书、购进农产品取得的普通发票的复印件。

④ 符合抵扣条件且在本期申报抵扣的税收完税凭证及其清单，书面合同、付款证明和境外单位的对账单或者发票。

⑤ 已开具的农产品收购凭证的存根联或报查联。

⑥ 纳税人销售服务、不动产和无形资产，在确定服务、不动产和无形资产销售额时，按照有关规定从取得的全部价款和价外费用中扣除价款的合法凭证及其清单。

⑦ 主管税务机关规定的其他资料。

增值税一般纳税人申报表如表3.1至表3.7所示。

表3.1 增值税及附加税费申报表

（一般纳税人适用）

根据国家税收法律法规及增值税相关规定制定本表。纳税人不论有无销售额，均应按税务机关核定的纳税期限填写本表，并向当地税务机关申报。

税款所属时间：自 年 月 日至 年 月 日 填表日期： 年 月 日

金额单位：元（列至角分）

纳税人识别号（统一社会信用代码）：□□□□□□□□□□□□□□□□□□□□ 所属行业：

<table>
<tr><td>纳税人名称</td><td></td><td>法定代表人姓名</td><td></td><td>注册地址</td><td></td><td>生产经营地址</td><td></td></tr>
<tr><td>开户银行及账号</td><td colspan="2"></td><td>登记注册类型</td><td colspan="2"></td><td>电话号码</td><td></td></tr>
<tr><td colspan="2" rowspan="2">项　目</td><td rowspan="2">栏　次</td><td colspan="2">一般项目</td><td colspan="2">即征即退项目</td></tr>
<tr><td>本月数</td><td>本年累计</td><td>本月数</td><td>本年累计</td></tr>
<tr><td rowspan="10">销售额</td><td>（一）按适用税率计税销售额</td><td>1</td><td></td><td></td><td></td><td></td></tr>
<tr><td>其中：应税货物销售额</td><td>2</td><td></td><td></td><td></td><td></td></tr>
<tr><td>应税劳务销售额</td><td>3</td><td></td><td></td><td></td><td></td></tr>
<tr><td>纳税检查调整的销售额</td><td>4</td><td></td><td></td><td></td><td></td></tr>
<tr><td>（二）按简易办法计税销售额</td><td>5</td><td></td><td></td><td></td><td></td></tr>
<tr><td>其中：纳税检查调整的销售额</td><td>6</td><td></td><td></td><td></td><td></td></tr>
<tr><td>（三）免、抵、退办法出口销售额</td><td>7</td><td></td><td></td><td>—</td><td>—</td></tr>
<tr><td>（四）免税销售额</td><td>8</td><td></td><td></td><td>—</td><td>—</td></tr>
<tr><td>其中：免税货物销售额</td><td>9</td><td></td><td></td><td>—</td><td>—</td></tr>
<tr><td>免税劳务销售额</td><td>10</td><td></td><td></td><td>—</td><td>—</td></tr>
</table>

续　表

项　目		栏　次	一般项目		即征即退项目	
			本月数	本年累计	本月数	本年累计
税款计算	销项税额	11				
	进项税额	12				
	上期留抵税额	13				—
	进项税额转出	14				
	免、抵、退应退税额	15			—	—
	按适用税率计算的纳税检查应补缴税额	16			—	—
	应抵扣税额合计	17=12+13−14−15+16		—		—
	实际抵扣税额	18(如 17<11,则为 17,否则为 11)				
	应纳税额	19=11−18				
	期末留抵税额	20=17−18				—
	简易计税办法计算的应纳税额	21				
	按简易计税办法计算的纳税检查应补缴税额	22			—	—
	应纳税额减征额	23				
	应纳税额合计	24=19+21−23				
税款缴纳	期初未缴税额(多缴为负数)	25				
	实收出口开具专用缴款书退税额	26			—	—
	本期已缴税额	27=28+29+30+31				
	① 分次预缴税额	28		—		—
	② 出口开具专用缴款书预缴税额	29		—	—	—
	③ 本期缴纳上期应纳税额	30				
	④ 本期缴纳欠缴税额	31				
	期末未缴税额(多缴为负数)	32=24+25+26−27				
	其中:欠缴税额(≥0)	33=25+26−27		—		—
	本期应补(退)税额	34=24−28−29		—		—
	即征即退实际退税额	35	—	—		
	期初未缴查补税额	36			—	—
	本期入库查补税额	37			—	—
	期末未缴查补税额	38=16+22+36−37			—	—

续 表

<table>
<tr><td colspan="2" rowspan="2">项 目</td><td rowspan="2">栏 次</td><td colspan="2">一般项目</td><td colspan="2">即征即退项目</td></tr>
<tr><td>本月数</td><td>本年累计</td><td>本月数</td><td>本年累计</td></tr>
<tr><td rowspan="3">附加税费</td><td>城市维护建设税本期应补(退)税额</td><td>39</td><td></td><td></td><td>—</td><td>—</td></tr>
<tr><td>教育费附加本期应补(退)费额</td><td>40</td><td></td><td></td><td>—</td><td>—</td></tr>
<tr><td>地方教育附加本期应补(退)费额</td><td>41</td><td></td><td></td><td>—</td><td>—</td></tr>
<tr><td colspan="7">声明:此表是根据国家税收法律法规及相关规定填写的,本人(单位)对填报内容(及附带资料)的真实性、可靠性、完整性负责
纳税人(签章): 年 月 日</td></tr>
<tr><td colspan="3">经办人:
经办人身份证号:
代理机构签章:
代理机构统一社会信用代码:</td><td colspan="4">受理人:
受理税务机关(章):
受理日期: 年 月 日</td></tr>
</table>

表 3.2　增值税及附加税费申报表附列资料(一)

(本期销售情况明细)

税款所属时间：　　　年　　月　　日至　　　　年　　月　　日

纳税人名称：(公章)　　　　　　　　　　　　　　　　　　　　金额单位：元(列至角分)

<table>
<tr><th colspan="4" rowspan="3">项目及栏次</th><th colspan="2">开具税控增值税专用发票</th><th colspan="2">开具其他发票</th><th colspan="2">未开具发票</th><th colspan="2">纳税检查调整</th><th colspan="3">合　计</th><th rowspan="2">应税服务扣除项目本期实际扣除金额</th><th colspan="2">扣除后</th></tr>
<tr><th>销售额</th><th>销项(应纳)税额</th><th>销售额</th><th>销项(应纳)税额</th><th>销售额</th><th>销项(应纳)税额</th><th>销售额</th><th>销项(应纳)税额</th><th>销售额</th><th>销项(应纳)税额</th><th>价税合计</th><th>含税(免税)销售额</th><th>销项(应纳)税额</th></tr>
<tr><th>1</th><th>2</th><th>3</th><th>4</th><th>5</th><th>6</th><th>7</th><th>8</th><th>9=1+3+5+7</th><th>10=2+4+6+8</th><th>11=9+10</th><th>12</th><th>13=11−12</th><th>14=13÷(100%+税率或征收率)×税率或征收率</th></tr>
<tr><td rowspan="7">一、一般计税方法计税</td><td rowspan="5">全部征税项目</td><td>13%税率的货物及加工修理修配劳务</td><td>1</td><td></td><td></td><td></td><td></td><td></td><td></td><td></td><td></td><td></td><td></td><td>—</td><td>—</td><td>—</td><td>—</td></tr>
<tr><td>13%税率的服务、不动产和无形资产</td><td>2</td><td></td><td></td><td></td><td></td><td></td><td></td><td></td><td></td><td></td><td></td><td></td><td></td><td></td><td></td></tr>
<tr><td>9%税率的货物及加工修理修配劳务</td><td>3</td><td></td><td></td><td></td><td></td><td></td><td></td><td></td><td></td><td></td><td></td><td>—</td><td>—</td><td>—</td><td>—</td></tr>
<tr><td>9%税率的服务、不动产和无形资产</td><td>4</td><td></td><td></td><td></td><td></td><td></td><td></td><td></td><td></td><td></td><td></td><td></td><td></td><td></td><td></td></tr>
<tr><td>6%税率</td><td>5</td><td></td><td></td><td></td><td></td><td></td><td></td><td></td><td></td><td></td><td></td><td></td><td></td><td></td><td></td></tr>
<tr><td rowspan="2">其中：即征即退项目</td><td>即征即退货物及加工修理修配劳务</td><td>6</td><td>—</td><td>—</td><td>—</td><td>—</td><td>—</td><td>—</td><td>—</td><td>—</td><td></td><td></td><td>—</td><td>—</td><td>—</td><td>—</td></tr>
<tr><td>即征即退应税服务</td><td>7</td><td>—</td><td>—</td><td>—</td><td>—</td><td>—</td><td>—</td><td>—</td><td>—</td><td></td><td></td><td></td><td></td><td></td><td></td></tr>
<tr><td rowspan="11">二、简易计税方法计税</td><td rowspan="9">全部征税项目</td><td>6%征收率</td><td>8</td><td></td><td></td><td></td><td></td><td></td><td></td><td>—</td><td>—</td><td></td><td></td><td>—</td><td>—</td><td>—</td><td>—</td></tr>
<tr><td>5%征收率的货物及加工修理修配劳务</td><td>9a</td><td></td><td></td><td></td><td></td><td></td><td></td><td>—</td><td>—</td><td></td><td></td><td>—</td><td>—</td><td>—</td><td>—</td></tr>
<tr><td>5%征收率的服务、不动产和无形资产</td><td>9b</td><td></td><td></td><td></td><td></td><td></td><td></td><td>—</td><td>—</td><td></td><td></td><td>—</td><td>—</td><td>—</td><td>—</td></tr>
<tr><td>4%征收率</td><td>10</td><td></td><td></td><td></td><td></td><td></td><td></td><td>—</td><td>—</td><td></td><td></td><td>—</td><td>—</td><td>—</td><td>—</td></tr>
<tr><td>3%征收率的货物及加工修理修配劳务</td><td>11</td><td></td><td></td><td></td><td></td><td></td><td></td><td>—</td><td>—</td><td></td><td></td><td>—</td><td>—</td><td>—</td><td>—</td></tr>
<tr><td>3%征收率的服务、不动产和无形资产</td><td>12</td><td></td><td></td><td></td><td></td><td></td><td></td><td>—</td><td>—</td><td></td><td></td><td></td><td></td><td></td><td></td></tr>
<tr><td>预征率%</td><td>13a</td><td></td><td></td><td></td><td></td><td></td><td></td><td>—</td><td>—</td><td></td><td></td><td></td><td></td><td></td><td></td></tr>
<tr><td>预征率%</td><td>13b</td><td></td><td></td><td></td><td></td><td></td><td></td><td>—</td><td>—</td><td></td><td></td><td></td><td></td><td></td><td></td></tr>
<tr><td>预征率%</td><td>13c</td><td></td><td></td><td></td><td></td><td></td><td></td><td>—</td><td>—</td><td></td><td></td><td></td><td></td><td></td><td></td></tr>
<tr><td rowspan="2">其中：即征即退项目</td><td>即征即退货物及加工修理修配劳务</td><td>14</td><td>—</td><td>—</td><td>—</td><td>—</td><td>—</td><td>—</td><td>—</td><td>—</td><td></td><td></td><td>—</td><td>—</td><td>—</td><td>—</td></tr>
<tr><td>即征即退应税服务</td><td>15</td><td>—</td><td>—</td><td>—</td><td>—</td><td>—</td><td>—</td><td>—</td><td>—</td><td></td><td></td><td></td><td></td><td></td><td></td></tr>
<tr><td rowspan="2">三、免抵退税</td><td colspan="2">货物及加工修理修配劳务</td><td>16</td><td>—</td><td>—</td><td></td><td>—</td><td></td><td>—</td><td>—</td><td>—</td><td></td><td>—</td><td>—</td><td>—</td><td>—</td><td>—</td></tr>
<tr><td colspan="2">服务、不动产和无形资产</td><td>17</td><td>—</td><td>—</td><td></td><td>—</td><td></td><td>—</td><td>—</td><td>—</td><td></td><td>—</td><td></td><td></td><td></td><td>—</td></tr>
<tr><td rowspan="2">四、免税</td><td colspan="2">货物及加工修理修配劳务</td><td>18</td><td></td><td></td><td></td><td>—</td><td></td><td>—</td><td>—</td><td>—</td><td></td><td>—</td><td>—</td><td>—</td><td>—</td><td>—</td></tr>
<tr><td colspan="2">服务、不动产和无形资产</td><td>19</td><td>—</td><td>—</td><td></td><td>—</td><td></td><td>—</td><td>—</td><td>—</td><td></td><td>—</td><td></td><td></td><td></td><td>—</td></tr>
</table>

表 3.3　增值税及附加税费申报表附列资料(二)

(本期进项税额明细)

税款所属时间：　　　　年　　月　　日至　　　　　　年　　月　　日

纳税人名称:(公章)　　　　　　　　　　　　　　　　金额单位:元(列至角分)

一、申报抵扣的进项税额				
项　目	栏　次	份　数	金　额	税　额
(一)认证相符的税控增值税专用发票	1=2+3			
其中:本期认证相符且本期申报抵扣	2			
前期认证相符且本期申报抵扣	3			
(二)其他扣税凭证	4=5+6+7+8a+8b			
其中:海关进口增值税专用缴款书	5			
农产品收购发票或者销售发票	6			
加计扣除农产品进项税额	8a	—	—	
其他	8b			
(三)本期用于购建不动产的扣税凭证	9			
(四)本期用于抵扣的旅客运输服务扣税凭证	10			
(五)外贸企业进项税额抵扣证明	11	—	—	
当期申报抵扣进项税额合计	12=1+4+11			

二、进项税额转出额		
项　目	栏　次	税　额
本期进项税转出额	13=14至23之和	
其中:免税项目用	14	
非应税项目用、集体福利、个人消费	15	
非正常损失	16	
简易计税方法征税项目用	17	
免抵退税办法不得抵扣的进项税额	18	
纳税检查调减进项税额	19	
红字专用发票通知单注明的进项税额	20	
上期留抵税额抵减欠税	21	
上期留抵税额退税	22	
异常凭证转出进项税额	23a	
其他应作进项税额转出的情形	23b	

三、待抵扣进项税额				
项　目	栏　次	份　数	金　额	税　额
(一)认证相符的税控增值税专用发票	24	—	—	—
期初已认证相符但未申报抵扣	25			
本期认证相符且本期未申报抵扣	26			
期末已认证相符但未申报抵扣	27			
其中:按照税法规定不允许抵扣	28			
(二)其他扣税凭证	29=30至33之和			
其中:海关进口增值税专用缴款书	30			

续　表

三、待抵扣进项税额				
项　目	栏　次	份　数	金　额	税　额
农产品收购发票或者销售发票	31			
代扣代缴税收缴款凭证	32	—		
运输费用结算单据	33			
	34			
四、其他				
项　目	栏　次	份　数	金　额	税　额
本期认证相符的税控增值税专用发票	35			
代扣代缴税额	36	—	—	

表 3.4　增值税及附加税费申报表附列资料(三)

(服务、不动产和无形资产扣除项目明细)

税款所属时间：　　　　年　月　日至　　　　年　月　日

纳税人名称:(公章)　　　　金额单位:元(列至角分)

项目及栏次		本期服务、不动产和无形资产价税合计额(免税销售额)	服务、不动产和无形资产扣除项目				
			期初余额	本期发生额	本期应扣除金额	本期实际扣除金额	期末余额
		1	2	3	4=2+3	5(5≤1 且 5≤4)	6=4−5
13%税率的项目	1						
9%税率的项目	2						
6%税率的项目(不含金融商品转让)	3						
6%税率的金融商品转让项目	4						
5%征收率的项目	5						
3%征收率的项目	6						
免抵退税的项目	7						
免税的项目	8						

表 3.5　增值税及附加税费申报表附列资料(四)

(税额抵减情况表)

税款所属时间：　　　　年　月　日至　　　　年　月　日

纳税人名称:(公章)　　　　金额单位:元(列至角分)

一、税额抵减情况						
序号	抵减项目	期初余额	本期发生额	本期应抵减税额	本期实际抵减税额	期末余额
		1	2	3=1+2	4≤3	5=3−4
1	增值税税控系统专用设备费及技术维护费					
2	分支机构预征缴纳税款					
3	建筑服务预征缴纳税款					
4	销售不动产预征缴纳税款					
5	出租不动产预征缴纳税款					

续 表

二、加计抵减情况							
序号	加计抵减项目	期初余额	本期发生额	本期调减额	本期可抵减额	本期实际抵减额	期末余额
		1	2	3	4=1+2-3	5	6=4-5
6	一般项目加计抵减额计算						
7	即征即退项目加计抵减额计算						
8	合　计						

表 3.6　增值税及附加税费申报表附列资料(五)

(附加税费情况表)

税(费)款所属时间：　　年　月　日至　　年　月　日

纳税人名称:(公章)　　　　　　　　　　　　金额单位:元(列至角分)

税(费)种		计税(费)依据			税(费)率(%)	本期应纳税(费)额	本期减免税(费)额		试点建设培育产教融合型企业		本期已缴税(费)额	本期应补(退)税(费)额
		增值税税额	增值税免抵税额	留抵退税本期扣除额			减免性质代码	减免税(费)额	减免性质代码	本期抵免金额		
		1	2	3	4	5=(1+2-3)×4	6	7	8	9	10	11=5-7-9-10
城市维护建设税	1								—	—		
教育费附加	2											
地方教育附加	3											
合　计	4	—	—	—	—		—		—			

本期是否适用试点建设培育产教融合型企业抵免政策	□是 □否	当期新增投资额	5	
		上期留抵可抵免金额	6	
		结转下期可抵免金额	7	
可用于扣除的增值税留抵退税额使用情况		当期新增可用于扣除的留抵退税额	8	
		上期结存可用于扣除的留抵退税额	9	
		结转下期可用于扣除的留抵退税额	10	

表 3.7 增值税减免税申报明细表

税款所属时间：自　　年　　月　　日至　　年　　月　　日

纳税人名称（公章）：　　　　金额单位：元（列至角分）

一、减税项目						
减税性质代码及名称	栏　次	期初余额	本期发生额	本期应抵减税额	本期实际抵减税额	期末余额
		1	2	3＝1＋2	4≤3	5＝3－4
合计	1					
	2					
	3					
	4					
	5					
	6					
二、免税项目						
免税性质代码及名称	栏　次	免征增值税项目销售额	免税销售额扣除项目本期实际扣除金额	扣除后免税销售额	免税销售额对应的进项税额	免税额
		1	2	3＝1－2	4	5
合计	7					
出口免税	8		—	—	—	—
其中：跨境服务	9		—	—	—	—
	10					
	11					
	12					
	13					
	14					
	15					
	16					

（二）增值税小规模纳税人申报办法

2021 年 8 月 1 日起，在全国推行增值税及附加税费申报表整合，增值税小规模纳税人（简称“小规模纳税人”）需填列《增值税及附加税费申报表（小规模纳税人适用）》（见表 3.8）。新启用的《增值税及附加税费申报表（小规模纳税人适用）》及其附列资料，主要变化有三个方面：一是在原《增值税纳税申报表（小规模纳税人适用）》主表增加第 23 栏至第 25 栏“附加税费”栏次，并将表名调整为《增值税及附加税费申报表（小规模纳税人适用）》。二是将原《增值税纳税申报表（小规模纳税人适用）》主表中开具增值税专用发票销售额和开具普通发票销售额相关栏次名称调整为更准确的表述，即将第 2、5 栏次名称由原"税务机关代开的增值税专用发票不含税销售额"调整为"增值税专用发票不含税销售额";将第3、6、8、14栏次名称,由原"税控器具开具的普通发票不含税销售额"调整为"其他增值税发票不含税销售额",上述栏次具体填报要求不变。三是增加《增值税及附加税费申报表(小规模纳税人适用)附列资料(二)(附加税费情况表)》。《增值税及附加税费申报表(小规模纳税人适用)》及其附列资料涉及的增值税纳税申报内容和口径没有变化。

表3.8 增值税及附加税费申报表

(小规模纳税人适用)

纳税人识别号(统一社会信用代码):□□□□□□□□□□□□□□□□□□□□□□□□□

纳税人名称: 金额单位:元(列至角分)

税款所属期: 年 月 日至 年 月 日 填表日期: 年 月 日

	项目	栏次	本期数		本年累计	
			货物及劳务	服务、不动产和无形资产	货物及劳务	服务、不动产和无形资产
一、计税依据	(一)应征增值税不含税销售额(3%征收率)	1				
	增值税专用发票不含税销售额	2				
	其他增值税发票不含税销售额	3				
	(二)应征增值税不含税销售额(5%征收率)	4	—		—	
	增值税专用发票不含税销售额	5	—		—	
	其他增值税发票不含税销售额	6	—		—	
	(三)销售使用过的固定资产不含税销售额	7(7≥8)		—		—
	其中:其他增值税发票不含税销售额	8		—		—
	(四)免税销售额	9=10+11+12				
	其中:小微企业免税销售额	10				
	未达起征点销售额	11				
	其他免税销售额	12				
	(五)出口免税销售额	13(13≥14)				
	其中:其他增值税发票不含税销售额	14				
二、税款计算	本期应纳税额	15				
	本期应纳税额减征额	16				
	本期免税额	17				
	其中:小微企业免税额	18				
	未达起征点免税额	19				
	应纳税额合计	20=15−16				
	本期预缴税额	21			—	—
	本期应补(退)税额		22=20−21		—	—

续　表

<table>
<tr><td rowspan="5">三、附加税费</td><td rowspan="2">项　目</td><td rowspan="2">栏　次</td><td colspan="2">本期数</td><td colspan="2">本年累计</td></tr>
<tr><td>货物及劳务</td><td>服务、不动产和无形资产</td><td>货物及劳务</td><td>服务、不动产和无形资产</td></tr>
<tr><td>城市维护建设税本期应补(退)税额</td><td>23</td><td></td><td></td><td></td><td></td></tr>
<tr><td>教育费附加本期应补(退)费额</td><td>24</td><td></td><td></td><td></td><td></td></tr>
<tr><td>地方教育附加本期应补(退)费额</td><td>25</td><td></td><td></td><td></td><td></td></tr>
<tr><td colspan="7">声明:此表是根据国家税收法律法规及相关规定填写的,本人(单位)对填报内容(及附带资料)的真实性、可靠性、完整性负责
纳税人(签章):　　年　月　日</td></tr>
<tr><td colspan="4">经办人:
经办人身份证号:
代理机构签章:
代理机构统一社会信用代码:</td><td colspan="3">受理人:

受理税务机关(章):
受理日期:　　年　月　日</td></tr>
</table>

表 3.9　增值税及附加税费申报表(小规模纳税人适用)附列资料(一)

(服务、不动产和无形资产扣除项目明细)

税款所属期:　　年　月　日至　　年　月　日　　　　填表日期:　　年　月　日

纳税人名称(公章):　　　　金额单位:元(列至角分)

应税行为(3%征收率)扣除额计算			
期初余额	本期发生额	本期扣除额	期末余额
1	2	3(3≤1+2 之和,且 3≤5)	4=1+2−3
应税行为(3%征收率)计税销售额计算			
全部含税收入 (适用 3%征收率)	本期扣除额	含税销售额	不含税销售额
5	6=3	7=5−6	8=7÷1.03
应税行为(5%征收率)扣除额计算			
期初余额	本期发生额	本期扣除额	期末余额
9	10	11(11≤9+10 之和, 且 11≤13)	12=9+10−11
应税行为(5%征收率)计税销售额计算			
全部含税收入 (适用 5%征收率)	本期扣除额	含税销售额	不含税销售额
13	14=11	15=13−14	16=15÷1.05

表 3.10　增值税及附加税费申报表(小规模纳税人适用)附列资料(二)

(附加税费情况表)

税(费)款所属时间：　　年　月　日至　　年　月　日

纳税人名称:(公章)　　　　　　　　　　　　　　　　　　　　金额单位:元(列至角分)

<table>
<tr><td rowspan="3">税(费)种</td><td>计税(费)依据</td><td rowspan="2">税(费)率(%)</td><td rowspan="2">本期应纳税(费)额</td><td colspan="2">本期减免税(费)额</td><td colspan="2">增值税小规模纳税人“六税两费”减征政策</td><td rowspan="2">本期已缴税(费)额</td><td rowspan="2">本期应补(退)税(费)额</td></tr>
<tr><td>增值税税额</td><td>减免性质代码</td><td>减免税(费)额</td><td>减征比例(%)</td><td>减征额</td></tr>
<tr><td>1</td><td>2</td><td>3=1×2</td><td>4</td><td>5</td><td>6</td><td>7=(3−5)×6</td><td>8</td><td>9=3−5−7−8</td></tr>
<tr><td>城市维护建设税</td><td></td><td></td><td></td><td></td><td></td><td></td><td></td><td></td><td></td></tr>
<tr><td>教育费附加</td><td></td><td></td><td></td><td></td><td></td><td></td><td></td><td></td><td></td></tr>
<tr><td>地方教育附加</td><td></td><td></td><td></td><td></td><td></td><td></td><td></td><td></td><td></td></tr>
<tr><td>合　计</td><td>—</td><td>—</td><td></td><td>—</td><td></td><td>—</td><td></td><td></td><td></td></tr>
</table>

任务五　增值税的会计处理

一、会计科目及专栏设置

增值税纳税人分为一般纳税人和小规模纳税人,二者对增值税采用不同的计税方法,因此,在对增值税进行会计处理时,二者的会计账户科目和会计核算方法也有所不同。

(一) 一般纳税人会计科目及专栏设置

为了核算增值税的应交、抵扣、已交及转出等情况,增值税一般纳税人应当在“应交税费”科目下设置“应交增值税”“未交增值税”“预交增值税”“待抵扣进项税额”“待认证进项税额”“待转销项税额”“增值税留抵税额”“简易计税”“转让金融商品应交增值税”“代扣代交增值税”等二级明细科目。

解读:在“应交税费”科目下,涉及增值税二级科目设置,增加为 10 个。

(1) 增值税一般纳税人应在“应交增值税”明细账内设置“进项税额”“销项税额抵减”“已交税金”“转出未交增值税”“减免税款”“出口抵减内销产品应纳税额”“销项税额”“出口退税”“进项税额转出”“转出多交增值税”等专栏。

① “进项税额”专栏,记录一般纳税人购进货物、加工修理修配劳务、服务、无形资产或不动产而支付或负担的、准予从当期销项税额中抵扣的增值税税额。

② “销项税额抵减”专栏,记录一般纳税人按照现行增值税制度规定因扣减销售额而减少的销项税额。

③“已交税金”专栏，记录一般纳税人当月已交纳的应交增值税税额。

④“转出未交增值税”和“转出多交增值税”专栏，分别记录一般纳税人月度终了转出当月应交未交或多交的增值税税额。

⑤“减免税款”专栏，记录一般纳税人按现行增值税制度规定准予减免的增值税税额。

⑥“出口抵减内销产品应纳税额”专栏，记录实行“免、抵、退”办法的一般纳税人按规定计算的出口货物的进项税抵减内销产品的应纳税额。

⑦“销项税额”专栏，记录一般纳税人销售货物、加工修理修配劳务、服务、无形资产或不动产应收取的增值税税额。

⑧“出口退税”专栏，记录一般纳税人出口货物、加工修理修配劳务、服务、无形资产按规定退回的增值税税额。

⑨“进项税额转出”专栏，记录一般纳税人购进货物、加工修理修配劳务、服务、无形资产或不动产等发生非正常损失以及其他原因而不应从销项税额中抵扣、按规定转出的进项税额。

(2)“未交增值税”明细科目，核算一般纳税人月度终了从“应交增值税”或“预交增值税”明细科目转入当月应缴未缴、多缴或预缴的增值税额，以及当月缴纳以前期间未缴的增值税税额。

(3)“预交增值税”明细科目，核算一般纳税人转让不动产、提供不动产经营租赁服务、提供建筑服务、采用预收款方式销售自行开发的房地产项目等，以及其他按现行增值税制度规定应预缴的增值税税额。

注意：预缴的增值税税款，可以在当期增值税应纳税额中抵减，抵减不完的，结转下期继续抵减。纳税人以预缴税款抵减应纳税额，应以完税凭证作为合法有效凭证。

注意：房地产企业等企业，“预交税款”的期末余额在纳税义务发生之前不能结转入“未交增值税”。

(4)“待抵扣进项税额”明细科目，核算一般纳税人已取得增值税扣税凭证并经税务机关认证，按照现行增值税制度规定准予以后期间从销项税额中抵扣的进项税额。其包括实行纳税辅导期管理的一般纳税人取得的尚未交叉稽核比对的增值税扣税凭证上注明或计算的进项税额。

(5)“待认证进项税额”明细科目，核算一般纳税人由于未经税务机关认证而不得从当期销项税额中抵扣的进项税额。其包括一般纳税人已取得增值税扣税凭证，按照现行增值税制度规定准予从销项税额中抵扣，但尚未经税务机关认证的进项税额；一般纳税人已申请稽核但尚未取得稽核相符结果的海关缴款书的进项税额。

(6)“待转销项税额”明细科目，核算一般纳税人销售货物、加工修理修配劳务、服务、无形资产或不动产，已确认相关收入(或利得)但尚未发生增值税纳税义务而需于以后期间确认为销项税额的增值税税额。

解读：这里核算的主要是会计与税法在确认收入时点不一致时产生的待后期开票确认的销项金额，这样处理解决了增值税作为价外税，会计入账金额需价税分离的要求，符合会计信息披露和财务报表列报要求，也能帮助企业更清楚未来将产生的应纳税金额。

(7)“增值税留抵税额”明细科目,核算兼有销售服务、无形资产或者不动产的原增值税一般纳税人,截止到纳入营改增试点之日前的增值税期末留抵税额,按照现行增值税制度规定,不得从销售服务、无形资产或不动产的销项税额中抵扣的增值税留抵税额。

(8)“简易计税”明细科目,核算一般纳税人采用简易计税方法发生的增值税计提、扣减、预缴、缴纳等业务。

(9)“转让金融商品应交增值税”明细科目,核算增值税纳税人转让金融商品发生的增值税税额。

(10)“代扣代交增值税”明细科目,核算纳税人购进在境内未设经营机构的境外单位或个人在境内的应税行为代扣代缴的增值税。

(二)小规模纳税人会计科目设置

增值税小规模纳税人,其销售收入的核算与一般纳税人相同,也是不含增值税应税销售额,小规模纳税人只需在“应交税费”科目下设置“应交增值税”明细科目,不需要设置除“转让金融商品应交增值税”“代扣代交增值税”外的明细科目。只是由于小规模纳税人不得抵扣进项税额,无须在“应交税费——应交增值税”账户的借贷方设置若干专栏。小规模纳税人“应交税费——应交增值税”账户的借方发生额反映已缴的增值税税额,贷方发生额反映应交增值税税额;期末借方余额,反映多缴的增值税税额;期末贷方余额,反映尚未缴纳的增值税税额。

二、一般纳税人增值税的会计处理

(一)进项税额的会计处理

一般纳税人在外购货物或接受劳务等情况下支付的增值税,应确认是否可抵扣,做相应的会计处理。

1. 采购等业务进项税额允许抵扣的账务处理

一般纳税人购进货物、加工修理修配劳务、服务、无形资产或不动产,按应计入相关成本费用或资产的金额,借记“在途物资”或“原材料”“库存商品”“生产成本”“无形资产”“固定资产”“管理费用”等科目,按当月已认证的可抵扣增值税税额,借记“应交税费——应交增值税(进项税额)”科目,按当月未认证的可抵扣增值税税额,借记“应交税费——待认证进项税额”科目;按应付或实际支付的金额,贷记“应付账款”“应付票据”“银行存款”等科目。发生退货的,如原增值税专用发票已做认证,应根据税务机关开具的红字增值税专用发票做相反的会计分录;如原增值税专用发票未做认证,应将发票退回并做相反的会计分录。

例 3-6 华利公司为增值税一般纳税人,2019 年 10 月发生以下经济业务,并编制相应的会计分录。

(1)从国内购入甲材料一批,已收到增值税专用发票一张,发票上注明价款 6 000 元、增值税 780 元，款项已付，验收入库。另外，销售方代垫运费 200 元(转来承运部门开具给华利公司的货物运输业增值税专用发票一张)，进项税额为 18 元。华利公司开出为期 1 个月的商业承兑汇票一张，材料已验收入库。

(2) 购进生产用机器设备一台，取得的专用发票上注明价款 500 000 元、增值税 65 000 元，发生运输费用 2 000 元，取得增值税专用发票，进项税额为 180 元，款项已从银行划转。

(3) 收到南方公司投资生产用甲材料一批，开出的专用发票上注明的价款(即双方协议约定的价值)为 320 000 元，税款为 41 600 元。华利公司注册资本为 2 000 000 元，双方约定南方公司此项投资占华利公司注册资本的份额为 15%。

(4) 接受东方公司捐赠的注塑机一台，收到的增值税专用发票上注明设备价款 100 000 元，配套模具价款 4 000 元。增值税税额分别为 13 000 元和 520 元。

(5) 本月月初发出材料 1 吨，委托外单位将其加工成某种锻件 100 件，委托材料实际成本 16 000 元，以银行存款支付加工费 3 600 元、增值税 468 元，已取得专用发票。另以银行存款支付相关运费 380 元，取得增值税专用发票，进项税额为 34.2 元。

(6) 购进免税农产品一批 100 吨，开具的主管税务机关核准使用的收购凭证上收购款总计 60 000 元。产品已验收入库，款项已付。

(7) 进口丙材料一批，关税完税价格 200 000 元，应缴关税 40 000 元，材料已验收入库，款项通过银行支付。

其会计处理如下：

(1) 国内购进甲材料，编制如下会计分录：

借：原材料——甲材料　　6 200
　　应交税费——应交增值税(进项税额)　　798
　　贷：应付票据　　6 998

(2) 购进生产用机器设备，编制如下会计分录：

借：固定资产　　502 000
　　应交税费——应交增值税(进项税额)　　65 180
　　贷：银行存款　　567 180

(3) 接受投资取得材料，编制如下会计分录：

借：原材料——甲材料　　320 000
　　应交税费——应交增值税(进项税额)　　41 600
　　贷：实收资本　　300 000
　　　　资本公积——资本溢价　　61 600

(4) 接受捐赠设备，编制如下会计分录：

借：固定资产　　100 000
　　周转材料　　4 000
　　应交税费——应交增值税(进项税额)　　13 520
　　贷：营业外收入——捐赠利得　　117 520

(5) 委托加工材料。

① 委托加工发出材料时，编制如下会计分录：

借：委托加工物资　　16 000

　　贷：原材料　　16 000

② 支付加工费、税金及运费时，编制如下会计分录：

借：委托加工物资　　3 600

　　应交税费——应交增值税(进项税额)　　468

　　贷：银行存款　　4 068

③ 支付运杂费时，编制如下会计分录：

借：委托加工物资　　380

　　应交税费——应交增值税(进项税额)　　34.2

　　贷：银行存款　　414.2

④ 收回入库时，编制如下会计分录：

借：原材料——锻件　　19 980

　　贷：委托加工物资　　19 980

(6) 购进免税农产品可抵扣 5 400 元(＝60 000×9%)，编制如下会计分录：

借：原材料　　54 600

　　应交税费——应交增值税(进项税额)　　5 400

　　贷：银行存款　　60 000

(7) 进口丙材料应纳的增值税为 31 200 元[＝(200 000＋40 000)×13%]，编制如下会计分录：

借：原材料——丙材料　　240 000

　　应交税费——应交增值税(进项税额)　　31 200

　　贷：银行存款　　271 200

华利公司 2019 年 10 月可抵扣的进项税额＝798＋65 180＋41 600＋13 520＋468＋34.2＋5 400＋31 200＝158 200.2(元)

2. 采购等业务进项税额不得抵扣的账务处理

一般纳税人购进货物、加工修理修配劳务、服务、无形资产或不动产，用于简易计税方法计税项目、免征增值税项目、集体福利或个人消费等，其进项税额按照现行增值税制度规定不得从销项税额中抵扣的，取得增值税专用发票时，应借记相关成本费用或资产科目，借记“应交税费——待认证进项税额”科目，贷记“银行存款”“应付账款”等科目。经税务机关认证后，根据有关“进项税额”“进项税额转出”专栏及“待认证进项税额”明细科目的核算内容，先转入“进项税额”专栏，借记“应交税费——应交增值税(进项税额)”科目，贷记“应交税费——待认证进项税额”科目；按现行增值税制度规定转出时，记入“进项税额转出”专栏，借记相关成本费用或资产科目，贷记“应交税费——应交增值税(进项税额转出)”科目。

例 3－7　2019 年 10 月，华利公司采购一台不需安装设备专用于简易计税项目，取得增值税专用发票，不含税价 50 万元，增值税 6.5 万元，款项已付清。

其会计处理如下：

(1) 取得购进固定资产的增值税专用发票时，编制如下会计分录：

借：固定资产　　500 000
　　应交税费——待认证进项税额　　65 000
　　贷：银行存款　　565 000

(2) 增值税专用发票经税务机关认证后，编制如下会计分录：

借：应交税费——应交增值税(进项税额)　　65 000
　　贷：应交税费——待认证进项税额　　65 000

(3) 将认定属于购进货物、加工修理修配劳务、服务、无形资产或不动产，用于简易计税方法计税项目，其进项税额按照现行增值税制度规定不得从销项税额中抵扣的不得抵扣，做进项税额转出。

借：固定资产　　65 000
　　贷：应交税费——应交增值税(进项税额转出)　　65 000

(二) 销项税额的会计处理

1. 企业销售货物、加工修理修配劳务、服务、无形资产或不动产的账务处理

企业销售货物、加工修理修配劳务、服务、无形资产或不动产，应当按应收或已收的金额，借记“应收账款”“应收票据”“银行存款”等科目；按取得的收入金额，贷记“主营业务收入”“其他业务收入”“固定资产清理”“工程结算”等科目，按现行增值税制度规定计算的销项税额(或采用简易计税方法计算的应纳增值税税额)，贷记“应交税费——应交增值税(销项税额)”或“应交税费——简易计税”科目。发生销售退回的，应根据按规定开具的红字增值税专用发票做相反的会计分录。

相关链接

按照增值税制度确认增值税纳税义务发生时点早于按照国家统一的会计制度确认收入或利得的时点的，应将应纳增值税税额，借记“应收账款”科目，贷记“应交税费——应交增值税(销项税额)”或“应交税费——简易计税”科目；按照国家统一的会计制度确认收入或利得时，应按扣除增值税销项税额后的金额确认收入。

例 3－8　华利公司 2019 年 10 月发生以下销售业务，要求编制相应的会计分录。

(1) 对外销售产品一批，应收取款项 341 000 元，其中价款 300 000 元，税金 39 000 元，代垫运输费 2 000 元。

(2) 零售 B 产品一批，开具普通发票，收取现金 1 130 元。

(3) 销售产品一批，不含税售价为 60 000 元，随同产品出售但单独计价的包装物不含税售价为 2 000 元，增值税为 8 060 元。该批产品的实际成本为 45 000 元，包装物的实际成本为 1 400 元。货已发出，款项尚未收到。

(4) 销售乙材料一批，不含税售价为 90 000 元，增值税为 11 700 元，货款已收存

银行。

(5) 采用托收承付方式销售一批产品，不含税售价为 500 000 元，增值税为 65 000 元，货已发出，并办妥托收手续。

其会计处理如下：

(1) 销售产品，编制如下会计分录：

借：应收账款	341 000	
贷：主营业务收入		300 000
应交税费——应交增值税(销项税额)		39 000
银行存款		2 000

(2) 零售 B 产品，编制如下会计分录：

借：库存现金	1 130	
贷：主营业务收入		1 000
应交税费——应交增值税(销项税额)		130

(3) 随同产品出售包装物，编制如下会计分录：

借：应收账款	70 060	
贷：主营业务收入		60 000
其他业务收入——包装物		2 000
应交税费——应交增值税(销项税额)		8 060
借：主营业务成本	45 000	
贷：库存商品		45 000
借：其他业务成本	1 400	
贷：周转材料		1 400

(4) 销售乙材料，编制如下会计分录：

借：银行存款	101 700	
贷：其他业务收入		90 000
应交税费——应交增值税(销项税额)		11 700

(5) 采用托收承付方式销售产品，编制如下会计分录：

借：应收账款	565 000	
贷：主营业务收入		500 000
应交税费——应交增值税(销项税额)		65 000

华利公司 2019 年 10 月销项税额＝39 000＋130＋8 060＋11 700＋65 000＝123 890(元)

2. 视同销售的账务处理

企业发生税法上视同销售的行为，应当按照企业会计准则制度相关规定进行相应的会计处理，并按照现行增值税制度规定计算的销项税额(或采用简易计税方法计算的应纳增值税税额)，借记“应付职工薪酬”“利润分配”等科目，贷记“应交税费——应交增值税(销项税额)”或“应交税费——简易计税”科目。

视同销售是税法上认定的一种特殊销售方式，这类销售没有现金流入，一般不会给企业带来直接的经济利益。因此，在财务会计上，一般不符合收入确认条件；但按税法规定，

要按销售计算增值税销项税额，即正常计税。

对视同销售行为的会计处理，难点主要是应否通过收入账户进行核算。有两种做法：一是与正常的、真正的销售核算相同，即按销售价计销售收入并相应计提销项税金，再按成本结转销售成本；二是不通过收入账户核算，直接按成本结转，同时按市价或公允价值计提销项税金。对视同销售行为的会计处理，一般应遵循如下原则：

(1) 视同销售行为是否会使企业获得收益。如果能获得收益，就应按销售收入处理；否则，按其成本进行结转。

(2) 对视同销售计算的应交增值税税额，与一般的进项税额转出意义不同，税务会计应将其作为销项税额处理。视同销售行为的计税依据应按税法规定。

依据我国税法和会计准则的规定，增值税视同销售与进项税转出分析如表 3.11 所示。

表 3.11　增值税视同销售与不得抵扣进项分析

<table>
<tr><th colspan="2">业务内容</th><th>税法规定</th><th>会计准则</th></tr>
<tr><td colspan="2">① 将货物交付他人代销</td><td rowspan="8">视同销售，应贷记：应交税费——应交增值税（销项税额）</td><td>确认收入</td></tr>
<tr><td colspan="2">② 销售代销货物</td><td>确认收入</td></tr>
<tr><td colspan="2">③ 非同一县市，将货物从一个机构移送至其他机构用于销售</td><td>确认收入</td></tr>
<tr><td rowspan="2">④ 将自产、委托加工的货物</td><td>用于集体福利</td><td>确认收入</td></tr>
<tr><td>用于个人消费</td><td>确认收入</td></tr>
<tr><td colspan="2">⑤ 将自产、委托加工或者购进的货物作为投资，提供给其他单位或者个体工商户</td><td>确认收入</td></tr>
<tr><td colspan="2">⑥ 将自产、委托加工或者购进的货物分配给股东或者投资者</td><td>确认收入</td></tr>
<tr><td colspan="2">⑦ 将自产、委托加工或者购进的货物无偿赠送给其他单位或者个人</td><td>不确认收入</td></tr>
<tr><td rowspan="3">⑧ 外购货物</td><td>用于非应税项目</td><td rowspan="3">不得抵扣进项</td><td rowspan="3">不确认收入</td></tr>
<tr><td>集体福利</td></tr>
<tr><td>个人消费</td></tr>
</table>

例 3－9　华利公司 2019 年 10 月发生以下经济业务，要求编制相应的会计分录。

(1) 将自产的每台成本为 900 元的产品作为福利发放给公司的每名职工，其中，参加生产的职工 170 名，厂部管理人员 30 名。该产品市场价格为每台 1 000 元。

(2) 将自产的一批产品对 B 企业进行投资，该批产品成本为 67 500 元，售价为 95 500 元。

(3) 将自产的产品分配利润，产品成本为 500 000 元，不含税销售价格为 800 000 元，该产品的增值税税率为 13%。

(4) 将自产的 B 产品无偿赠送给灾区，B 产品计税价格 100 000 元，成本 75 000 元。

其会计处理如下：

(1) 以自产货物作为集体福利。

① 决定发放时，编制如下会计分录：

借：生产成本　　192 100
　管理费用　　33 900
　贷：应付职工薪酬——非货币性福利　　226 000

② 发放时，编制如下会计分录：

借：应付职工薪酬——非货币性福利　　226 000
　贷：主营业务收入　　200 000
　　应交税费——应交增值税(销项税额)　　26 000
借：主营业务成本　　180 000
　贷：库存商品　　180 000

(2) 将自产的产品对企业进行投资，编制如下会计分录：

借：长期股权投资——B企业　　107 915
　贷：主营业务收入　　95 500
　　应交税费——应交增值税(销项税额)　　12 415
借：主营业务成本　　67 500
　贷：库存商品　　67 500

(3) 以自己生产的产品分配利润，编制如下会计分录：

借：应付利润　　904 000
　贷：主营业务收入　　800 000
　　应交税费——应交增值税(销项税额)　　104 000
借：主营业务成本　　500 000
　贷：库存商品　　500 000
借：利润分配——应付利润　　904 000
　贷：应付利润　　904 000

(4) 将自产的产品无偿赠送给灾区，编制如下会计分录：

借：营业外支出　　88 000
　贷：库存商品　　75 000
　　应交税费——应交增值税(销项税额)　　13 000

华利公司2019年10月的销项税额＝26 000＋12 415＋104 000＋13 000＝155 415(元)

(三) 月末的会计处理

(1) 月份终了，将当月应交未交增值税税额从“应交税费——应交增值税”科目转入“未交增值税”科目。

借：应交税费——应交增值税(转出未交增值税)
　贷：应交税费——未交增值税

(2) 月份终了，将当月多交的增值税税额自“应交税费——应交增值税”科目转入“未交增值税”科目。

借：应交税费——未交增值税

贷:应交税费——应交增值税(转出多交增值税)

(3) 月份终了,将当月预缴的增值税额自“应交税费——预交增值税”科目转入“未交增值税”科目。

借:应交税费——未交增值税

贷:应交税费——预交增值税

(4) 当月缴纳以前期间未交的增值税税额。

借:应交税费——未交增值税

贷:银行存款

例 3－10　依据[例 3－6]至[例 3－9]的资料,华利公司外购货物,发生允许抵扣的进项税额合计 158 200.2 元,本月月初“应交税费——应交增值税”明细账户借方余额为 50 000 元,本月对外销售货物,取得销项税额合计为 344 125 元(＝123 890＋220 235),则华利公司本月应纳增值税税额＝344 125－(158 200.2＋50 000)＝135 924.8 元。

其会计处理如下:

借:应交税费——应交增值税(转出未交增值税)　　135 924.8

贷:应交税费——未交增值税　　135 924.8

次月月初,企业依法申报缴纳上月应交未交的增值税 135 924.8 元后,应编制如下会计分录:

借:应交税费——未交增值税　　135 924.8

贷:银行存款　　135 924.8

三、小规模纳税人采购等业务的账务处理

小规模纳税人购买物资、服务、无形资产或不动产,取得增值税专用发票上注明的增值税应计入相关成本费用或资产,不通过“应交税费——应交增值税”科目核算,按应付或实际支付的价款和税额,借记相关成本费用或资产科目,贷记“应付账款”“银行存款”等科目。

小规模纳税人销售货物或提供应税劳务,实行简易计税法,按实现的销售收入和按规定收取的增值税,借记“应收账款”“应收票据”“银行存款”等科目;按实现的销售收入,贷记“主营业务收入”“其他业务收入”等科目;按规定收取的增值税税额,贷记“应交税费——应交增值税”科目。

例 3－11　某小规模纳税企业 2019 年 2 月销售自产货物一批,取得价款 100 000 元,成本为 60 000 元。

其会计处理如下:

借:银行存款　　100 000.00

贷:主营业务收入　　97 087.38

应交税费——应交增值税　　2 912.62

借：主营业务成本　　60 000
　　贷：库存商品　　60 000

次月月初，上缴本月应缴增值税 2 912.62 元时，编制如下会计分录：

借：应交税费——应交增值税　　2 912.62
　　贷：银行存款　　2 912.62

项目小结

增值税是以在我国境内销售货物或者加工、修理修配劳务，销售服务、无形资产、不动产以及进口货物的单位和个人取得的增值额为课税对象所征收的一种流转税。它是我国流转税结构中的核心税种，在我国税收体系中占有重要地位。

增值税属于价外税，将纳税人分为一般纳税人和小规模纳税人两种，并采用不同的征收管理办法。

一般纳税人适用的增值税税率分为 3 档，即基本税率(13%)、两档低税率 9%和 6%；小规模纳税人适用的征收率为 3%、5%。

一般纳税人采用的增值税计算方法为购进扣税法，采用凭增值税专用发票或其他合法扣税凭证注明税款进行抵扣的办法计算应纳税款；小规模纳税人采用简易方法计税。

一般纳税人应通过增值税防伪税控系统使用专用发票。正确使用专用发票，对增值税的计算和管理起决定作用。

一般纳税人应纳税额的基本计算公式为：应纳税额＝当期销项税额－当期进项税额。小规模纳税人应纳税额的基本计算公式为：应纳税额＝销售额×征收率。

增值税一般纳税人和小规模纳税人应按主管税务机关核定的纳税期限，如实填写并报送增值税纳税申报表。

对增值税的会计处理，一般纳税人是在“应交税费”账户下设置“应交增值税”明细账户，且采用多栏式账页，内设多个专栏。小规模纳税人只需在“应交税费”账户下设置“应交增值税”一个明细账户，且采用三栏式明细账页。

项目四 消费税的业务处理

学习目标

通过学习，掌握我国现行消费税的有关法律规定，熟悉消费税的计算方法，掌握消费税的会计处理方法，提高消费税会计核算的实务操作能力。

任务一　消费税的基本知识

一、消费税的含义及特点

(一) 消费税的含义

消费税是对我国境内从事生产、委托加工和进口应税消费品的单位和个人，就其销售额或销售数量，在特定环节征收的一种流转税。征收消费税的目的是体现国家产业政策，调节生产和消费结构，抵制奢侈品、高能耗产品的生产，正确引导消费，保证国家财政收入。

小知识

消费税是世界各国广泛实行的税种，根据荷兰克劳森教授搜集的129个国家的资料，没有征收消费税的国家不到10个。我国的消费税是在1994年税制改革中新设置的税种。它由原产品税脱胎而来，与实行普遍调节的增值税配套，体现国家对某些产品进行的特殊调节。

(二) 消费税的特点

1. 课税对象具有针对性

消费税的课税对象并不是所有消费品，只选择了部分消费品，目前仅有15类，主要包括特殊消费品、奢侈品、高能耗产品、不可再生的稀缺资源消费品以及一些税基宽广、消费普遍、征收消费税不会影响人民生活水平、具有一定财政意义的普通消费品。因此，消费税的课税对象具有较强的针对性。

2. 征税环节具有单一性

消费税实行单环节征收,即一次课征制。其纳税环节主要是生产经营过程中的某一特定环节(卷烟、超豪华小汽车除外)。除金银首饰和钻石饰品外,其他应税消费品的纳税环节主要确定在生产环节或进口环节,之后的流通、消费环节不再征收消费税。这样可以防止重复征税,提高征管效率。

3. 征收方法具有多样性

消费税按照产品不同来设置税目,分别制定高低不同的税率或税额,征收时可以采取对消费品的数量实行从量定额的征收方法,也可以采取对消费品的价格实行从价定率的征收方法,对烟酒实行从价从量复合征税。因此,消费税的征收方法呈多样性。

4. 税负具有转嫁性

消费税是对消费应税消费品的课税,因此税负归宿应为消费者。但为了简化征收管理,我国消费税直接以应税消费品的生产经营者为纳税人,于生产销售环节、进口环节或零售环节缴纳税款,并成为商品价格的一个组成部分向购买者收取。消费者为税负的最终负担者。

想一想

从消费税征税范围、纳税环节、计税依据和收入归属等方面分析增值税和消费税的差异。

二、消费税的纳税人

在中华人民共和国境内生产、委托加工和进口《消费税暂行条例》规定的消费品的单位和个人,以及国务院确定的销售《消费税暂行条例》规定的消费品的其他单位和个人,为消费税的纳税人,应当依照《消费税暂行条例》缴纳消费税。单位,是指企业、行政单位、事业单位、军事单位、社会团体及其他单位。个人,是指个体工商户及其他个人。在中华人民共和国境内,是指生产、委托加工和进口应税消费品的起运地或者所在地在中华人民共和国境内。

委托加工(受托方为个人除外)、委托代销金银首饰、钻石及钻石饰品的,以受托方为纳税人。

金银首饰、钻石及钻石饰品消费税的纳税人为在中华人民共和国境内从事商业零售金银首饰、钻石及钻石饰品的单位和个人。

三、消费税的征税范围

消费税的征税范围为在中华人民共和国境内生产、委托加工及进口应税消费品。这些应税消费品大体上可分为4类。

第一类:一些过度消费会对人身健康、社会秩序和生态环境等方面造成危害的特殊消费品，如烟、酒、鞭炮、焰火等。

第二类：非生活必需品，如化妆品、高尔夫球及球具、高档手表、游艇、贵重首饰及珠宝玉石等。

第三类：高能耗及高档消费品，如摩托车、小汽车、游艇等。

第四类：不可再生和替代的稀缺资源消费品，如汽油、柴油、实木地板、木制一次性筷子等。

四、消费税的税目及税率

(一) 消费税的税目

目前，我国消费税的税目有 15 个，包括烟、酒及酒精、化妆品、贵重首饰及珠宝玉石、鞭炮及焰火、成品油、汽车轮胎、小汽车、摩托车、高尔夫球及球具、高档手表、游艇、木制一次性筷子、实木地板、电池和涂料。在一些税目下，还设置有若干子目。

(二) 消费税的税率

消费税有比例税率和定额税率两种，以适用不同应税消费品的实际情况。

消费税根据不同的税目或子目确定相应的税率或单位税额。例如，化妆品税率为 15%，摩托车税率为 3%等；黄酒、啤酒、汽油、柴油等分别按单位重量或单位体积确定单位税额。

消费税税目、税率(税额)如表 4.1 所示。

表 4.1　消费税税目、税率(税额)

<table>
<tr><th colspan="3" rowspan="2">税　目</th><th rowspan="2">从价税率</th><th colspan="2">从量计征</th></tr>
<tr><th>标　准</th><th>单位税额</th></tr>
<tr><td rowspan="6">一、烟</td><td>1. 卷烟</td><td></td><td></td><td></td><td></td></tr>
<tr><td rowspan="2">① 生产环节</td><td>Ⅰ. 每标准条(200 支)对外调拨价格在 70 元以上(含 70 元)的</td><td>56%</td><td>标准箱(5 万支)</td><td>150 元</td></tr>
<tr><td>Ⅱ. 每标准条(200 支)对外调拨价格在 70 元以下的</td><td>36%</td><td>标准箱(5 万支)</td><td>150 元</td></tr>
<tr><td colspan="2">② 批发环节</td><td>11%</td><td>支</td><td>0.005 元</td></tr>
<tr><td colspan="2">2. 雪茄烟</td><td>36%</td><td></td><td></td></tr>
<tr><td colspan="2">3. 烟丝</td><td>30%</td><td></td><td></td></tr>
<tr><td rowspan="5">二、酒</td><td colspan="2">1. 白酒</td><td>20%</td><td>500 克或毫升</td><td>0.5 元</td></tr>
<tr><td colspan="2">2. 黄酒</td><td></td><td>吨</td><td>240 元</td></tr>
<tr><td rowspan="2">3. 啤酒</td><td>① 每吨出厂价格(含包装物及包装物押金)在 3 000 元(含 3 000 元，不含增值税)以上的</td><td></td><td>吨</td><td>250 元</td></tr>
<tr><td>② 每吨出厂价格(含包装物及包装物押金)在 3 000 元(不含增值税)以下的</td><td></td><td>吨</td><td>220 元</td></tr>
<tr><td colspan="2">4. 其他酒</td><td>15%</td><td></td><td></td></tr>
</table>

续 表

税 目			从价税率	从量计征	
				标 准	单位税额
三、高档化妆品			15%		
四、贵重首饰及珠宝玉石	1. 金银首饰、铂金首饰和钻石及钻石饰品		5%		
	2. 其他贵重首饰和珠宝玉石		10%		
五、鞭炮、焰火			15%		
六、成品油	1. 汽油			升	1.52元
	2. 柴油			升	1.2元
	3. 航空煤油			升	1.2元
	4. 石脑油			升	1.52元
	5. 溶剂油			升	1.52元
	6. 润滑油			升	1.52元
	7. 燃料油			升	1.2元
七、摩托车	1. 汽缸容量(排气量，下同)在250毫升的		3%		
	2. 汽缸容量在250毫升以上的		10%		
八、小汽车	1. 乘用车	(1) 汽缸容量(排气量，下同)在1.0升以下的	1%		
		(2) 汽缸容量在1.0升以上至1.5升(含1.5升)的	3%		
		(3) 汽缸容量在1.5升以上至2.0升(含2.0升)的	5%		
		(4) 汽缸容量在2.0升以上至2.5升(含2.5升)的	9%		
		(5) 汽缸容量在2.5升以上至3.0升(含3.0升)的	12%		
		(6) 汽缸容量在3.0升以上至5.0升(含4.0升)的	25%		
		(7) 汽缸容量在4.0升以上的	40%		
	2. 中轻型商用客车		5%		
	3. 超豪华小汽车(每辆不含增值税零售价130万元及以上的乘用车及中轻型商用客车)		生产(进口)环节按乘用车及中轻型商用客车的规定征收，零售环节的税率为10%		
九、高尔夫球及球具			10%		
十、高档手表			20%		
十一、游艇			10%		
十二、木制一次性筷子			5%		
十三、实木地板			5%		
十四、电池			4%		
十五、涂料			4%		

注：卷烟批发环节加征一道消费税，纳税人应将卷烟销售额与其他商品销售额分开核算，未分开核算的，一并征收消费税。纳税人销售给纳税人以外的单位和个人的卷烟于销售时纳税。纳税人之间销售的卷烟不缴纳消费税。卷烟批发企业的机构所在地，总机构与分支机构不在同一地区的，由总机构申报纳税。卷烟消费税在生产和批发两个环节征收后，批发企业在计算纳税时不得扣除已含的生产环节的消费税税款。

五、消费税的纳税环节

消费税的纳税环节是指税法规定的应税消费品在从生产到消费的流转过程中应当缴纳税款的环节。消费税纳税环节基本规定如下：

(1) 生产环节。大多数应税消费品的纳税环节确定在工业生产销售环节。

① 纳税人生产的应税消费品，于纳税人销售时纳税。

② 纳税人自产自用的应税消费品，用于连续生产应税消费品的，不纳税；用于其他方面的，于移送使用时纳税。

(2) 委托加工环节。委托加工的应税消费品，由受托方在向委托方交货时代收代缴税款；但委托个人加工的，一律于委托方收回后，在委托方所在地纳税。

(3) 进口环节。进口的应税消费品，由进口报关者于报关进口时纳税。

(4) 零售环节。

提示

金银首饰、钻石及钻石饰品在零售环节征收消费税，在生产、批发和进口环节均不征收消费税。金银首饰的征收范围仅限于金基、银基合金首饰以及金、银和金基、银基合金的镶嵌首饰。零售环节适用税率为5%。不属于上述征收范围的应征消费税的首饰，如镀金(银)、包金(银)首饰，以及镀金(银)、包金(银)的镶嵌首饰，仍在生产销售环节征收消费税。生产环节适用税率为10%。

超豪华小汽车在零售环节加征一道消费税。

(5) 批发环节。从2009年5月1日开始，经国务院批准，财政部、国家税务总局对烟产品消费税政策做了重大调整——在卷烟批发环节加征了一道消费税，即卷烟消费税在生产和批发两个环节征收。

任务二　消费税应纳税额的计算

按照现行消费税法的基本规定，消费税应纳税额的计算方法主要分为从价计征、从量计征和从价从量复合计征3种。

一、从价定率计算方法

(一) 基本计算公式

实行从价定率办法计算消费税应纳税额的计算公式为：

应纳税额＝应税消费品计税金额×比例税率

应纳税额的多少取决于应税消费品的计税金额和适用税率两个因素。其中，正确计算计税金额是计算消费税的关键。

想一想

在生产、自产自用、委托加工、进口等纳税环节，应税消费品计税金额的具体规定是什么？

（二）销售应税消费品应纳税额的计算

纳税人生产的应税消费品，于纳税人销售时纳税，计税依据为销售额。因此，销售额是计算生产应税消费品应纳税额的关键。

1. 销售额的确定

生产应税消费品的销售额，是纳税人销售自己生产的应税消费品时，向购买方收取的全部价款和价外费用，包括消费税，但不包括增值税。

价外费用是指价外向购买方收取的手续费、补贴、基金、集资费、返还利润、奖励费、违约金、滞纳金、延期付款利息、赔偿金、代收款项、代垫款项、包装费、包装物租金、储备费、优质费、运输装卸费以及其他各种性质的价外收费。承运部门的运输费用发票开具给购买方，纳税人将该项发票转交给购买方的代垫运输费用，以及符合一定条件代为收取的政府性基金或者行政事业性收费不包括在内。

1）包装物押金的处理

应税消费品连同包装销售，无论包装是否单独计价或在会计上如何核算，均应并入应税消费品的销售额中征收消费税。

如果包装物不作价随同产品销售，而是收取押金，则此项押金不应并入应税消费品的销售额中征税。但对因逾期未收回的包装物押金不再退还的或者已收取的超过1年的押金，则应并入应税消费品的销售额，按照应税消费品的适用税率缴纳消费税。

对作价随同应税消费品销售、另外收取的包装物押金，纳税人在规定的期限内没有退还的，均应并入应税消费品的销售额，按照应税消费品的适用税率缴纳消费税。

对销售除啤酒、黄酒外的其他酒类产品收取的包装物押金，无论押金是否返还及会计上如何核算，均应并入酒类产品销售额中征收消费税。

包装物押金一般为含增值税收入，在将包装物押金并入销售额征税时，应将押金换算为不含增值税收入。

想一想

对于包装物押金的处理，增值税和消费税有何异同点？

2）含增值税销售额的换算

如果销售额中含有增值税税额，应换算为不含增值税的销售额。其换算公式为：

$$\text{应税消费品的销售额}=\text{含增值税的销售额（以及价外费用）}\div\left(1+\text{增值税的税率或征收率}\right)$$

例 4-1　赵刚向长春汽车制造厂(增值税一般纳税人)订购自用汽车一辆,支付货款(含税)250 800 元,另支付设计、改装费 30 000 元。计算该辆汽车计征消费税的销售额。

计征消费税的销售额包括向购买方收取的全部价款和价外费用,但不包括收取的增值税销项税额。

应税销售额=(250 800+30 000)÷(1+13%)=248 495.58(元)

3) 销售额的其他规定

(1) 纳税人通过非独立核算门市部销售的自产应税消费品,应按门市部对外销售额或销售数量征收消费税。

例 4-2　江夏汽车厂下设一非独立核算的门市部,该厂将一批汽车交门市部出售,计价 600 万元,门市部取得含税的销售收入 772.2 万元。计算该企业的销售额。

销售额(不含增值税)=772.2÷(1+13%)=683.36(万元)

提示

增值税是价外税,消费税是价内税。我们通常所说的"含税价"与"不含税价"是指是否含增值税。

(2) 纳税人用于换取生产资料、消费资料、投资入股和抵偿债务等方面的应税消费品,应当以纳税人同类应税消费品的最高销售价格作为计税依据计算消费税。

例 4-3　2019 年 9 月,嘉正股份有限公司用自产的一批烟丝对外投资。该批烟丝成本为 250 000 元,当月该批烟丝的最高售价为 300 000 元,平均销售价格为 285 000 元。该批烟丝计税价格应该为多少?

嘉正股份有限公司该批烟丝计税价格按照烟丝的最高售价 300 000 元计征消费税。

(3) 将不同税率的应税消费品组成成套消费品销售,应从高适用税率计征消费税。

想一想

自产的应税消费品用于换取生产资料、消费资料、投资入股和抵偿债务等方面,在计算消费税和增值税时对销售额的规定有何不同?

2. 应纳税额的计算

生产应税消费品应纳税额的计算公式为:

应纳税额=应税消费品的销售额×比例税率

例 4-4　佳丽日化厂为增值税一般纳税人,2019 年 10 月发生如下经济业务:

(1) 本月对外销售一批高档化妆品,不含税价款为 200 万元,货款已经收到,货物已经发出。2 个月前因销售一批高档化妆品收取包装物租金 3 510 元，押金 23 400 元，购销双方约定，2 个月返还包装物并退还押金，但购买方违约，逾期未归还包装物，该日化厂没收押金。

(2) 将高档化妆品与基础护肤品组成成套化妆品，对外销售，每套销售价格为 500 元（不含税），其中包含的高档化妆品的市场价格为 450 元，基础护肤品的市场价格为 50 元，当月共销售 100 套。

(3) 将其生产的 500 件 A 品牌的高档化妆品交与非独立核算的门市部对外销售。该高档化妆品的成本价格为 150 元，门市部对外销售的不含税价为 280 元，当月对外销售 300 件。

计算佳丽日化厂 2019 年 10 月应纳的消费税税额。

(1) 销售高档化妆品时应纳的消费税税额＝200×15%＝30(万元)

2 个月前收取的包装物租金已在销售当月作为价外费用计征消费税，本月不再缴纳消费税。

逾期尚未返还的包装物押金，应计算缴纳消费税。

应纳的消费税税额＝23 400÷(1＋13%)×15%＝3 106.20(元)

(2) 需纳税的高档化妆品与无须纳税的护肤品成套出售，销售额均应按照高档化妆品计征消费税。

成套高档化妆品应纳的消费税税额＝500×100×30%＝15 000(元)

(3) 交与非独立核算的门市部销售的高档化妆品，应按照对外销售的价格和数量计征消费税。

应纳的消费税税额＝280×300×15%＝12 600(元)

该日化厂本月应纳的消费税税额＝300 000＋3 000＋7 500＋12 600＝323 100(元)

(三) 自产自用应税消费品应纳税额的计算

1. 自产自用的含义及应税规定

自产自用，是指纳税人生产的应税消费品，不是用于直接对外销售，而是用于自己连续生产应税消费品或其他方面。

(1) 用于连续生产的应税消费品，是指作为生产最终应税消费品的直接材料并构成最终产品实体的应税消费品。例如，卷烟厂生产出的烟丝用于本厂连续生产卷烟，就不缴纳消费税，只对生产销售的卷烟征收消费税。用于连续生产应税消费品的，不纳税。

(2) 用于其他方面的应税消费品，是指纳税人用于生产非应税消费品、在建工程、管理部门、非生产机构、提供劳务，以及用于馈赠、赞助、集资、广告、样品、职工福利、奖励等方面的应税消费品。用于其他方面的，于移送使用时纳税。

2. 用于其他方面计税依据的确定

纳税人自产自用的应税消费品，用于其他方面，应当缴纳消费税的，应当按照如下顺序计算应纳税额：

(1) 按照纳税人当月同类消费品的销售价格计算纳税。同类消费品的销售价格是指纳税人当月销售的同类消费品的销售价格。如果当月同类消费品各期销售价格高低不同，应按销售数量加权平均计算，但销售价格明显偏低又无正当理由的，或无销售价格的，不得列入加权平均计算；如果当月无销售或者当月未完结，应按照同类消费品上月或者最近月份的销售价格计算纳税。

（2）当月没有同类消费品销售价格的，按照近期消费品的销售价格计算纳税。其计算方法和规定同当月同类消费品销售价格。

（3）当月和近期都没有同类消费品销售价格的，按照组成计税价格计算纳税。其计算公式为：

组成计税价格=（成本+利润）÷（1−消费税税率）

应纳税额=组成计税价格×消费税税率

式中，“成本”是指应税消费品的产品生产成本，“利润”是指根据应税消费品的全国平均成本利润率计算的利润。

全国平均成本利润率如表4.2所示。

表4.2 应税消费品的全国平均成本利润率

序　号	品　名	成本利润率	序　号	品　名	成本利润率
1	甲类卷烟	10%	10	贵重首饰及珠宝玉石	6%
2	乙类卷烟	5%	11	摩托车	6%
3	雪茄烟	5%	12	高尔夫球及球具	10%
4	烟丝	5%	13	高档手表	20%
5	粮食白酒	10%	14	游艇	10%
6	薯类白酒	5%	15	木制一次性筷子	5%
7	其他酒	5%	16	实木地板	5%
8	化妆品	5%	17	乘用车	8%
9	鞭炮、焰火	5%	18	中轻型商用客车	5%

3. 应纳税额的计算

应税消费品应纳税额的计算公式为：

应纳税额=生产同类消费品的销售额×比例税率

或　　应纳税额=组成计税价格×比例税率

例4－5　大运摩托车厂将1辆自产摩托车奖励性发给优秀职工，其成本为5 000元/辆，成本利润率为6%，适用消费税税率为10%。计算该摩托车厂应纳的消费税税额。

该摩托车的组成计税价格=5 000×（1+6%）÷（1−10%）=5 888.89（元）

应纳的消费税税额=5 888.89×10%=588.89（元）

（四）委托加工应税消费品应纳税额的计算

1. 委托加工的含义及应税规定

委托加工应税消费品，是指由委托方提供原料和主要材料，受托方只收取加工费和代垫部分辅助材料加工的应税消费品。

对于由受托方提供原材料生产的应税消费品，或者受托方先将原材料卖给委托方，然后再接受加工的应税消费品，以及由受托方以委托方名义购进原材料生产的应税消费品，不论纳税人在财务上是否做销售处理，都不得作为委托加工应税消费品，而应当按照销售自制应税消费品缴纳消费税。

委托加工的应税消费品，受托方在交货时已代收代缴消费税，委托方将收回的应税消费品，以不高于受托方的计税价格出售的，为直接出售，不再缴纳消费税；委托方以高于受托方的计税价格出售的，不属于直接出售，需按照规定申报缴纳消费税，在计税时准予扣除受托方已代收代缴的消费税。

2. 委托加工应税消费品应纳税额的计算

委托加工的应税消费品，按照受托方的同类消费品的销售价格计算纳税（同类消费品的销售价格的含义及确定方法，与自产自用中所述相同）；没有同类消费品销售价格的，按照组成计税价格计算纳税。

（1）有同类消费品销售价格的，其应纳税额的计算公式为：

应纳税额＝同类消费品销售单价×委托加工数量×使用税率

（2）没有同类消费品销售价格的，按照组成计税价格计算纳税。其计算公式为：

组成计税价格＝（材料成本＋加工费）÷（1－消费税税率）

材料成本是指委托方所提供加工材料的实际成本。委托加工应税消费品的纳税人，必须在委托加工合同上如实注明（或以其他方式提供）材料成本；未提供材料成本的，受托方所在地主管税务机关有权核定其材料成本。

加工费是指受托方加工应税消费品向委托方收取的全部费用（包括代垫辅助材料的实际成本，不包括增值税税金）。

3. 应代收代缴消费税的计算

应代收代缴消费税的计算公式为：

应代收代缴消费税税额＝生产的同类消费品销售额×消费税税率

或

代收代缴消费税税额＝组成计税价格×消费税税率

例4－6　2019年10月，嘉正股份有限公司委托华大酒厂生产应税消费品30吨，一次性支付加工费9 500元（不含税）。已知嘉正股份有限公司提供原材料的成本为57 000元，华大酒厂无同类产品销售价格，该消费品适用的消费税税率为10%。计算华大酒厂应代扣代缴的消费税。

因为华大酒厂无同类产品销售价格，所以应用组成计税价格计算缴纳的消费税税额。

组成计税价格＝（57 000＋9 500）÷（1－10%）≈73 888.89（元）

代收代缴的消费税税额＝73 888.89×10%≈7 388.89（元）

想一想

[例 4－6]中，嘉正股份有限公司应支付的增值税税额是多少？

(五) 进口应税消费品应纳税额的计算

进口的应税消费品于报关时缴纳消费税，由海关代征。

纳税人进口应税消费品，按照组成计税价格和规定的税率计算应纳税额。其计算公式为：

组成计税价格＝(关税完税价格＋关税)÷(1－消费税税率)

关税＝关税完税价格×关税税率

应纳税额＝组成计税价格×消费税比例税率

式中，关税完税价格是指海关核定的关税计税价格。

例 4－7　嘉正股份有限公司为增值税一般纳税人，并具有进出口经营权。2019 年 10 月，该公司从国外进口小轿车一辆，关税完税价格为 490 000 元，关税税率为 20%，小轿车消费税税率为 9%。计算嘉正股份有限公司应纳的消费税税额。

关税＝490 000×20%＝98 000(元)

组成计税价格＝(490 000＋98 000)÷(1－9%)≈646 153.85(元)

应纳消费税税额＝646 153.85×9%≈58 153.85(元)

二、从量定额计算方法

(一) 基本计算公式

在从量定额计算方法下，应纳税额的基本计算公式为：

应纳税额＝应税消费品销售数量×定额税率(单位税额)

应纳税额的多少取决于应税消费品的计税数量和定额税率两个因素。其中，正确计算计税数量是计算消费税的关键。

从量计征的计算方法相对于从价计征要简单一些，而且从量计征涉及的税目较少，只包括黄酒、啤酒和成品油等税目。

1. 计税数量的确定

计税数量是指纳税人生产、自产自用、委托加工和进口应税消费品的数量。其具体规定如下：

(1) 销售应税消费品的，为应税消费品的销售数量。

(2) 自产自用应税消费品的，为应税消费品的移送使用数量。

(3) 委托加工应税消费品的，为纳税人收回的应税消费品数量。

(4) 进口的应税消费品，为海关核定的应税消费品进口征税数量。

2. 计量单位的换算

《中华人民共和国消费税暂行条例》规定：黄酒、啤酒以“吨”为税额单位；汽油、柴油以“升”为税额单位。但是，考虑到在实际销售过程中，一些纳税人会把“吨”或“升”这两个计量单位混用。为了规范不同产品的计量单位，以准确计算应纳税额，“吨”或“升”两个计量单位可以换算，其换算标准如表4.3所示。

表4.3 吨、升换算标准

序 号	名 称	计量单位的换算标准
1	黄酒	1吨=962升
2	啤酒	1吨=988升
3	汽油	1吨=1 388升
4	柴油	1吨=1 176升
5	航空煤油	1吨=1 246升
6	石脑油	1吨=1 385升
7	溶剂油	1吨=1 282升
8	润滑油	1吨=1 126升
9	燃料油	1吨=1 015升

(二) 应纳税额的计算

1. 生产应税消费品应纳税额的计算

在从量定额计算方法下，生产应税消费品应纳税额的计算公式为：

应纳税额=应税消费品的计税数量×定额税率

例4-8 2020年3月长江石化公司生产销售柴油50吨，汽油100吨。柴油的销售价格为7元/升，汽油的销售价格为7.2元/升。计算该石化公司当月应纳的消费税税额。

柴油消费税应纳税额=50×1 176×1.2=70 560(元)

汽油消费税应纳税额=100×1 388×1.52=210 976(元)

该石化公司应纳的消费税税额=70 560+210 976=281 536(元)

2. 自产自用应税消费品应纳税额的计算

在从量定额计算方法下，自产自用应税消费品用于其他方面的，应税消费品应纳税额的计算公式为：

应纳税额=移送使用数量×定额税率(单位税额)

例4-9 2019年6月，雪峰啤酒厂以自产的啤酒30吨作为夏季福利发放给本厂职工，该啤酒的不含税价为3 300元/吨。计算当月该啤酒厂应纳的消费税税额。

该批啤酒的不含税价3 300元>3 000元，所以该批啤酒属于甲类啤酒，使用定额税率250元。

消费税应纳税额＝30×250＝7 500(元)

3. 委托加工应税消费品应纳税额的计算

在从量定额计算方法下，委托加工应税消费品，应纳税额的计算公式为：

应纳税额＝收回的应税消费品数量×定额税率(单位税额)

例 4－10 雪峰啤酒厂将一批粮食交给青山啤酒厂，委托其加工生产啤酒 500 吨。2019 年 10 月 1 日，雪峰啤酒厂将粮食运送至青山啤酒厂。2019 年 12 月 15 日，青山啤酒厂将已经加工完成的啤酒 480 吨运送至雪峰啤酒厂。青山啤酒厂同类啤酒的市场价格为 2 800 元/吨。计算 2019 年 12 月份雪峰啤酒厂应纳的消费税税额。

青山啤酒厂同类啤酒的市场价格为 2 800 元/吨，适用的消费税税率为 220 元/吨。

应纳消费税税额＝480×220＝105 600(元)

4. 进口应税消费品应纳税额的计算

在从量定额计算方法中，进口应税消费品应纳税额的计算公式为：

应纳税额＝海关核定的应税消费品进口数量×消费税定额税率

例 4－11 雪海公司进口黄酒 10 吨，支付价款为 500 万元，2019 年 12 月 11 日，该批黄酒报关进境，海关核定黄酒的进口数量为 9.2 吨。计算该批黄酒应纳的消费税税额。

海关核定的进口征税量＝9.2(吨)

消费税应纳税额＝9.2×240＝2 208(元)

三、从价从量复合计税计算方法

(一) 一般计算公式

从价从量复合计税，是指从价定率与从量定额相结合，复合计算应纳税额的一种计税方法。目前实行复合计税方法的税目只有卷烟和白酒。

1. 生产环节应纳税额的计算方法

在从价从量计算方法下，生产环节应纳税额的计算公式为：

消费税应纳税额＝计税数量×定额税率＋计税金额×比例税率

2. 自产自用、委托加工环节应纳税额的特殊计算方法

在从价从量计算方法下，在自产自用、委托加工等纳税环节，确认计税金额和计税数量的方法同从价和从量计征的规定，但如果自产自用或委托加工无同类消费品价格，在组成计税价格时，应采用如下公式：

自产自用组成计税价格＝(成本＋利润＋自产自用数量×定额税率)÷(1－比例税率)

委托加工组成计税价格＝(材料成本＋加工费＋委托加工数量×定额税率)÷(1－比例税率)

应纳税额＝组成计税价格×比例税率＋自产自用或委托加工收回数量×定额税率

例 4－12 2020年4月玉田白酒厂受托为某单位加工白酒1.5万斤，委托单位提供的原材料金额为30万元，收取委托单位不含增值税的加工费4万元，玉田白酒厂当地无加工此类白酒的同类产品市场价格。计算玉田白酒厂应代收代缴的消费税税额。

白酒适用从价税率20%，从量税额每斤0.5元。

组成计税价格＝(30＋4＋1.5×0.5)÷(1－20%)≈43.44(万元)

应代收代缴消费税税额＝43.44×20%＋1.5×0.5≈9.44(万元)

3. 进口环节应纳税额的计算

在从价从量计算方法下，进口环节消费税应纳税额的计算公式为：

组成计税价格＝(关税完税价格＋关税＋进口数量×定额税率)÷(1－比例税率)

消费税应纳税额＝组成计税价格×比例税率＋进口数量×定额税率

4. 卷烟批发环节应纳税额的计算

为了适当增加财政收入，完善烟产品消费税制度，我国在卷烟批发环节加征一道消费税。其计算公式为：

应纳税额＝批发卷烟的销售额×比例税率＋计税数量×定额税率

(二) 有关白酒的特殊规定

(1) 白酒生产企业向商业销售单位收取的“品牌使用费”，不论采取何种方式或以何种名义收取，均应并入白酒的销售额缴纳消费税。

(2) 对白酒消费税实行最低计税价格核定管理办法。白酒生产企业销售给销售单位的白酒，生产企业消费税计税价格低于销售单位对外销售价格(不含增值税)70%以下的，税务机关应核定消费税最低计税价格。

白酒生产企业销售给销售单位的白酒，生产企业消费税计税价格高于销售单位对外销售价格(不含增值税)70%(含)以上的，税务机关暂不核定消费税最低计税价格。

小知识

长期以来，我国白酒消费税执行过程中存在着巨大的操作空间。由于酒类消费税主要是在生产环节征收，大型白酒企业为了避税，都会设立自己的销售公司，先将生产出的白酒低价出售给自己设立的销售公司以逃避税收，然后销售公司将白酒高价出售给经销商获取利润。针对设立销售公司的白酒企业，国家税务总局制定了《白酒消费税最低计税价格核定管理办法(试行)》，对计税价格偏低的白酒核定消费税最低计税价格。

(三) 进口卷烟应纳消费税的计算

进口卷烟消费税从价从量复合计税的计算步骤和方法如下：

(1) 推算出每标准条进口卷烟(200支，下同)，用来确定消费税适用比例税率的价格，其计算公式为：

$$\text{每标准条进口卷烟确定消费税适用比例税率的价格}=\frac{\text{关税完税价格}+\text{关税}+\text{消费税定额税率}}{1-\text{消费税比例税率}}$$

式中，"关税完税价格"和"关税"为每标准条的关税完税价格及关税税额；"消费税定额税率"为每标准条 0.6 元(依据现行消费税定额税率折算而成)；"消费税比例税率"为 36%。

(2) 用推算出的每标准条进口卷烟确定的消费税适用比例税率的价格，判断进口卷烟适用的比例税率。其计算方法如下：

每标准条进口卷烟确定消费税适用比例税率的价格≥70 元人民币的，适用比例税率为 56%；每标准条进口卷烟确定消费税适用税率的价格<70 元人民币的，适用比例税率为 36%。

(3) 依据上述确定的消费税适用比例税率，计算进口卷烟消费税组成计税价格和应纳消费税税额。

$$\text{进口卷烟消费税组成计税价格}=\frac{\text{关税完税价格}+\text{关税}+\text{进口数量}\times\text{消费税定额税率}}{1-\text{进口卷烟消费税适用比例税率}}$$

$$\text{消费税应纳税额}=\text{进口卷烟消费税组成计税价格}\times\text{进口卷烟消费税适用比例税率}+\text{消费税定额税}$$

其中，

$$\text{消费税定额税}=\text{海关核定的进口卷烟数量}\times\text{消费税定额税率}$$

例 4-13　金鹰烟草进出口公司从国外进口卷烟 80 000 条(每条 200 支)，支付买价 2 000 000 元，支付到达我国海关前的运输费用 120 000 元、保险费用 80 000 元。关税完税价格 2 200 000 元。假定进口卷烟关税税率为 20%。计算该批进口卷烟应纳的消费税税额。

(1) 进口卷烟应纳关税税额＝2 200 000×20%＝440 000(元)

(2) 进口卷烟消费税的计算如下：

定额消费税＝80 000×0.6＝48 000(元)

每标准条确定消费税适用比例税率的价格＝(2 200 000＋440 000＋48 000)÷(1－36%)÷80 000＝52.5(元)

每条价格小于 70 元，所以适用 36%的税率。

进口卷烟每条的组成计税价格＝(2 200 000＋440 000＋48 000)÷(1－36%)
＝4 200 000(元)

进口卷烟每条应纳的消费税税额＝从价应纳消费税＋从量应纳消费税
＝4 200 000×36%＋48 000＝1 560 000(元)

四、外购或委托加工应税消费品已纳税款抵扣的计算方法

为了避免重复征税，现行消费税规定，外购应税消费品或委托加工收回的应税消费品，用于连续生产应税消费品的，准予从消费税应纳税额中扣除原料已纳的消费税税款。准予扣除的已纳消费税税款须按当期生产领用数量计算。

(一) 扣除范围的规定

(1) 外购、委托加工收回已税烟丝生产的卷烟。

(2) 外购、委托加工收回已税高档化妆品生产的高档化妆品。

(3) 外购、委托加工收回已税珠宝玉石原料生产的贵重首饰及珠宝玉石。

(4) 外购、委托加工收回已税鞭炮烟火原料生产的鞭炮烟火。

(5) 外购、委托加工收回已税摩托车零件生产的摩托车(如用外购两轮摩托车改装三轮摩托车)。

(6) 外购、委托加工收回已税杆头、杆身和握把为原料生产的高尔夫球杆。

(7) 外购、委托加工收回已税木制一次性筷子为原料生产的木制一次性筷子。

(8) 外购、委托加工收回已税实木地板原料生产的实木地板。

(9) 外购、委托加工收回已税汽油、柴油、石脑油、燃料油、润滑油原料生产的应税成品油。

提示

允许扣除的从大类上看,不包括酒类、小汽车、高档手表、游艇。允许扣除的只涉及同一大税目的外购、委托加工收回应税消费品的连续生产,不能跨税目抵扣。零售环节纳税的金银首饰、钻石饰品不得抵扣外购珠宝玉石的已纳税款。

(二) 计算方法

上述当期准予扣除外购、委托加工收回应税消费品已纳消费税税款的计算公式如下:

(1) 外购应税消费品连续生产应税消费品,准予抵扣税额的计算公式为:

$$\text{当期准予扣除的外购应税消费品已纳税款}=\text{当期准予扣除的外购应税消费品买价或数量}\times\text{外购应税消费品适用税率或税额}$$

其中,

$$\text{当期准予扣除的外购应税消费品买价或数量}=\text{期初库存的外购应税消费品的买价或数量}+\text{当期购进的应税消费品的买价或数量}-\text{期末库存的外购应税消费品的买价或数量}$$

式中,“外购应税消费品的买价”是指购货发票上注明的销售额(不包括增值税税款)。

(2) 委托加工收回的应税消费品连续生产应税消费品,准予抵扣税额的计算公式为:

$$\text{当期准予扣除额的委托加工应税消费品已纳税款}=\text{期初库存的委托加工应税消费品已纳税款}+\text{当期收回的委托加工应税消费品已纳税款}-\text{期末库存的委托加工应税消费品已纳税款}$$

(3) 进口应税消费品连续生产应税消费品,应纳税额的计算公式为:

$$\text{当期准予扣除的进口应税消费品已纳税款}=\text{期初库存的进口应税消费品已纳税款}+\text{当期进口应税消费品已纳税款}-\text{期末库存的进口应税消费品已纳税款}$$

例 4－14　2020 年 5 月伟嘉公司购入鞭炮烟火原料 100 千克，增值税专用发票上注明金额 40 000 元、增值税 6 800 元。当月该企业将上述材料的 50%投入，取得不含增值税销售收入 200 000 元，假定上述发票符合增值税抵扣规定，计算当月应纳的消费税税额。

可抵扣消费税按当期生产领用数量计算＝40 000×15%×50%＝3 000(元)

消费税应纳税额＝200 000×15%－6 000＝30 000－3 000＝27 000(元)

想一想

[例 4－14]中，伟嘉公司应纳的增值税税额是多少？

(三) 其他规定

(1) 纳税人用外购和委托加工收回的已税珠宝玉石生产的改在零售环节征收消费税的金银首饰，在计税时一律不得扣除外购或委托加工收回珠宝玉石的已纳税款。

(2) 对自己不生产应税消费品，而只是购进后再销售应税消费品的工业企业，其销售的化妆品、鞭炮、焰火、珠宝和玉石，凡不能构成最终消费品直接进入消费品市场而须进一步生产加工的，应当征收消费税，同时允许扣除上述外购应税消费品的已纳税款。

任务三　消费税的纳税申报与缴纳

一、消费税纳税义务发生时间

(1) 纳税人销售的应税消费品，其纳税义务的发生时间如下：

① 纳税人采取赊销和分期收款结算方式的，为销售合同规定的收款日期的当天。

② 纳税人采取预收货款结算方式的，为发出应税消费品的当天。

③ 纳税人采取托收承付和委托银行收款方式销售的应税消费品，为发出应税消费品并办妥托收手续的当天。

④ 纳税人采取其他结算方式的，为收讫销售款或者取得索取销售款的凭据的当天。

(2) 纳税人自产自用的应税消费品，其纳税义务的发生时间为移送使用的当天。

(3) 纳税人委托加工的应税消费品，其纳税义务的发生时间为纳税人提货的当天。

(4) 纳税人进口的应税消费品，其纳税义务的发生时间为报关进口的当天。

二、消费税纳税义务纳税期限

按照《中华人民共和国消费税暂行条例》的规定，消费税的纳税期限分别为 1 日、3

日、5日、10日、15日、1个月或者1个季度。纳税人的具体纳税期限，由主管税务机关根据纳税人应纳税额的大小分别核定；不能按照固定期限纳税的，可以按次纳税。

纳税人以1个月或者以1个季度为一期纳税的，自期满之日起15日内申报纳税；以1日、3日、5日、10日或者15日为一期纳税的，自期满之日起5日内预缴税款，于次月1日起至15日内申报纳税并结清上月应纳税款。

纳税人进口应税消费品，应当自海关填发海关进口消费税专用缴款书之日起15日内缴纳税款。

注意：对同一纳税人，其消费税的纳税申报期限和税款的缴纳期限，与增值税相同。

三、消费税纳税地点

(1) 纳税人销售的应税消费品、自产自用的应税消费品，除国家另有规定者外，均应向机构所在地或者居住地的主管税务机关申报纳税；纳税人总机构和分支机构不在同一县(市)的，应分别向各自机构所在地的主管税务机关申报纳税，但经财政部、国家税务总局或者其授权的财政、税务机关批准，可由总机构汇总向总机构所在地主管税务机关申报纳税。

(2) 委托个人加工的应税消费品，除受托方为个体经营者外，由受托方向其机构所在地或者居住地主管税务机关申报纳税。

(3) 进口的应税消费品，由进口人或者其代理人向报关地海关申报纳税。

(4) 纳税人到外县(市)销售或者委托外县(市)代销自产应税消费品的，于应税消费品销售后，向机构所在地或者居住地主管税务机关申报纳税。

(5) 纳税人销售的应税消费品，如因质量等原因被购买者退回时，经机构所在地或者居住地主管税务机关审核批准后，可退还已征收的消费税税款，但不能自行直接抵减应纳税款。

四、消费税纳税申报

消费税纳税人无论当期有无销售或是否盈利，均应按照有关规定及时办理纳税申报，并如实填写消费税纳税申报表。

为贯彻落实中办、国办印发的《关于进一步深化税收征管改革的意见》，深入推进税务领域"放管服"改革，优化营商环境，切实减轻纳税人、缴费人申报负担，自2021年8月1日起，消费税与城市维护建设税、教育费附加、地方教育附加申报表整合，启用《消费税及附加税费申报表》(见表4.4至表4.12)。新申报表中，除实行主税附加税费合并申报外，消费税申报也进行了简并优化。主要变化体现在：一是将原分税目的8张消费税纳税申报表主表整合为1张主表，基本框架结构维持不变，含销售情况、税款计算和税款缴纳三部分，增加了栏次和列次序号及表内勾稽关系，删除不参与消费税计算的"期初未缴税额"等3个项目，方便纳税人平稳过渡使用新申报表。二是将原分税目的22张消费税纳税申报表附表整合为7张附表，其中4张为通用附表，1张成品油消费税纳税人填报的专用附表,2张卷烟消费税纳税人填报的专用附表。受托加工应税消费品的扣缴义务人代扣税款后,扣缴义务人代扣消费税税款后,应给委托方开具《中华人民共和国税收缴款书(代扣代收专用)》,委托方可凭该缴款书按规定申报抵扣消费税款。扣缴义务人向主管税务机关申报缴纳代扣的消费税时,不再填报《本期代收代缴税额计算表》,应填报通用《代扣代缴、代收代缴税款明细报告表》和《中华人民共和国税收缴款书(代扣代收专用)》附表,并根据系统自动生成的《代扣代缴、代收代缴税款明细报告表》中"实代扣代缴、代收代缴税额"栏的合计数,缴纳代扣税款。企业若从事润滑油生产业务的,不再填报原《成品油消费税纳税申报表》,新申报表已最大化地兼容原有各类消费税申报表的功能,并与税种登记信息自动关联。申报时系统将成品油消费税纳税人专用的《本期准予扣除税额计算表(成品油消费税纳税人适用)》自动带出,成品油期初库存自动带入,纳税人可以继续计算抵扣税额。

表4.4　消费税及附加税费申报表

税款所属期:自　　年　　月　　日至　　年　　月　　日

纳税人识别号(统一社会信用代码):□□□□□□□□□□□□□□□□□□□□

纳税人名称:　　　　　　　　　　　　　　　　　　　　金额单位:元(列至角分)

项目 应税消费品名称	适用税率		计量单位	本期销售数量	本期销售额	本期应纳税额
	定额税率	比例税率				
	1	2	3	4	5	6=1×4+2×5
合计	—	—	—	—	—	

	栏次	本期税费额
本期减(免)税额	7	
期初留抵税额	8	
本期准予扣除税额	9	
本期应扣除税额	10=8+9	
本期实际扣除税额	11[10<(6−7),则为10,否则为6−7]	
期末留抵税额	12=10−11	
本期预缴税额	13	
本期应补(退)税额	14=6−7−11−13	
城市维护建设税本期应补(退)税额	15	
教育费附加本期应补(退)费额	16	
地方教育附加本期应补(退)费额	17	
声明:此表是根据国家税收法律法规及相关规定填写的,本人(单位)对填报内容(及附带资料)的真实性、可靠性、完整性负责 纳税人(签章):　　年　　月　　日		

续 表

<table>
<tr><td>经办人：
经办人身份证号：
代理机构签章：
代理机构统一社会信用代码：</td><td>受理人：
受理税务机关(章)：
受理日期：　　年　　月　　日</td></tr>
</table>

"消费税及附加税费申报表"填表说明：

① 本表作为"消费税及附加税费申报表"的主表，由消费税纳税人填写。

② 本表"税款所属期"指纳税人申报的消费税应纳税额所属时间，应填写具体的起止年、月、日。

③ 本表"纳税人识别号(社会统一信用代码)"：填写纳税人识别号或者统一社会信用代码。

④ 本表"纳税人名称"：填写纳税人名称全称。

⑤ 本表"应税消费品名称"栏、第1栏"定额税率"、第2栏"比例税率"和第3栏"计量单位"：按照"应税消费品名称、税率和计量单位对照表"内容对应填写。

⑥ 本表第4栏"本期销售数量"：填写国家税收法律、法规及相关规定(以下简称"税法")规定的本期应当申报缴纳消费税的应税消费品销售数量(不含出口免税销售数量)。用自产汽油生产的乙醇汽油，按照生产乙醇汽油所耗用的汽油数量填写；以废矿物油生产的润滑油基础油为原料生产的润滑油，按扣除耗用的废矿物油生产的润滑油基础油后的数量填写。

⑦ 本表第5栏"本期销售额"：填写税法规定的本期应当申报缴纳消费税的应税消费品销售额(不含出口免税销售额)。

⑧ 本表第6栏"本期应纳税额"：计算公式如下：

实行从价定率办法计算的应纳税额＝销售额×比例税率

实行从量定额办法计算的应纳税额＝销售数量×定额税率

实行复合计税办法计算的应纳税额＝销售额×比例税率＋销售数量×定额税率

暂缓征收的应税消费品，不计算应纳税额。

⑨ 本表第7栏"本期减(免)税额"：填写本期按照税法规定减免的消费税应纳税额，不包括暂缓征收的应税消费品的税额以及出口应税消费品的免税额。本期减免消费税应纳税额情况，需同时填报"本期减(免)税额明细表"。本栏数值应等于"本期减(免)税额明细表"第8栏"减(免)税额""合计"栏数值。

⑩ 本表第8栏"期初留抵税额"：填写上期申报表第12栏"期末留抵税额"数值。

⑪ 本表第9栏"本期准予扣除税额"：填写税法规定的本期外购、进口或委托加工收回应税消费品用于连续生产应税消费品准予扣除的消费税已纳税额，以及委托加工收回应税消费品以高于受托方计税价格销售的，在计税时准予扣除的消费税已纳税额。

成品油消费税纳税人：本表"本期准予扣除税额"栏数值＝"本期准予扣除税额计算表(成品油消费税纳税人适用)"第6栏"本期准予扣除税额""合计"栏数值。

其他消费税纳税人：本表"本期准予扣除税额"栏数值＝"本期准予扣除税额计算表"第19栏"本期准予扣除税款合计""合计"栏数值。

⑫ 本表第10栏"本期应扣除税额"：填写纳税人本期应扣除的消费税税额，计算公式为：

本期应扣除税额＝期初留抵税额＋本期准予扣除税额

⑬ 本表第11栏"本期实际扣除税额"：填写纳税人本期实际扣除的消费税税额，计算公式为：

当本期应纳税额合计－本期减(免)税额≥本期应扣除税额时，本期实际扣除税额＝本期应扣除税额；当本期应纳税额合计－本期减(免)税额＜本期应扣除税额时，本期实际扣除税额＝本期应纳税额合计－本期减(免)税额。

⑭ 本表第12栏"期末留抵税额"：计算公式为：

期末留抵税额＝本期应扣除税额－本期实际扣除税额

⑮ 本表第13栏"本期预缴税额"：填写纳税申报前纳税人已预先缴纳入库的本期消费税额。

⑯ 本表第14栏"本期应补(退)税额"：填写纳税人本期应纳税额中应补缴或应退回的数额，计算公式为：

本期应补(退)税额＝本期应纳税额合计－本期减(免)税额－本期实际扣除税额－本期预缴税额

⑰ 本表第15栏"城市维护建设税本期应补(退)税额"：填写"消费税附加税费计算表"中"城市维护建设税"对应的"本期应补(退)税(费)额"栏数值。

⑱ 本表第16栏“教育费附加本期应补(退)费额”：填写“消费税附加税费计算表”中“教育费附加”对应的“本期应补(退)税(费)额”栏数值。

⑲ 本表第17栏“地方教育附加本期应补(退)费额”：填写“消费税附加税费计算表”中“地方教育费附加”对应的“本期应补(退)税(费)额”栏数值。

⑳ 本表为A4竖式，所有数字小数点后保留两位。一式两份，一份纳税人留存，一份税务机关留存。

表4.5　应税消费品名称、税率和计量单位对照表

应税消费品名称	比例税率	定额税率	计量单位
一、烟			
1. 卷烟			
(1) 工业			
① 甲类卷烟[调拨价70元(不含增值税)/条以上(含70元)]	56%	30元/万支	万支
② 乙类卷烟[调拨价70元(不含增值税)/条以下]	36%	30元/万支	
(2) 商业批发	11%	50元/万支	
2. 雪茄烟	36%	—	支
3. 烟丝	30%	—	千克
二、酒			
1. 白酒	20%	0.5元/500克(毫升)	500克(毫升)
2. 黄酒	—	240元/吨	吨
3. 啤酒			
(1) 甲类啤酒(出厂价格3 000元(不含增值税)/吨以上(含3 000元))	—	250元/吨	吨
(2) 乙类啤酒(出厂价格3 000元(不含增值税)/吨以下)	—	220元/吨	
4. 其他酒	10%	—	吨
三、高档化妆品	15%	—	实际使用计量单位
四、贵重首饰及珠宝玉石			
1. 金银首饰、铂金首饰和钻石及钻石饰品	5%	—	实际使用计量单位
2. 其他贵重首饰和珠宝玉石	10%	—	
五、鞭炮、焰火	15%	—	实际使用计量单位
六、成品油			
1. 汽油	—	1.52元/升	升
2. 柴油	—	1.20元/升	
3. 航空煤油	—	1.20元/升	
4. 石脑油	—	1.52元/升	
5. 溶剂油	—	1.52元/升	
6. 润滑油	—	1.52元/升	
7. 燃料油	—	1.20元/升	

续 表

应税消费品名称	比例税率	定额税率	计量单位
七、摩托车			
1. 气缸容量(排气量,下同)=250 毫升	3%	—	辆
2. 气缸容量>250 毫升	10%	—	
八、小汽车			
1. 乘用车			
(1) 气缸容量(排气量,下同)≤1.0 升	1%	—	辆
(2) 1.0 升<气缸容量≤1.5 升	3%	—	
(3) 1.5 升<气缸容量≤2.0 升	5%	—	
(4) 2.0 升<气缸容量≤2.5 升	9%	—	
(5) 2.5 升<气缸容量≤3.0 升	12%	—	
(6) 3.0 升<气缸容量≤4.0 升	25%	—	
(7) 气缸容量>4.0 升	40%	—	
2. 中轻型商用客车	5%	—	
3. 超豪华小汽车	10%	—	
九、高尔夫球及球具	10%	—	实际使用计量单位
十、高档手表	20%	—	只
十一、游艇	10%	—	艘
十二、木制一次性筷子	5%	—	万双
十三、实木地板	5%	—	平方米
十四、电池	4%	—	只
十五、涂料	4%	—	吨

小知识

计量单位换算标准

1. 汽油　　1 吨=1 388 升
2. 柴油　　1 吨=1 176 升
3. 石脑油　　1 吨=1 385 升
4. 溶剂油　　1 吨=1 282 升
5. 润滑油　　1 吨=1 126 升
6. 燃料油　　1 吨=1 015 升
7. 航空煤油　　1 吨=1 246 升
8. 黄酒　　1 吨=962 升
9. 啤酒　　1 吨=988 升

表 4.6　本期准予扣除税额计算表　　金额单位:元(列至角分)

<table>
<tr><td colspan="3">准予扣除项目 \ 应税消费品名称</td><td></td><td></td><td></td><td>合　计</td></tr>
<tr><td colspan="2" rowspan="5">一、本期准予扣除的委托加工应税消费品已纳税款计算</td><td>期初库存委托加工应税消费品已纳税款</td><td>1</td><td></td><td></td><td></td><td></td></tr>
<tr><td>本期收回委托加工应税消费品已纳税款</td><td>2</td><td></td><td></td><td></td><td></td></tr>
<tr><td>期末库存委托加工应税消费品已纳税款</td><td>3</td><td></td><td></td><td></td><td></td></tr>
<tr><td>本期领用不准予扣除委托加工应税消费品已纳税款</td><td>4</td><td></td><td></td><td></td><td></td></tr>
<tr><td>本期准予扣除委托加工应税消费品已纳税款</td><td>5=1+2−3−4</td><td></td><td></td><td></td><td></td></tr>
<tr><td rowspan="13">二、本期准予扣除的外购应税消费品已纳税款计算</td><td rowspan="6">(一)从价计税</td><td>期初库存外购应税消费品买价</td><td>6</td><td></td><td></td><td></td><td></td></tr>
<tr><td>本期购进应税消费品买价</td><td>7</td><td></td><td></td><td></td><td></td></tr>
<tr><td>期末库存外购应税消费品买价</td><td>8</td><td></td><td></td><td></td><td></td></tr>
<tr><td>本期领用不准予扣除外购应税消费品买价</td><td>9</td><td></td><td></td><td></td><td></td></tr>
<tr><td>适用税率</td><td>10</td><td></td><td></td><td></td><td></td></tr>
<tr><td>本期准予扣除外购应税消费品已纳税款</td><td>11=(6+7−8−9)×10</td><td></td><td></td><td></td><td></td></tr>
<tr><td rowspan="7">(二)从量计税</td><td>期初库存外购应税消费品数量</td><td>12</td><td></td><td></td><td></td><td></td></tr>
<tr><td>本期外购应税消费品数量</td><td>13</td><td></td><td></td><td></td><td></td></tr>
<tr><td>期末库存外购应税消费品数量</td><td>14</td><td></td><td></td><td></td><td></td></tr>
<tr><td>本期领用不准予扣除外购应税消费品数量</td><td>15</td><td></td><td></td><td></td><td></td></tr>
<tr><td>适用税率</td><td>16</td><td></td><td></td><td></td><td></td></tr>
<tr><td>计量单位</td><td>17</td><td></td><td></td><td></td><td></td></tr>
<tr><td>本期准予扣除的外购应税消费品已纳税款</td><td>18=(12+13−14−15)×16</td><td></td><td></td><td></td><td></td></tr>
<tr><td colspan="3">三、本期准予扣除税款合计</td><td>19=5+11+18</td><td></td><td></td><td></td><td></td></tr>
</table>

"本期准予扣除税额计算表"填表说明：

① 本表由外购(含进口)或委托加工收回应税消费品用于连续生产应税消费品、委托加工收回的应税消费品以高于受托方计税价格出售的纳税人(成品油消费税纳税人除外)填写。

② 本表"应税消费品名称""适用税率""计量单位"栏的填写同主表。

③ 本表第 1 栏"期初库存委托加工应税消费品已纳税款"：填写上期本表第 3 栏数值。

④ 本表第 2 栏"本期收回委托加工应税消费品已纳税款"：填写纳税人委托加工收回的应税消费品在委托加工环节已纳消费税税额。

⑤ 本表第 3 栏"期末库存委托加工应税消费品已纳税款"：填写纳税人期末库存委托加工收回的应税消费品在委托加工环节已纳消费税税额合计。

⑥ 本表第 4 栏"本期领用不准予扣除委托加工应税消费品已纳税款"：填写纳税人委托加工收回的应税消费品，按税法规定不允许扣除的在委托加工环节已纳消费税税额。

⑦ 本表第 5 栏"本期准予扣除委托加工应税消费品已纳税款"：填写按税法规定，本期委托加工收回应税消费品中符合扣除条件准予扣除的消费税已纳税额，计算公式为：

$$\text{本期准予扣除委托加工应税消费品已纳税款}=\text{期初库存委托加工应税消费品已纳税款}+\text{本期收回委托加工应税消费品已纳税款}-\text{期末库存委托加工应税消费品已纳税款}-\text{本期领用不准予扣除委托加工应税消费品已纳税款}$$

⑧ 本表第 6 栏"期初库存外购应税消费品买价"：填写本表上期第 8 栏"期末库存外购应税消费品买价"的数值。

⑨ 本表第 7 栏"本期购进应税消费品买价"：填写纳税人本期外购用于连续生产的从价计税的应税消费品买价。

⑩ 本表第 8 栏"期末库存外购应税消费品买价"：填写纳税人外购用于连续生产应税消费品期末买价余额。

⑪ 本表第 9 栏"本期领用不准予扣除外购应税消费品买价"：填写纳税人本期领用外购的从价计税的应税消费品，按税法规定不允许扣除的应税消费品买价。

⑫ 本表第 11 栏"本期准予扣除外购应税消费品已纳税款"：其计算公式为：

$$\text{本期准予扣除的外购应税消费品已纳税款（从价计税）}=\left(\text{期初库存外购应税消费品买价}+\text{本期购进应税消费品买价}-\text{期末库存外购应税消费品买价}-\text{本期领用不准予扣除外购应税消费品买价}\right)\times\text{适用税率}$$

⑬ 本表第 12 栏"期初库存外购应税消费品数量"：填写本表上期"期末库存外购应税消费品数量"。

⑭ 本表第 13 栏"本期外购应税消费品数量"：填写纳税人本期外购用于连续生产的从量计税的应征消费品数量。

⑮ 本表第 14 栏"期末库存外购应税消费品数量"：填写纳税人用于连续生产的外购应税消费品期末库存数量。

⑯ 本表第 15 栏"本期领用不准予扣除外购应税消费品数量"：填写纳税人本期领用外购的从量计税的应税消费品，按税法规定不允许扣除的应税消费品数量。

⑰ 本表第 18 栏"本期准予扣除的外购应税消费品已纳税款"：其计算公式为：

$$\text{本期准予扣除的外购应税消费品已纳税款（从量计税）}=\left(\text{期初库存外购应税消费品数量}+\text{本期外购应税消费品数量}-\text{期末库存外购应税消费品数量}-\text{本期领用不准予扣除外购应税消费品数量}\right)\times\text{适用税率}$$

⑱ 本表第 19 栏"本期准予扣除税款合计"：其计算公式为：

$$\text{本期准予扣除税款合计}=\text{本期准予扣除委托加工应税消费品已纳税款}+\text{本期准予扣除外购应税消费品已纳税款（从价计税）}+\text{本期准予扣除的外购应税消费品已纳税款（从量计税）}$$

⑲ 本表为 A4 竖式。所有数字小数点后保留两位。一式二份，一份纳税人留存，一份税务机关留存。

表 4.7 本期准予扣除税额计算表

（成品油消费税纳税人适用） 金额单位：元(列至角分)

一、扣除税额及库存计算

扣除油品类别	上期库存数量	本期外购入库数量	委托加工收回连续生产数量	本期准予扣除数量	本期准予扣除税额	本期领用未用于连续生产不准予扣除数量	期末库存数量
1	2	3	4	5	6	7	8=2+3+4-5-7
汽油							
柴油							
石脑油							
润滑油							
燃料油							
合计							

二、润滑油基础油(废矿物油)和变性燃料乙醇领用存

产品名称	上期库存数量	本期入库数量	本期生产领用数量	期末库存数量
1	2	3	4	5=2+3-4
润滑油基础油(废矿物油)				
变性燃料乙醇				

“本期准予扣除税额计算表(成品油消费税纳税人适用)”填表说明：

① 本表由外购(含进口)或委托加工收回已税汽油、柴油、石脑油、润滑油、燃料油(以下简称“应税油品”)用于连续生产应税消费品的成品油消费税纳税人填写。

② 本表变性燃料乙醇的计量单位为“吨”，其余计量单位全部为“升”。

③ 本表第一部分第 2 栏“上期库存数量”：按本表上期第一部分第 8 栏“期末库存数量”的数值填写。

④ 本表第一部分第 3 栏“本期外购入库数量”：填写纳税人本期外购、进口用于连续生产的应税油品数量。不含依据定点直供计划采购的石脑油、燃料油；外购、进口或委托加工收回的甲醇汽油、乙醇汽油、纯生物柴油、溶剂油、航空煤油，以及利用废矿物油生产的油品数量。

⑤ 本表第一部分第 4 栏“委托加工收回连续生产数量”：填写纳税人委托加工收回用于连续生产的各种应税油品数量，应与“本期委托加工收回情况报告表”中第二部分第 6 栏中“本期委托加工收回用于连续生产数量”栏对应一致。

⑥ 本表第一部分第 5 栏“本期准予扣除数量”：填写纳税人按税法规定在本期申报扣除外购、进口或委托加工收回用于连续生产的应税油品数量。本栏次对应的汽油、柴油、润滑油数量应分别小于等于主表的汽油、柴油、润滑油“本期销售数量”栏次的数量。

⑦ 本表第一部分第 6 栏“本期准予扣除税额”：填写纳税人符合税法规定在本期申报扣除外购、进口或委托加工收回用于连续生产的应税油品已纳消费税税额。计算公式为：

本期准予扣除税额=本期准予扣除数量×适用税率

⑧ 本表第一部分第 7 栏“本期领用未用于连续生产不准予扣除数量”：填写纳税人由外购、进口或委托加工收回的应税油品，未用于连续生产应税成品油而不允许扣除的成品油数量。

⑨ 本表第一部分第 8 栏“期末库存数量”：填写期末留存的应税油品库存数量，计算公式为：期末库存数量=上期库存数量+本期外购入库数量+委托加工收回连续生产数量-本期准予扣除数量-本期领用未用于连续生产不准予扣除数量，且期末库存数量≥0。

⑩ 本表第一部分“合计”：填写“上期库存数量”“本期外购入库数量”“委托加工收回连续生产数量”“本期准予扣

除数量""本期准予扣除税额""本期领用未用于连续生产不准予扣除数量""期末库存数量"合计数。

⑪ 本表第二部分"润滑油基础油(废矿物油)"行:填写利用废矿物油生产的润滑油基础油领用存情况;本表第二部分第3栏"本期入库数量"包括外购和自产的润滑油基础油(废矿物油)数量。自产的润滑油基础油(废矿物油)应与"本期减(免)税额明细表"润滑油基础油的"减(免)数量"一致。用于连续生产润滑油的其他润滑油基础油数量不填入本行。

⑫ 本表第二部分第2栏"上期库存数量":分别按上期"本期准予扣除税额计算表"第二部分的润滑油基础油(废矿物油)和变性燃料乙醇的"期末库存数量"栏数值填写。

⑬ 本表第二部分第5栏"期末库存数量":填写期末库存润滑油基础油(废矿物油)和变性燃料乙醇的数量,计算公式为:期末库存数量=上期库存数量+本期入库数量-本期生产领用数量,且期末库存数量≥0。

⑭ 本表为A4竖式,所有数字小数点后保留两位。一式两份,一份纳税人留存,一份税务机关留存。

表4.8 本期减(免)税额明细表

金额单位:元(列至角分)

项目 应税消费品名称	减(免)性质代码	减(免)项目名称	减(免)税销售额	适用税率(从价定率)	减(免)税销售数量	适用税率(从量定额)	减(免)税额
1	2	3	4	5	6	7	8=4×5+6×7
出口免税	—	—		—		—	—
合计	—	—	—	—	—	—	

"本期减(免)税额明细表"填表说明:

① 本表由符合消费税减免税政策规定的纳税人填报。本表不含暂缓征收的项目。未发生减(免)消费税业务的纳税人和受托方不填报本表。

② 本表第1栏"应税消费品名称":填写按照税法规定的减征、免征应税消费品的名称。

③ 本表第2栏"减(免)性质代码":根据国家税务总局最新发布的减(免)性质代码,填写减征、免征应税消费品对应的减(免)性质代码。

④ 本表第3栏"减(免)项目名称":根据国家税务总局最新发布的减(免)项目名称,填写减征、免征应税消费品对应的减(免)项目名称。

⑤ 本表第4栏"减(免)税销售额":填写本期应当申报减征、免征消费税的应税消费品销售金额,适用不同税率的应税消费品,其减(免)金额应区分不同税率分栏填写。

⑥ 本表第6栏"减(免)税销售数量":填写本期应当申报减征、免征消费税的应税消费品销售数量,适用不同税率的应税消费品,其减(免)数量应区分不同税率分栏填写。计量单位应与主表一致。

⑦ 本表第5、7栏"适用税率"栏:填写按照税法规定的减征、免征应税消费品的适用税率。

⑧ 本表第8栏"减(免)税额"栏:填写本期按适用税率计算的减征、免征消费税额。同一税款所属期内同一应税消费品适用多档税率的,应分别按照适用税率计算减(免)税额。

⑨ 本表第8栏"减(免)税额"的"合计"栏:填写本期减征、免征消费税额的合计数。该栏数值应与当期主表"本期减(免)税额"栏数值一致。

⑩ 本表"出口免税"栏:填写纳税人本期按照税法规定的出口免征消费税的销售额、销售数量,不填写减(免)性质代码。

⑪ 本表为A4竖式,一式两份,一份纳税人留存,一份税务机关留存。

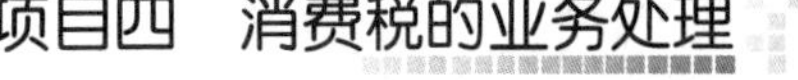

表 4.9 本期委托加工收回情况报告表 金额单位：元(列至角分)

一、委托加工收回应税消费品代收代缴税款情况

应税消费品名称	商品和服务税收分类码	委托加工收回应税消费品数量	委托加工收回应税消费品计税价格	适用税率		受托方已代收代缴的税款	受托方(扣缴义务人)名称	受托方(扣缴义务人)识别号	税收缴款书(代扣代收专用)号码	税收缴款书(代扣代收专用)开具日期
				定额税率	比例税率					
1	2	3	4	5	6	7=3×5+4×6	8	9	10	11

二、委托加工收回应税消费品领用存情况

应税消费品名称	商品和服务税收分类编码	上期库存数量	本期委托加工收回入库数量	本期委托加工收回直接销售数量	本期委托加工收回用于连续生产数量	本期结存数量
1	2	3	4	5	6	7=3+4−5−6

“本期委托加工收回情况报告表”填表说明：

① 本表由委托方填写，第一部分填报委托加工收回的应税消费品在委托加工环节由受托方代收代缴税款情况；第二部分填报委托加工收回应税消费品领用存情况。

② 本表第一部分第1栏“应税消费品名称”、第5栏“定额税率”和第6栏“比例税率”的填写同主表。

③ 本表第一部分第2栏“商品和服务税收分类编码”：仅成品油消费税纳税人填报，按所开具增值税发票对应的税收分类编码填写。

④ 本表第一部分第3栏“委托加工收回应税消费品数量”：填写委托加工收回并取得税收缴款书(代扣代收专用)的各应税消费品的数量，其计量单位应与主表填表说明的“应税消费品名称、税率和计量单位对照表”一致。

⑤ 本表第一部分第4栏“委托加工收回应税消费品计税价格”：填写委托加工收回的应税消费品在委托加工环节，由受托方代收代缴消费税时的计税价格。

⑥ 本表第一部分第7栏“受托方已代收代缴的税款”：填写受托方代收代缴的税款，计算公式如下：

实行从量定额计税：

受托方已代收代缴的税款＝委托加工收回应税消费品数量×定额税率

实行从价定率计税：

受托方已代收代缴的税款＝委托加工收回应税消费品计税价格×比例税率

实行复合计税：

$$\text{受托方已代收代缴的税款}=\frac{\text{委托加工收回应税}}{\text{消费品数量}}\times\text{定额税率}+\frac{\text{委托加工收回应税}}{\text{消费品计税价格}}\times\text{比例税率}$$

⑦ 本表第一部分第8栏“受托方(扣缴义务人)名称”、第9栏“受托方(扣缴义务人)识别号”：填写受托方信息。

⑧ 本表第一部分第10栏“税收缴款书(代扣代收专用)号码”、第11栏“税收缴款书(代扣代收专用)开具日期”栏：填写受托加工方代扣代缴税款凭证上注明的信息。

⑨ 本表第二部分第 1 栏“应税消费品名称”的填写同主表。

⑩ 本表第二部分第 2 栏“商品和服务税收分类编码”：仅成品油消费税纳税人填报，按所开具增值税发票对应的税收分类编码填写。

⑪ 本表第二部分第 3 栏“上期库存数量”：填写上期本表第二部分第 7 栏“本期结存数量”数值。

⑫ 本表第二部分第 4 栏“本期委托加工收回入库数量”：填写委托加工收回应税消费品数量，与本表第一部分第 3 栏“委托加工收回应税消费品数量”数值相等。

⑬ 本表第二部分第 5 栏“本期委托加工收回直接销售数量”：填写纳税人将委托加工收回的应税消费品直接销售的数量。

⑭ 本表第二部分第 6 栏“本期委托加工收回用于连续生产数量”：填写纳税人将委托加工收回的应税消费品用于连续生产应税消费品的数量。

成品油消费税纳税人填写本表第二部分第 6 栏“本期委托加工收回用于连续生产数量”的数值应等于“本期准予扣除税额计算表(成品油纳税人适用)”第一部分第 4 栏“委托加工收回连续生产数量”数值。

⑮ 本表第二部分第 7 栏“本期结存数量”：填写期末留存的委托加工收回应税消费品库存数量，计算公式为：本期结存数量＝上期库存数量＋本期委托加工收回入库数量－本期委托加工收回直接销售数量－本期委托加工收回用于连续生产数量，且本期结存数量≥0。

⑯ 本表为 A4 横式，所有数字小数点后保留两位。一式两份，一份纳税人留存，一份税务机关留存。

表 4.10　卷烟批发企业月份销售明细清单

(卷烟批发环节消费税纳税人适用)

卷烟条包装商品条码	卷烟牌号规格	卷烟类别	卷烟类型	销售价格	销售数量	销售额	备　注
1	2	3	4	5	6	7	8

“卷烟批发企业月份销售明细清单(卷烟批发环节消费税纳税人适用)”填表说明：

① 本表由卷烟批发环节消费税纳税人填报，于办理消费税纳税申报时一并报送。

② 本表第 2 栏“卷烟牌号规格”名称为经国家烟草专卖局批准生产的卷烟牌号规格。

③ 本表第 3 栏“卷烟类别”为国家烟草专卖局划分的卷烟类别，即一类卷烟、二类卷烟、三类卷烟、四类卷烟和五类卷烟。

④ 本表第 4 栏“卷烟类型”为国产卷烟、进口卷烟、罚没卷烟、其他。

⑤ 本表第 5 栏“销售价格”为卷烟批发企业向零售单位销售卷烟的实际价格，不含增值税。计量单位为“元/条(200 支)”，非标准条包装的卷烟应折算成标准条卷烟价格。

⑥ 本表第 6 栏“销量数量”为卷烟批发企业向零售单位销售卷烟的数量。计量单位为“万支”。

⑦ 本表第 7 栏“销售额”为卷烟批发企业向零售单位销售卷烟的实际销售额，不含增值税。计量单位为“元”。

⑧ 本表为 A4 横式，仅报送电子文件，本表所有数字小数点后保留两位。

表 4.11　卷烟生产企业合作生产卷烟消费税情况报告表

（卷烟生产环节消费税纳税人适用）

品牌输出方		品牌输入方		卷烟条包装商品条码	卷烟牌号规格	销　量	销售价格	销售额	品牌输入方已缴纳税款
企业名称	统一社会信用代码	企业名称	统一社会信用代码						
1	2	3	4	5	6	7	8	9	10
合　计							——		

“卷烟生产企业合作生产卷烟消费税情况报告表（卷烟生产环节消费税纳税人适用）”填表说明：

① 本表由卷烟生产环节消费税纳税人填报，未发生合作生产卷烟业务的纳税人不填报本表。

② 本表第 1 栏“企业名称”：填写品牌输出方卷烟生产企业名称。

③ 本表第 2 栏“统一社会信用代码”：填写品牌输出方卷烟生产企业的统一社会信用代码。

④ 本表第 3 栏“企业名称”：填写品牌输入方卷烟生产企业名称。

⑤ 本表第 4 栏“统一社会信用代码”：填写品牌输入方卷烟生产企业的统一社会信用代码。

⑥ 本表第 6 栏“卷烟牌号规格”：填写经国家烟草专卖局批准生产的卷烟牌号规格。

⑦ 本表第 8 栏“销售价格”为品牌输入方卷烟生产企业销售卷烟的实际价格，不含增值税。计量单位为“元/条(200 支)”，非标准条包装的卷烟应折算成标准条卷烟价格。

⑧ 本表第 9 栏“销售额”栏：填写品牌输入方卷烟生产企业销售卷烟额，不含增值税。计量单位为“元”。

⑨ 本表第 10 栏“品牌输入方已缴纳税款”栏：由品牌输入方卷烟生产企业填写。

⑩ 本表为 A4 横式，所有数字小数点后保留两位。一式二份，一份纳税人留存，一份税务机关留存。

表 4.12　消费税附加税费计算表　　金额单位：元(列至角分)

税(费)种	计税(费)依据	税(费)率(%)	本期应纳税(费)额	本期减免税(费)额		本期是否适用增值税小规模纳税人“六税两费”减征政策		本期已缴税(费)额	本期应补(退)税(费)额
						□是　□否			
	消费税税额			减免性质代码	减免税(费)额	减征比例(%)	减征额		
	1	2	3=1×2	4	5	6	7=(3−5)×6	8	9=3−5−7−8
城市维护建设税									
教育费附加									
地方教育附加									
合计	—	—		—		—			

“消费税附加税费计算表”填表说明：

① 本表由消费税纳税人填报。

② 本表第1栏"消费税税额":填写主表"本期应补(退)税额"栏数值。

③ 本表第2栏"税(费)率":填写相应税(费)的税(费)率。

④ 本表第3栏"本期应纳税(费)额":填写本期按适用的税(费)率计算缴纳的应纳税(费)额。计算公式为:

本期应纳税(费)额=消费税税额×税(费)率

⑤ 本表第4栏"减免性质代码":按《减免税政策代码目录》中附加税费适用的减免性质代码填写,增值税小规模纳税人"六税两费"减征政策优惠不在此栏填写。有减免税(费)情况的必填。

⑥ 本表第5栏"减免税(费)额":填写本期减免的税(费)额。

⑦ 本表"本期是否适用增值税小规模纳税人'六税两费'减征政策"栏:本期适用增值税小规模纳税人"六税两费"减征政策的,勾选"是";否则,勾选"否"。增值税一般纳税人按规定转登记为增值税小规模纳税人的,自成为增值税小规模纳税人的当月起适用减征优惠。增值税小规模纳税人按规定转登记为增值税一般纳税人的,自增值税一般纳税人生效之日起不再适用减征优惠;纳税人的年增值税应税销售额超过增值税小规模纳税人标准应当登记为增值税一般纳税人而未登记,经税务机关通知,逾期仍不办理登记的,自逾期次月起不再适用减征优惠。

⑧ 本表第6栏"减征比例(%)":按当地省级政府根据《财政部税务总局关于实施小微企业普惠性税收减免政策的通知》(财税〔2019〕13号)确定的减征比例填写。

⑨ 本表第7栏"减征额":其计算公式为:

减征额=(本期应纳税(费)额-本期减免税(费)额)×减征比例

⑩ 本表第8栏"本期已缴税(费)额":填写本期应纳税(费)额中已经缴纳的部分。

⑪ 本表第9栏"本期应补(退)税(费)额":计算公式为:

本期应补(退)税(费)额=本期应纳税(费)额-本期减免税(费)额-减征额-本期已缴税(费)额

⑫ 本表为A4横式,所有数字小数点后保留两位。一式两份,一份纳税人留存,一份税务机关留存。

任务四　消费税的会计处理

一、会计账户的设置

消费税的会计处理是通过"应交税费——应交消费税"明细账户进行核算的。该账户采用三栏式账页记账,其贷方登记纳税人计算出的应纳消费税税额,借方登记已纳的消费税或待扣的消费税,贷方余额表示尚未缴纳的消费税,借方余额表示多缴的或待抵扣的消费税。

在计提应缴消费税时,除记入"应交税费——应交消费税"明细账户外,还应同时记入"税金及附加"等账户。

"税金及附加"是损益类账户,用来核算销售产品、提供劳务等负担的销售税金及附加,包括消费税、城市维护建设税和教育费附加等。期末应将"税金及附加"账户余额转入"本年利润"账户,结转后该账户无余额。

企业计提的消费税,有时也记入成本、负债等账户,主要涉及"委托加工物资""在建工程""长期股权投资""应付职工薪酬"等账户。

二、消费税的会计处理

（一）生产销售应税消费品的会计处理

企业生产的需要缴纳消费税的消费品，在销售时应当按照应缴消费税额借记“税金及附加”科目，贷记“应交税费——应交消费税”科目。实际缴纳消费税时，借记“应交税费——应交消费税”科目，贷记“银行存款”科目。发生销货退回及退税时做相反的会计分录。

例 4－15　嘉正股份有限公司为增值税一般纳税人，其主营业务是生产销售雪茄烟。2019 年 10 月 15 日，该公司销售一批雪茄烟给恒生商贸公司，不含税价为 40 000 元，该批商品成本为 28 000 元。当日，嘉正股份有限公司已与恒生商贸公司办理相关手续，恒生商贸公司当日通过银行支付相应货款。雪茄烟的消费税税率为 36%。

嘉正股份有限公司相关会计处理如下：

应纳的消费税税额＝40 000×36%＝14 400(元)

(1) 确认销售，编制如下会计分录：

科目	借方	贷方
借：银行存款	45 200	
贷：主营业务收入		40 000
应交税费——应交增值税(销项税额)		5 200

(2) 计提消费税时，编制如下会计分录：

科目	借方	贷方
借：税金及附加	14 400	
贷：应交税费——应交消费税		14 400

(3) 结转销售成本时，编制如下会计分录：

科目	借方	贷方
借：主营业务成本	28 000	
贷：库存商品		28 000

(4) 实际缴纳消费税时，编制如下会计分录：

科目	借方	贷方
借：应交税费——应交消费税	14 400	
贷：银行存款		14 400

（二）自产自用应税消费品的会计处理

1. 用于连续生产应税消费品的会计处理

自产应税消费品用于本企业连续生产应税消费品的，不缴纳消费税，只进行实际成本核算。

2. 用于连续生产非应税消费品的会计处理

纳税人自产自用的应税消费品用于连续生产非应税消费品的，由于最终产品不属于应税消费品，因此应在移送使用环节纳税。在领用时，借记“生产成本”科目，贷记“库存商品”和“应交税费——应交消费税”科目。

例4-16 嘉正股份有限公司领用本企业生产的葡萄酒生产酒心巧克力，葡萄酒的实际成本为50 000元，无同类应税消费品的销售价格。

嘉正股份有限公司应编制的会计分录如下：

组成计税价格＝50 000×(1＋5%)÷(1－10%)＝58 333.33(元)

应纳消费税税额＝58 333.33×10%＝5 833.33(元)

借：生产成本　　55 833.33

　贷：库存商品　　50 000.00

　　应交税费——应交消费税　　5 833.33

(三) 视同销售应税消费品的会计处理

(1) 企业将自产的应税消费品用于投资，应视同销售缴纳消费税。企业在投资时，应借记“长期股权投资”等科目，贷记“主营业务收入”科目，按投资应税消费品售价或组成计税价格计算增值税，贷记“应交税费——应交增值税(销项税额)”等科目；同时，借记“税金及附加”科目，贷记“应交税费——应交消费税”科目，并结转相关的成本。

企业以生产的应税消费品换取生产资料和消费资料或抵偿债务等，应视同销售，在会计上做销售处理。

以应税消费品换取生产资料和消费资料的，应按售价(若有不同售价，计算增值税时按平均售价，计算消费税时按最高售价)借记“材料采购”等科目，贷记“主营业务收入”科目。同时，按售价计算应缴消费税，借记“税金及附加”科目，贷记“应交税费——应交消费税”科目，并结转成本。

例4-17 2019年9月，嘉正股份有限公司用自产的一批烟丝对外投资。该批烟丝成本为250 000元，当月该批烟丝的最高售价为300 000元，平均销售价格为285 000元。

嘉正股份有限公司应做如下会计处理：

应纳增值税销项税额＝285 000×13%＝37 050(元)

应纳消费税税额＝300 000×30%＝90 000(元)

借：长期股权投资　　322 050

　贷：主营业务收入　　285 000

　　应交税费——应交增值税(销项税额)　　37 050

借：税金及附加　　90 000

　贷：应交税费——应交消费税　　90 000

借：主营业务成本　　250 000

　贷：库存商品　　250 000

(2) 企业将生产的应税消费品用于其他方面的应税消费品，是指纳税人用于在建工程、管理部门、非生产机构、提供劳务，以及用于馈赠、赞助、集资、广告、样品、奖励等方面，按规定应缴纳的消费税，借记“在建工程”“营业外支出”“销售费用”“应付职工薪酬”等科目，贷记“库存商品”“应交税费——应交增值税（销项税额）”“应交税费——应交消费税”等科目。企业将自产应税消费品作为职工福利发放时，按销售进行会计处理，即借记相关对应账户，贷记“主营业务收入”等账户。

企业用于其他方面的会计处理和自产用于连续生产非应税消费品一样，于移送使用环节纳税。

例 4－18　嘉正股份有限公司为增值税一般纳税人，2019 年 10 月发生如下经济业务：

(1) 10 月 5 日，将自产的雪茄烟 10 箱用于职工福利，每箱（不含增值税）售价为 8 000 元，单位成本为 5 000 元/箱。

(2) 10 月 10 日，将自产的粮食白酒 2 吨馈赠给客户，每吨实际成本为 6 000 元，无同类产品市场价格。

(3) 10 月 15 日，将自产的卷烟 1 箱用于业务招待，每箱的销售价格为 30 000 元，单位实际成本为 20 000 元。

嘉正股份有限公司相关会计处理如下：

(1) 10 月 5 日，自产的雪茄烟用于职工福利。

应纳消费税税额＝8 000×10×36%＝28 800(元)

应纳增值税销项税额＝8 000×10×13%＝10 400(元)

编制如下会计分录：

借：应付职工薪酬——职工福利	90 400	
贷：主营业务收入		80 000
应交税费——应交增值税(销项税额)		10 400
借：主营业务成本	50 000	
贷：库存商品		50 000
借：税金及附加	28 800	
贷：应交税费——应交消费税		28 800

(2) 10 月 10 日，将自产的白酒馈赠客户。

组成计税价格＝2×[6 000×(1＋10%)＋2 000×0.5]÷(1－20%)＝19 000(元)

应纳消费税税额＝19 000×20%＋4 000×0.5＝5 800(元)

应纳增值税税额＝19 000×13%＝2 470(元)

编制如下会计分录：

借：营业外支出	20 270	
贷：库存商品		12 000
应交税费——应交增值税(销项税额)		2 470
应交税费——应交消费税		5 800

(3) 10 月 15 日，自产的卷烟用于业务招待。

卷烟每标准条的价格＝30 000÷250＝120(元)＞70 元/条，属于甲类卷烟，适用税率为 56%。

应纳消费税税额＝30 000×56%＋150＝16 950(元)

应纳增值税税额＝30 000×13%＝3 900(元)

编制如下会计分录：

借：管理费用——业务招待费　　40 850

　　贷：库存商品　　20 000

　　　　应交税费——应交增值税(销项税额)　　3 900

　　　　应交税费——应交消费税　　16 950

(四) 包装物应交消费税的会计处理

1. 随同产品销售且不单独计价

随同产品销售且不单独计价的包装物，其收入同所销售的产品一起计入主营业务收入。因此，包装物销售应交的消费税与产品销售应交的消费税一同借记"税金及附加"科目，贷记"应交税费——应交消费税"科目。

例 4－19　2019 年 12 月，嘉正股份有限公司销售一批葡萄酒，包装物不单独计价，销售啤酒不含税价为 200 000 元，其中包装物成本为 40 000 元，款项已收存银行。

嘉正股份有限公司应做如下会计处理：

消费税应纳税额＝200 000×10%＝20 000(元)

增值税应纳税额＝200 000×13%＝26 000(元)

(1) 销售收入实现时，编制如下会计分录：

借：银行存款　　226 000

　　贷：主营业务收入　　200 000

　　　　应交税费——应交增值税(销项税额)　　26 000

(2) 计算缴纳应税消费品及包装物消费税时，编制如下会计分录：

借：税金及附加　　20 000

　　贷：应交税费——应交消费税　　20 000

(3) 结转包装物成本时，编制如下会计分录：

借：销售费用　　40 000

　　贷：周转材料——包装物　　40 000

2. 随同产品出售但单独计价的包装物

随产品销售但单独计价的包装物，其收入计入其他业务收入。因此，应缴纳的消费税借记"其他业务成本"科目，贷记"应交税费——应交消费税"科目。

例 4－20　嘉正股份有限公司销售一批木制一次性筷子，随同产品出售的包装物单独计价，这批包装物价格为 50 000 元。相关款项已经收到，并存入银行。

嘉正股份有限公司应做如下会计处理：

该批包装物应缴纳的增值税销项税额＝50 000×13%＝6 500(元)

消费税应纳税额＝50 000×5%＝2 500(元)

(1) 销售收入实现时，应编制如下会计分录：

借：银行存款　　56 500

　　贷：其他业务收入　　50 000

　　　　应交税费——应交增值税(销项税额)　　6 500

(2) 计提消费税，应编制如下会计分录：

借：其他业务成本　　2 500

　　贷：应交税费——应交消费税　　2 500

3. 包装物押金的会计处理

没收押金时，借记“其他应付款”科目，按应缴纳的增值税，贷记“应交税费——应交增值税(销项税额)”科目；按差额，贷记“其他业务收入”科目。若逾期未退还包装物押金，其中按规定应缴纳的消费税借记“其他业务成本”等科目，贷记“应交税费——应交消费税”科目。

例 4-21　嘉正股份有限公司 2019 年 3 月 10 日收取出租包装物押金 23 400 元，收到转账支票一张；2019 年 3 月 20 日，经清理，将逾期未退的包装物押金 23 400 元予以没收，所包装货物为化妆品，适用增值税税率为 13%。

相关会计处理如下：

(1) 2019 年 3 月 10 日收取押金时，编制如下会计分录：

借：银行存款　　23 400

　　贷：其他应付款——押金　　23 400

(2) 2019 年 3 月 20 日逾期，编制如下会计分录：

借：其他应付款——押金　　23 400

　　贷：其他业务收入　　20 707.96

　　　　应交税费——应交增值税(销项税额)　　2 692.04

消费税税额 $=20\ 707.96\times15\%=3\ 106.19$(元)

借：其他业务成本　　3 106.19

　　贷：应交税费——应交消费税　　3 106.19

(五) 委托加工应税消费品的会计处理

在进行会计处理时，需要缴纳消费税的委托加工应税消费品，于委托方提货时，由受托方代收代缴税款。受托方按应扣税款金额，借记“应收账款”“银行存款”等科目，贷记“应交税费——应交消费税”科目。

委托加工应税消费品直接用于销售的，委托方应将代收代缴的消费税计入委托加工的应税消费品成本，借记“委托加工物资”“生产成本”等科目，贷记“应付账款”“银行存款”等科目，待委托加工应税消费品销售时，不需要再缴纳消费税；委托加工的应税消费品收回后不是直接出售的，按规定准予抵扣的，委托方应按代收代缴的消费税款，借记“应交税费——应交消费税”科目，贷记“应付账款”“银行存款”等科目，待用委托加工的应税消费品生产出应纳消费税的产品销售时，再缴纳消费税。

例 4-22　嘉正股份有限公司委托外单位加工材料(非金银首饰),原材料价款为 20 万元,加工费用 5 万元(不含税),由受托方代收代缴的消费税 0.5 万元,材料已经加工完毕验收入库,加工费用尚未支付。假定该企业材料采用实际成本核算,根据该项经济业务,做委托方的会计处理。

(1) 如果委托方收回加工后的材料不属于直接出售,委托方的会计处理如下:

① 发出材料时,应编制如下会计分录:

借:委托加工物资　　200 000
　　贷:原材料　　200 000

② 支付加工费和代收代缴税费时,应编制如下会计分录:

借:委托加工物资　　50 000
　　应交税费——应交消费税　　5 000
　　应交税费——应交增值税(进项税额)　　6 500
　　贷:应付账款　　61 500

③ 委托加工收回时,应编制如下会计分录:

借:原材料　　250 000
　　贷:委托加工物资　　250 000

(2) 如果委托方收回加工后的材料属于直接出售,委托方的会计处理如下:

① 发出材料时,编制如下会计分录:

借:委托加工物资　　200 000
　　贷:原材料　　200 000

② 支付加工费和代收代缴税费时,编制如下会计分录:

借:委托加工物资　　55 000
　　应交税费——应交增值税(进项税额)　　8 500
　　贷:应付账款　　63 500

③ 委托加工收回时,编制如下会计分录:

借:原材料　　255 000
　　贷:委托加工物资　　255 000

(六) 进口应税消费品的会计处理

企业进口应税消费品时,应缴纳的消费税、关税等价内税,计入采购成本,借记“固定资产”“物资采购”等科目;按支付的允许抵扣的增值税,借记“应交税费——应交增值税(进项税额)”科目;按已支付或应付的价款、缴纳的增值税和消费税合计数,贷记“银行存款”“应付账款”等科目。

例 4-23　山海进出口公司进口一批化妆品,关税完税价格为 550 000 元,假设进口关税税率为 40%,消费税税率为 15%。

相关会计处理如下:

进口关税税额=550 000×40%=220 000(元)

进口消费税税额=(550 000+220 000)÷(1-15%)×15%=135 882.35(元)

进口增值税税额=(550 000+220 000+135 882.35)×13%=117 764.71(元)

(1) 支付货款时,应编制如下会计分录:

借:物资采购 550 000

  贷:其他货币资金——信用证存款 550 000

(2) 缴纳进口环节关税、消费税、增值税时,应编制如下会计分录:

借:物资采购 355 882.35

  应交税费——应交增值税(进项税额) 117 764.71

  贷:银行存款 473 647.06

项目小结

消费税是对在我国境内从事生产、委托加工和进口应税消费品的单位和个人,就其销售额或销售数量征收的一种流转税。纳税人为在中国境内从事生产、委托加工、进口应税消费品的单位和个人。征税范围为在我国境内生产、委托加工以及进口应税消费品。

消费税税目有15个,分别是烟、酒、化妆品、贵重首饰及珠宝玉石、鞭炮及焰火、成品油、小汽车、摩托车、高尔夫球及球具、高档手表、游艇、木制一次性筷子、实木地板、电池、涂料。

消费税税率有两种形式,一是比例税率,二是定额税率,采用从价计征、从量计征和从价从量复合计征3种计税方法。

在从价定率计征方式下,应纳税额的基本计算公式为:

应纳税额=应税消费品计税金额×比例税率

在从量定额计征方式下,应纳税额的基本计算公式为:

应纳税额=应税消费品销售数量×定额税率(单位税额)

在从价从量复合计税计征方式下,应纳税额的基本计算公式为:

应纳税额=计税数量×定额税率+计税金额×比例税率

纳税人无论当期有无销售或是否盈利,均应按有关规定向主管税务机关进行纳税申报。

消费税的会计处理是通过“应交税费——应交消费税”明细账户进行核算的,在计提应交消费税时,除记入“应交税费——应交消费税”明细账户外,还应同时记入“税金及附加”等账户,有时也记入“成本”“负债”等账户,主要涉及“委托加工物资”“在建工程”“长期股权投资”“应付职工薪酬”等账户。

项目五 出口退(免)税的业务处理

学习目标

通过学习,掌握出口货物、劳务及服务退免税的基本原则、基本类型,出口货物、劳务及服务退免税会计处理和报告的基本方法。

任务一 熟悉出口退(免)税的基本知识

一、出口退(免)税类型

出口退(免)税是指按照国际惯例,为鼓励出口,增强本国产品在国际市场上的竞争力,对报关出口的货物、劳务和服务退还或免征其在国内各生产和流转环节按税法规定缴纳的增值税和消费税,即对增值税出口货物、劳务和服务实行零税率,对消费税出口货物免税。增值税出口货物、劳务和服务的零税率有两层含义:一是对本环节生产或销售货物、劳务和服务的增值部分免征增值税;二是对出口货物、劳务和服务前一环节所含的进项税额进行退付。目前,我国的出口退(免)税税收政策分为以下 3 种类型。

(一) 出口不免税也不退税

出口不免税是指对国家限制或禁止出口的某些货物、劳务和服务的出口环节视同内销环节,照常征税;出口不退税是指对上述货物、劳务和服务出口不退还出口前其所负担的税款。适用这个政策的货物主要是税法列举限制或禁止出口的货物。

(二) 出口免税不退税

出口免税是指对货物、劳务和服务在出口销售环节不征增值税,对货物不征消费税;出口不退税是指适用这个政策的出口货物、劳务和服务因在前一生产、销售环节或进口环节是免税的,所以出口时该货物、劳务和服务的价格中本身就不含税,也无须退税。

(三) 出口免税并退税

出口免税是指货物在出口销售环节不征增值税、消费税,这是把货物出口环节与出口前的销售环节同样视为一个征税环节;出口退税是指货物在出口前实际承担的税收负担,按规定的退税率计算后予以退还。

二、出口退(免)税的范围

(一) 适用增值税退(免)税的范围

1. 出口企业出口货物

出口企业,是指依法办理工商登记、税务登记、对外贸易经营者备案登记,自营或委托出口货物的单位或个体工商户,以及依法办理工商登记、税务登记但未办理对外贸易经营者备案登记,委托出口货物的生产企业。出口货物,是指向海关报关后实际离境并销售给境外单位或个人的货物,分为自营出口货物和委托出口货物两类。生产企业,是指具有生产能力(包括加工修理修配能力)的单位或个体工商户。

2. 出口企业或其他单位视同出口的货物

出口企业或其他单位视同出口的货物具体如下:

(1) 出口企业对外援助、对外承包、境外投资的出口货物。

(2) 出口企业经海关报关进入国家批准的出口加工区、保税物流园区、保税港区、综合保税区、珠澳跨境工业区(珠海园区)、中哈霍尔果斯国际边境合作中心(中方配套区域)、保税物流中心(B型)(以下统称特殊区域)并销售给特殊区域内单位或境外单位、个人的货物。

(3) 免税品经营企业销售的货物(国家规定不允许经营和限制出口的货物、卷烟和超出免税品经营企业的企业法人营业执照中规定经营范围的货物除外)。

(4) 出口企业或其他单位销售给用于国际金融组织或外国政府贷款国际招标建设项目的中标机电产品(以下称中标机电产品)。上述中标机电产品,包括外国企业中标再分包给出口企业或其他单位的机电产品。

(5) 出口企业或其他单位销售给国际运输企业用于国际运输工具上的货物。上述规定暂仅适用于外轮供应公司、远洋运输供应公司销售给外轮、远洋国轮的货物,国内航空供应公司生产销售给国内和国外航空公司国际航班的航空食品。

(6) 出口企业或其他单位销售给特殊区域内生产企业生产耗用且不向海关报关而输入特殊区域的水(包括蒸汽)、电力、燃气(以下称输入特殊区域的水电气)。

3. 出口企业对外提供加工修理修配劳务

对外提供加工修理修配劳务,是指对进境复出口货物或从事国际运输的运输工具进行的加工修理修配。

4. 融资租赁货物出口退税

根据《关于在全国开展融资租赁货物出口退税政策试点的通知》的规定,对融资租赁出口货物试行退税政策。对融资租赁企业、金融租赁公司及其设立的项目子公司(以下统称融资租赁出租方),以融资租赁方式租赁给境外承租人且租赁期限在5年(含)以上,并向海关报关后实际离境的货物,试行增值税、消费税出口退税政策。

5. 境内单位和个人销售下列服务和无形资产，适用增值税零税率

(1) 国际运输服务，包括在境内载运旅客或者货物出境；在境外载运旅客或者货物出境；在境外载运旅客或者货物。

(2) 航天运输服务。

(3) 向境外单位提供的完全在境外消费的下列服务：研发服务；合同能源管理服务；设计服务；广播影视节目(作品)的制作和发行服务；软件服务；电路设计及测试服务；信息系统服务；业务流程管理服务；离岸服务外包业务；转让技术。

(4) 财政部和国家税务总局规定的其他服务。

提示：境内的单位和个人提供适用增值税零税率应税行为的，可以放弃适用增值税零税率，选择免税或按规定缴纳增值税。放弃适用增值税零税率后，36 个月内不得再申请适用增值税零税率。

(二) 适用消费税退(免)税的范围

根据《消费税暂行条例》的规定，对纳税人出口应税消费品，免征消费税；国务院另有规定的除外。出口应税消费品同时涉及退(免)增值税和消费税，出口应税消费品退(免)消费税与出口货物退(免)增值税在退(免)税范围的限定上基本上一致。

三、出口退(免)税的方法

(一) 增值税退(免)税办法

适用增值税退(免)税政策的出口货物、劳务和服务，按照下列规定实行增值税“免、抵、退”税或“免、退”税办法。

1. “免、抵、退”税办法

适用增值税一般计税方法的生产企业出口自产货物与视同自产货物、对外提供加工修理修配劳务，以及列名的生产企业出口非自产货物，免征增值税，相应的进项税额抵减应纳增值税额(不包括适用增值税即征即退、先征后退政策的应纳增值税额)，未抵减完的部分予以退还。

境内的单位和个人提供适用增值税零税率的应税服务，如果属于适用增值税一般计税方法的，生产企业实行免、抵、退税办法；外贸企业直接将服务或自行研发的无形资产出口，视同生产企业连同其出口货物统一实行“免、抵、退”税办法。

2. “免、退”税办法

不具有生产能力的出口企业(以下称外贸企业)或其他单位出口货物、劳务，免征增值税，相应的进项税额予以退还。外贸企业外购服务或者无形资产出口实行“免、退”税办法。外贸综合服务企业以自营方式出口国内生产企业与境外单位或个人签约的出口货物，同时具备规定条件的，可由外贸综合服务企业按自营出口的规定申报退(免)税。

(二) 消费税退(免)税办法

出口应税消费税退(免)消费税方法有 3 种：一是免税，适用于有出口经营权的生产性

企业或生产性企业委托外贸企业代理出口自产的应税消费品；二是退(免)税，适用于有出口经营权的外贸企业购进应税消费品直接出口，以及外贸企业委托代理出口应税消费品；三是不免也不退税，适用于除生产企业、外贸企业外的其他企业，即一般的商贸企业。

四、出口货物的退税率

出口货物的退税率是出口货物的实际退税额与退税计税依据的比例。它是出口退税的中心环节。退税率的高低影响和刺激对外贸易和国民经济的发展。近年来，我国的出口退税政策变化比较频繁，今后，应逐步趋于稳定，以市场调节为主，政府调控为辅，增强企业的经营预期，减少市场波动幅度。

(一) 增值税的出口退税率

除财政部和国家税务总局根据国务院决定而明确的增值税出口退税率(简称“退税率”)外，出口货物的退税率为其适用税率。增值税零税率应税服务的退税率为对应税服务提供给境内单位适用的增值税税率。

退税率的特殊规定如下：

(1) 外贸企业购进按简易办法征税的出口货物、从小规模纳税人购进的出口货物，其退税率分别为简易办法实际执行的征收率、小规模纳税人征收率。上述出口货物取得增值税专用发票的，退税率按照增值税专用发票上的税率和出口货物退税率孰低的原则确定。

(2) 出口企业委托加工修理修配货物，其加工修理修配费用的退税率，为出口货物的退税率。

(3) 中标机电产品、出口企业向海关报关进入特殊区域销售给特殊区域内生产企业生产耗用的列名原材料、输入特殊区域的水电气，其退税率为适用税率。如果国家调整列名原材料的退税率，列名原材料应当自调整之日起按调整后的退税率执行。

目前，我国出口货物增值税退税率有13%、10%、9%、6%、0%等档次。

提示

适用不同退税率的货物、劳务及服务，应分开报关、核算并申报退(免)税，未分开报关、核算或划分不清，从低适用退税率。

(二) 消费税的出口退税率

出口货物应退消费税的退税率(或单位税额)与其征税率(额)，即出口货物的消费税能够做到彻底退税。办理出口货物退(免)税的企业，应将不同税率的出口应税消费品分开核算和申报。凡因未分开核算而划分不清适用税率的，一律从低适用税率计算退(免)税额。

退税率与征税率的区别。

任务二　出口货物退(免)税的计算

一、出口货物应退增值税的计算

(一) 外贸企业应退增值税的计算

外贸企业应将出口货物单独设立库存账和销售账记载，货物报关出口并在会计上做销售处理后，依据购进出口货物增值税专用发票上所注明的购进金额和退税率计算应退增税额。其计算公式为：

应退税额＝出口货物的购进金额×退税率

例 5-1　福盛外贸公司 2019 年 6 月份购进及出口情况：①第一次购进电风扇 300 台，单价 150 元/台；第二次购进电风扇 200 台，单价 140 元/台(均已取得增值税专用发票)。②将两次外购的电风扇 500 台报关出口，离岸单价 20 美元/台，此笔出口已收汇并做销售处理。计算该笔出口业务应退增值税。(美元与人民币比价为 1∶6.2，退税率为 13%)

应退增值税＝(300×150＋200×140)×13%＝9 490(元)

(二) 生产企业出口货物免、抵、退增值税的计算

生产企业自营或委托外贸企业代理出口货物，不论企业是否有进出口经营权，一律实行免、抵、退税管理办法。与先征后退管理办法相比，实行免、抵、退税办法，使出口货物相关进项税额能够先抵顶内销货物的应纳税额，减轻了企业的负担，有助于提高生产企业出口的积极性；减少了退税的现金流，有利于加速企业资金周转，有利于加强征退税的衔接，更有效地防止骗取出口退税的行为。

具体的计算程序如下：

(1) 货物在出口环节免征增值税。

按规定，货物在出口环节不计算销项税额。

(2) 计算当期出口货物免、抵、退税不得免征和抵扣税额。

由于出口货物在生产销售前期负担的进项税额的征税率与出口的退税率有可能不同，因此，前期所负担的进项税额中的一部分将不能免征和抵扣，应将其中当期进项税额剔除，计入产品销售成本(不包括免税购进原材料部分税额)。其计算公式为：

$$\text{当期免抵退税不得免征和抵扣税额}=\text{出口货物离岸价}\times\text{外汇人民币牌价}\times(\text{出口货物征税率}-\text{出口货物退税率})-\text{免抵退税不得免征和抵扣税额抵减额}$$

出口货物离岸价(FOB)以出口发票计算的离岸价为准。其计算公式为：

$$\text{免抵退税不得免征和抵扣税额抵减额}=\text{免税购进原材料价格}\times(\text{出口货物征税率}-\text{出口货物退税率})$$

免税购进原材料包括从国内购进的无进项税额且不计提进项税额的免税原材料和进料加工免税进口料件，其中进料加工免税进口料件的价格为组成计税价格。其计算公式为：

进料加工免税进口料件的组成计税价格＝货物到岸价＋海关实征关税和消费税

(3) 当期应纳税额的计算公式为：

$$\text{当期应纳税额}=\text{当期内销货物的销项税额}-(\text{当期进项税额}-\text{当期免抵退税不得免征和抵扣税额})-\text{上期留抵税额}$$

(4) 当期免抵退税额的计算公式为：

$$\text{免抵退税额}=\text{出口货物离岸价}\times\text{外汇人民币牌价}\times\text{出口货物退税率}-\text{免抵退税额抵减额}$$

式中，　　免抵退税额抵减额＝免税购进原材料价格×出口货物退税率

(5) 当期应退税额和免抵税额的计算。

如果当期期末留抵税额≤当期免抵退税额，则：

当期应退税额＝当期期末留抵税额

当期免抵税额＝当期免抵退税额－当期应退税额

如果当期期末留抵税额＞当期免抵退税额，则：

当期应退税额＝当期免抵退税额

当期免抵税额＝0

当期期末留抵税额根据当期增值税纳税申报表中“期末留抵税额”确定。

例 5-2　启华公司是一家具有进出口经营权的生产企业，兼营国际贸易和国内贸易，适用的增值税税率为13%。2019年8月份发生的有关业务如下：当月从国内购入原材料，取得的增值税专用发票上注明的价款为100万元，增值税为17万元，发票已经过税务机关认证；7月份有尚未抵扣完的进项税额3万元。本月内销产品取得不含税收入20万元，报关出口货物离岸价为20万美元，折算汇率为USD1∶CNY6，出口退税率为13%。计算该公司8月份应纳(退)增值税税额。

当期免抵退税不得免征和抵扣税额＝20×6×(13%－10%)＝3.6(万元)

当期应纳税额＝20×13%－(13＋3－3.6)＝－9.8(万元)

当期免抵退税额＝20×6×10%＝12(万元)

因为当期期末留抵税额9.8万元＜当期免抵退税额12万元，所以

当期应退税额＝当期期末留抵税额＝9.8(万元)

当期免抵税额＝当期免抵退税额－当期应退税额＝12－9.8＝2.2(万元)

该公司2019年9月份从国内购入原材料，已认证的增值税专用发票上注明价款为

300 万元，增值税税额为 39 万元。本月内销产品取得不含税收入 50 万元，报关出口货物离岸价为 30 万美元，折算汇率为 USD1∶CNY6，适用的出口退税率为 10%。计算该公司 9 月份应纳（退）增值税税额。

当期免抵退税不得免征和抵扣税额＝30×6×(13%－10%)＝5.4(万元)

当期应纳税额＝50×13%－(39－5.4)＝－27.1(万元)

当期免抵退税额＝30×6×10%＝18(万元)

因为当期期末留抵税额 27.1 万元＞当期免抵退税额 18 万元，所以

当期应退税额＝当期免抵退税额＝18(万元)

当期免抵税额＝0

当期留抵税额＝27.1－18＝9.1(万元)

该公司 2019 年 10 月份从国内购入原材料，已认证的增值税专用发票上注明价款为 50 万元，增值税税额为 6.5 万元。本月内销产品取得不含税收入 200 万元，报关出口货物离岸价为 10 万美元，折算汇率为 USD1∶CNY6，适用的出口退税率为 10%。计算该公司 10 月份应纳（退）增值税税额。

当期免抵退税不得免征和抵扣税额＝10×6×(13%－10%)＝1.8(万元)

当期应纳税额＝200×13%－(6.5－1.8)＝21.3(万元)

公司 10 月应缴纳增值税 21.3(万元)。

二、出口货物应退消费税的计算

（一）外贸企业自营或代理出口应税消费品应退消费税的计算

外贸企业自营或代理出口应税消费品，采取先交后退的办法。属于从价定率计征消费税的应税消费品，应依照外贸企业从工厂购进货物时征收消费税的价格计算。其计算公式为：

应退消费税税额＝出口货物的工厂销售额×消费税税率

其中，"出口货物的工厂销售额"不含增值税。

属于从量定额计征消费税的应税消费品，应依货物报关出口的数量计算。其计算公式为：

应退消费税税额＝出口数量×单位税额

注意：外贸企业受生产企业或其他外贸企业委托，代理出口应税消费品可办理退税，如果受除此以外企业（主要是非生产性商贸企业）委托，代理出口应税消费品不予退税。

例 5－3 京华外贸企业从化工厂购进化妆品出口，购进时增值税专用发票和消费税专用缴款书列明的购进单价为 55 元/瓶，数量为 3 000 瓶，消费税税额是 46 200 元。本期出口该批化妆品 2 000 瓶。计算该企业应退消费税税额。

应退消费税税额＝出口销售数量×购进单价×消费税税率

＝2 000×55×15%＝16 500(元)

(二) 生产企业自营或委托外贸企业出口应税消费品的计算

生产企业自营或委托外贸企业出口的应税消费品，依据其实际出口额(量)免缴消费税。免缴消费税是指对生产企业按其实际出口数量免缴生产环节的消费税。不予办理退还消费税，是指因已免缴生产环节的消费税，该应税消费品出口时，已不含有消费税，所以，也无须退还消费税。

任务三　出口货物退(免)税的会计处理

一、外贸企业先征后退增值税的会计处理

外贸企业收购出口的货物，在购进时，应按照专用发票上注明的增值税税额，借记"应交税费——应交增值税(进项税额)"账户；按照专用发票上记载的应计入采购成本的金额，借记"材料采购"等账户；按照应付或实际支付的金额，贷记"应付账款""应付票据""银行存款"等账户。同时，按照出口货物购进时取得的增值税专用发票上记载的进项税额或应分摊的进项税额与按照国家规定的退税率计算的应退税额的差额，借记"主营业务成本"账户，贷记"应交税费——应交增值税(进项税额转出)"账户。

外贸企业按照规定退税率计算应收出口退税时，借记"其他应收款——应收出口退税"账户，贷记"应交税费——应交增值税(出口退税)"账户；收到出口退税款时，借记"银行存款"账户，贷记"其他应收款——应收补贴款"账户。

(一) 外贸企业自营出口的会计处理

例 5-4　京华外贸公司当期收购电子设备 100 台，专用发票上价款 700 万元，税款 91 万元，合计 791 万元。全季合计出口 100 台，出口 FOB 价折合人民币 900 万元。所有货款均以银行存款付讫。出口报关后一个月办妥退税事宜(退税率 10%)，收到退税款。试进行有关计算，并做相应的会计处理。

(1) 购进出口 A 设备，编制如下会计分录：

	借方	贷方
借：库存商品	7 000 000	
应交税费——应交增值税(进项税额)		910 000
贷：银行存款		7 910 000

(2) 出口 A 设备 100 台，编制如下会计分录：

	借方	贷方
借：应收账款	9 000 000	
贷：主营业务收入		9 000 000

(3) 结转销售成本，编制如下会计分录：

	借方	贷方
借：主营业务成本	7 000 000	

贷：库存商品　7 000 000

(4) 计算不予退税的税额：

不予抵扣或退税的税额=900×(13%-10%)=27(万元)

编制如下会计分录：

借：主营业务成本　270 000

贷：应交税费——应交增值税(进项税额转出)　270 000

(5) 计算应退增值税税额：

应退税款=900×10%=90(万元)

编制如下会计分录：

借：其他应收款——应收补贴款　900 000

贷：应交税费——应交增值税(出口退税)　900 000

(6) 收到退税款，编制如下会计分录：

借：银行存款　900 000

贷：其他应收款——应收补贴款　900 000

(二) 外贸企业代理出口业务的会计处理

外贸企业作为受托人将余款划给委托人后，退税事宜均由委托人负责申请办理。受托人(外贸企业)仅就手续费收入计算缴纳增值税。

(三) 从小规模纳税人购进特准退税出口货物的会计处理

例 5-5　京华外贸公司从小规模纳税人处购入麻纱用于出口，金额 60 000 元，小规模纳税人开来普通发票。京华外贸公司已将该批货物出口完毕，有关出口应收的全套凭证已经备齐。

应退税额=60 000÷(1+3%)×3%≈1 747.6(元)

做会计处理如下：

(1) 申报退税时，编制如下会计分录：

借：其他应收款——应收补贴款　1 747.6

贷：应交税费——应交增值税(出口退税)　1 747.6

(2) 收到出口退税时，编制如下会计分录：

借：银行存款　1 747.6

贷：其他应收款——应收补贴款　1 747.6

二、生产企业免、抵、退增值税的会计处理

例 5-6　海承公司是具有自营出口权的生产企业，为增值税一般纳税人，出口货物的征税率为 13%，退税率为 10%。2019 年 10 月的经营业务为：购进原材料一批，取

得的增值税专用发票注明价款200万元,外购货物准予抵扣的进项税额为26万元并通过认证;上月末留抵税款2万元;本月内销货物不含税销售额300万元;收款339万元存入银行;本月出口货物的销售额折合人民币400万元。计算该企业当期的免、抵、退税额,并编制会计分录。

(1) 购进原材料,编制如下会计分录:

借:原材料　　2 000 000

　　应交税费——应交增值税(进项税额)　　260 000

　　贷:银行存款　　2 260 000

(2) 当期免抵退税不得免征和抵扣税额=400×(13%−10%)=12(万元),编制如下会计分录:

借:主营业务成本　　120 000

　　贷:应交税费——应交增值税(进项税额转出)　　120 000

(3) 内销货物,编制如下会计分录:

借:银行存款　　3 390 000

　　贷:主营业务收入　　3 000 000

　　　　应交税费——应交增值税(销项税额)　　390 000

(4) 出口货物,编制如下会计分录:

借:银行存款　　4 000 000

　　贷:主营业务收入　　4 000 000

(5) 当期应纳税额=39−(26−12)−2=23(万元)

(6) 缴纳增值税,编制如下会计分录:

借:应交税费——应交增值税(已交税金)　　230 000

　　贷:银行存款　　230 000

例5-7　将[例5-6]中本期外购原材料的不含税价格改为400万元,进项税额改为52万元,其他条件不变。计算该企业当期的免、抵、退税额,并编制会计分录。

(1) 购进原材料,编制如下会计分录:

借:原材料　　4 000 000

　　应交税费——应交增值税(进项税额)　　520 000

　　贷:银行存款　　4 520 000

(2)～(4) 的计算和分录同[例5-6]。

(5) 当期应纳税额=39−(52−12)−2=−3(万元)。应纳税额小于0,说明当期期末留抵税额为3万元。

(6) 计算当期应退税额和应免抵税额。

出口货物的免抵退税额=400×10%=40(万元)

当期期末留抵税额3万元小于40万元时,

当期应退税额=当期期末留抵税额=3(万元)

当期免抵税额=当期免抵退税额−当期应退税额=40−3=37(万元)

然后编制如下会计分录：

借：其他应收款——应收补贴款　　30 000

　　应交税费——应交增值税(出口抵减内销产品应纳税额)　　370 000

　　贷：应交税费——应交增值税(出口退税)　　400 000

(7) 收到退税款时，编制如下会计分录：

借：银行存款　　30 000

　　贷：其他应收款——应收补贴款　　30 000

例 5－8　将[例 5－6]中本期外购原材料的不含税价改为 400 万元，进项税额改为 52 万元，出口货物折合人民币改为 100 万元，其他条件不变。计算该企业当期的免、抵、退税额，并编制会计分录。

(1) 购进原材料，编制如下会计分录：

借：原材料　　4 000 000

　　应交税费——应交增值税(进项税额)　　520 000

　　贷：银行存款　　4 520 000

(2) 当期免抵退税不得免征和抵扣税额＝100×(13%　10%)－3(万元)，编制如下会计分录：

借：主营业务成本　　40 000

　　贷：应交税费——应交增值税(进项税额转出)　　40 000

(3)(4) 的计算和分录同[例 5－6]。

(5) 当期应纳税额＝39－(52－3)－2＝－12(万元)。应纳税额小于 0，说明当期期末留抵税额为 15 万元。

(6) 计算当期应退税额和应免抵税额。

出口货物的免抵退税额＝100×10%＝10(万元)

当期期末留抵税额 12 万元大于 10 万元时，

当期应退税额＝当期免抵退税额＝10(万元)

当期免抵税额＝当期免抵退税额－当期应退税额＝10－10＝0

期末留抵结转下期继续抵扣税额＝12－10＝2(万元)

然后编制如下会计分录：

借：其他应收款——应收补贴款　　100 000

　　贷：应交税费——应交增值税(出口退税)　　100 000

三、出口货物应退消费税的会计处理

生产企业直接出口自产应税消费品时，按规定予以免税，不计算应交消费税。

生产企业将应税消费品销售给外贸企业，由外贸企业自营出口的，双方各自进行如下会计处理。

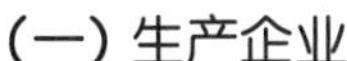

(一) 生产企业

销售时,反映应交消费税。

借:营业税金及附加

　　贷:应交税费——应交消费税

(二) 自营出口外贸企业

1. 申请退税时

借:其他应收款——应收补贴款

　　贷:主营业务成本

2. 实际收到货款时

借:银行存款

　　贷:其他应收款——应收补贴款

例 5-9　京华外贸公司从国内购入摩托车 500 辆,价款 250 万元,增值税 5 232.5 万元,厂方已计算缴纳消费税税额 25 万元。款项已付。京华外贸公司将该批摩托车销往国外,并按规定办理消费税退税,退税款已收到。

(1) 国内采购时,编制如下会计分录:

	借方	贷方
借:库存商品	2 500 000	
应交税费——应交增值税(进项税额)	325 000	
贷:银行存款		2 825 000

(2) 计算应退税款时,编制如下会计分录:

	借方	贷方
借:其他应收款——应收补贴款	250 000	
贷:主营业务成本		250 000

(3) 收到退税款时,编制如下会计分录:

	借方	贷方
借:银行存款	250 000	
贷:其他应收款——应收补贴款		250 000

项目小结

出口货物退、免税是国际贸易、国际税收惯例,只有使本国货物以零税率或基本为 0 的税率进入国际市场,才能与同类货物平等竞争。我国的出口退、免税政策尚处于改革过程中。

不同企业、不同类型的出口货物,其出口退税的计算方法不同,相应的会计处理方法也不相同。

项目六 关税的业务处理

学习目标

通过学习，掌握我国现行关税的基本内容，熟悉关税的计算方式，掌握关税的会计处理方法，提高关税会计核算的实务操作能力。

任务一 关税的基本知识

一、关税的含义及特点

(一) 关税的含义

关税是海关依法对进出境货物、物品征收的一种税。“境”是指关境，又称“海关境域”或“关税领域”，是《中华人民共和国海关法》(以下简称《海关法》)全面实施的领域。

在通常情况下，一国关境与国境是一致的，包括国家全部的领土、领海、领空。但当某一国家在国境内设立了自由港、自由贸易区或者单独关境区(如我国的香港、澳门地区)时，其关境小于国境；当几个国家结成关税同盟，组成统一的关境，实施统一的关税法令和统一的对外税则，只对来自或运往其他国家的货物进出口共同关境征收关税时，国境小于关境，如欧洲联盟。

小知识

按征税对象分类，关税可分为进口税、出口税和过境税；按征税标准分类，可分为从量税和从价税；按差别待遇和特定的实施情况划分，有进口附加税、差价税、特惠税和普遍优惠制。此外，各国常用的征税标准还有复合税、选择税、滑准税等。

(二) 关税的特点

1. 征收的对象是进出境的货物和物品

关税是对进出关境的货品征税，货物和物品只有在进出关境时，才能被征收关税；未

进出关境的不征税。

2. 税率上的复式性

同一进口货物设置优惠税率和普通税率的复式税则。优惠税率是一般的、正常的税率，适用于同我国订有贸易互利条约或协定的国家；普通税率适用于同我国没有签订贸易互利条约或协定的国家。复式税则充分反映了关税具有维护国家主权、平等互利发展国际贸易往来和经济技术合作的特点。

3. 有较强的涉外性

关税只对进出口的货物和物品征收，因此关税税则的制定、税率的高低，会直接影响到国际贸易的开展。随着世界经济一体化的发展，世界各国的经济联系越来越密切，贸易关系不仅反映简单的经济关系，而且成为一种政治关系，因此，关税政策、关税措施也往往和经济政策、外交政策紧密相关，具有涉外性。

4. 管理的特殊性

关税作为国家税收中的一个特殊而重要的税种，其管理机关不是财政部和国家税务总局，而是海关总署。海关总署统一管理全国海关业务，其职责多处涉及关税的内容。

二、纳税人

关税纳税人为依法负有直接向国家缴纳关税义务的人，包括进口货物的收货人、出口货物的发货人、进出境物品的所有人。

进出境物品的所有人包括该物品的所有人和推定为所有人的人。一般情况下，对于携带进境的物品，推定其携带人为所有人；对于分离运输的行李，推定相应的进出境旅客为所有人；对于以邮递方式进境的物品，推定其收件人为所有人；以邮递或其他运输方式出境的物品，推定其寄件人或托运人为所有人。

三、征税范围

关税的征税范围是国家准予进出境的货物和物品。货物是指贸易性商品；物品是指入境旅客随身携带的行李物品、个人邮递物品、各种运输工具上的服务人员携带的进口的自用物品、馈赠物品以及其他方式进境的个人物品。除关税优惠政策规定的以外，进口货物大部分征收关税，出口货物一般不征收关税，仅对小部分货物征收出口关税。

四、税则、税目和税率

（一）税则、税目

《中华人民共和国海关进出口税则》（以下简称《税则》）是我国制定并公布实施的进出口货物和物品应税的关税税率表，是我国海关征收关税的法律依据，也是我国关税政策的具体体现。《税则》以税率表为主体，通常还包括实施《税则》的法令、使用《税则》的有关说明和附录表。

税率表作为《税则》的主体，包括《税则》商品分类目录和税率栏两大部分。商品分类目录是把种类繁多的商品加以综合，按照不同特点分门别类地简化成数量有限的商品类目，分别编号按序排列，称为税则号列，并逐号列出该号中应列入的商品名称。商品分类的原则及归类规则，包括归类总规则和各类、章、目的具体注释。税率栏是按商品分类目录逐项定出的税率栏目。

我国是《商品名称及编码协调制度公约》（以下简称《公约》）的缔约国，按照《公约》的要求，缔约国的税则均以《公约》制定的《商品名称及编码协调制度》（以下简称《协调制度》）为基础进行编排和修订。为了适应国际贸易及科学技术的发展，世界海关组织（WCO）每4～6年对《协调制度》进行一次修订。

（二）进口关税税率

在我国加入世界贸易组织之后，为履行我国在加入世界贸易组织关税减让谈判中承诺的有关义务，享有世界组织贸易成员应有的权利，根据《中华人民共和国进出口关税条例》（简称《关税条例》），自2004年1月1日起，我国进口税则设有最惠国税率、协定税率、特惠税率、普通税率、关税配额税率等税率形式，对进口货物在一定期限内可以实行暂定税率。

（1）最惠国税率。最惠国税率适用原产于与我国共同适用最惠国待遇条款的世界贸易组织成员国或地区的进口货物，或原产于与我国签订有相互给予最惠国待遇条款的双边贸易协定的国家或地区的进口货物，以及原产于我国境内的进口货物。

（2）协定税率。协定税率适用原产于与我国订有含关税优惠条款的区域性贸易协定的有关缔约方的进口货物。

（3）特惠税率。特惠税率适用原产于与我国签订有特殊优惠关税协定的国家或地区的进口货物。

（4）普通税率。普通税率适用原产于上述国家或地区以外的国家和地区的进口货物，或原产地不明的国家或地区的进口货物。

（5）暂定税率。根据新的《关税条例》，对特定进出口货物，可以实行暂定税率。实施暂定税率的货物、税率、期限，由国务院关税税则委员会决定，海关总署公布。

（三）出口关税税率

我国出口税则为一栏税率，设计比较简单，没有普通和优惠之分。对出口商品在一定期限内可以实行暂定税率。目前，我国仅对盈利特别高而且利润比较稳定的大宗商品、在国际市场上我国出口已占有相当比重的商品、国际市场上容量有限而盲目出口容易在国外形成削价竞销的商品、国内紧俏又大量进口的商品以及国家控制出口的商品征收出口关税。出口关税实行从价税。

小知识

我国征收出口关税的总原则是既要服从于鼓励出口的政策，又要做到能够控制一些商品的盲目出口。因而征收出口关税只限于少数产品。

(四) 税率的运用

《关税条例》规定：进出口货物，应当依照《税则》规定的归类原则归入合适的税号，并按照适用的税率征税。

(1) 进出口货物，应当按照纳税义务人申报进口或者出口之日实施的税率征税。

(2) 进出口货物到达前，经海关核准先行申报的，应当按照装载此货物的运输工具申报进境之日实施的税率征税。

五、税收优惠

关税减免分为法定减免、特定减免、临时减免 3 种类型。除法定减免税外的其他减免税均由国务院决定。

(一) 法定减免税

法定减免税是指根据《海关法》《关税条例》和《税则》等法规的规定减免税。

我国《海关法》和《关税条例》明确规定，下列货物、物品予以减免关税：

(1) 关税税额在人民币 50 元以下的一票货物，可免征关税。

(2) 无商业价值的广告品和货样，可免征关税。

(3) 外国政府、国际组织无偿赠送的物资，可免征关税。

(4) 进出境运输工具装载的途中必需的燃料、物料和饮食用品，可予免税。

(5) 经海关核准暂时进境或者暂时出境，并在 6 个月内复运出境或者复运进境的货样、展览品、施工机械、工程车辆、工程船舶、供安装设备时使用的仪器和工具、电视或者电影摄制器械、盛装货物的容器以及剧团服装道具，在货物收发货人向海关缴纳相当于税款的保证金或者提供担保后，可予暂时免税。

(6) 为境外厂商加工、装配成品和为制造外销产品而进口的原材料、辅料、零件、部件、配套件和包装物料，海关按照实际加工出口的成品数量免征进口关税；或者对进口料、件先征进口关税，再按照实际加工出口的成品数量予以退税。

(7) 因故退还的中国出口货物，经海关审查属实，可予免征进口关税，但已征收的出口关税不予退还。

(8) 因故退还的境外进口货物，经海关审查属实，可予免征出口关税，但已征收的进口关税不予退还。

(9) 进口货物如有以下情形，经海关查明属实，可酌情减免进口关税。

① 在境外运输途中或者在起卸时，遭受损坏或者损失的。

② 起卸后海关放行前，因不可抗力遭受损坏或者损失的。

③ 海关查验时已经破漏、损坏或者腐烂，经证明不是保管不慎造成的。

(10) 无代价抵偿货物，即进口货物在征税放行后，发现货物残损、短少或品质不良，而由国外承运人、发货人或保险公司免费补偿或更换的同类货物，可以免税；但有残损或质量问题的原进口货物如未退运国外，其进口的无代价抵偿货物应照章征税。

(11) 我国缔结或者参加的国际条约规定减征、免征关税的货物、物品，按照规定予以减免关税。

(12) 法律规定减征、免征的其他货物。

(二) 特定减免税

特定减免税也称政策性减免税，是指在法定减免税之外，国家按照国际通行规则和我国实际情况，制定发布的有关进出口货物减免关税的政策。特定减免税包括科教用品、残疾人用品、扶贫慈善性捐赠物资、加工贸易产品、边境贸易进口物资、保税区进出口货物、出口加工区的进出口货物、进口设备、特定行业或用途的减免税优惠。

(三) 临时减免税

临时减免税是指国务院运用一案一批的原则，针对某个单位、某类商品、某个项目或某批进出口货物的特殊情况，给予特别照顾，临时给予的减免税。临时减负税一般有单位、品种、期限、金额或数量等限制，不能比照执行。

任务二　关税应纳税额的计算

一、计税依据

目前，世界各国海关大多以课税对象的价格(或价值)为课税标准对进出境货物征收关税。经海关审查的价格为海关价格，在将海关价格作为课税标准，凭以计征关税时，海关价格成为完税价格。

《海关法》规定：进出口货物的完税价格，由海关以该货物的成交价格为基础审查确定。成交价格不能确定时，完税价格由海关依法估定。

(一) 进口货物的完税价格

1. 一般进口货物的完税价格

进口货物的完税价格，是以海关审定的成交价格为基础的到岸价为完税价格。也就是说，一般进口货物的完税价格，是指该货物运抵中国关境内的实付或应付价格，包括货物的货价、货物运抵我国境内输入地点起卸前的运输及相关费用、保险费等。

(1) 如果买方支付的价格中没有包括下列费用，应当将其计入完税价格：

① 由买方负担的除购货佣金以外的佣金和经纪费。购货佣金指买方为购买进口货

物向自己的采购代理人支付的劳务费用。经纪费是指买方为购买进口货物向代表买卖双方利益的经纪人支付的劳务费用。

② 由买方负担的与该货物视为一体的容器费用。

③ 由买方负担的包装材料和包装劳务费用。

④ 与该货物的生产和向我国境内销售有关的，由买方以免费或者以低于成本的方式提供并可以按适当比例分摊的料件、工具、模具、消耗材料及类似货物的价款，以及在境外开发、设计等相关服务的费用。

⑤ 与该货物有关并作为卖方向我国销售该货物的一项条件，应当由买方直接或间接支付的特许权使用费。但是，在估定完税价格时，进口货物在境内的复制权不得计入该货物的实付或应付价格之中。

⑥ 卖方直接或间接从买方对该货物进口后转售、处置或使用中获得的收益。

(2) 下列费用不得计入完税价格：

① 厂房、机械、设备等货物进口后的基建、安装、装配、维修和技术服务的费用。

② 进口货物运抵境内输入地点之后的运输费用、保险费和其他相关费用。

③ 进口关税及其他国内税收。

(3) 进口货物的成交价格不能确定的，海关经了解有关情况，并与纳税义务人进行价格磋商后，依次采用下列方法估定该货物的完税价格：

① 相同货物的成交价格估价方法。

② 类似货物的成交价格估价方法。

③ 倒扣价格估价方法。

④ 计算价格估价方法。

⑤ 其他合理估价方法。

2. 特殊进口货物的完税价格

(1) 加工贸易进口料件及其制成品须征税或内销补税的，海关按照一般进口货物的完税价格规定，审定完税价格。

(2) 保税区、出口加工区货物。从保税区或出口加工区销往区外、从保税仓库出库内销的进口货物(加工贸易进口料件及其制成品除外)，以海关审定的价格估定完税价格。对经审核销售价格不能确定的，海关应当按照一般进口货物估价办法的规定，估定完税价格。销售价格中未包括在保税区、出口加工区或保税仓库中发生的仓储、运输及其他相关费用的，应当按照客观量化的数据资料予以计入。

(3) 运往境外修理的货物，出境时已向海关报明，并在海关规定期限内复运进境的，应当以海关审定的境外修理费和料件费为完税价格。

(4) 运往境外加工的货物，出境时已向海关报明，并在海关规定期限内复运进境的，应当以海关审定的境外加工费和料件费，以及该货物复运进境的运输及其相关费用、保险费估定完税价格。

(5) 暂时进境货物。对于经海关批准的暂时进境的货物，应当按照一般进口货物估价办法的规定，估定完税价格。

(6) 租赁方式进口的货物，以租金方式对外支付的租赁货物，在租赁期间以海关审定的租金作为完税价格；留购的租赁货物，以海关审定的留购价格作为完税价格；承租人申请一次性缴纳税款的，经海关同意，按照一般进口货物估价办法的规定估定完税价格。

(7) 留购的进口货样等。对于境内留购的进口货样、展览品和广告陈列品，以海关审定的留购价格作为完税价格。

(8) 予以补税的减免税货物。减税或免税进口的货物须予补税时，应当以海关审定的该货物原进口时的价格，扣除折旧部分价值作为完税价格。其计算公式为：

$$完税价格=\frac{海关审定的该货物}{原进口时的价格}\times\left[1-\frac{申请补税时实际已}{使用的时间(月)}\div(监管年限\times 12)\right]$$

(9) 以其他方式进口的货物。以易货贸易、寄售、捐赠、赠送等其他方式进口的货物，应当按照一般进口货物估价办法的规定，估定完税价格。

(二) 出口货物的完税价格

1. 以成交价格为基础的完税价格

出口货物的完税价格，以该货物的成交价格为基础审查确定，并应当包括货物运至我国境内输出地点装载前的运输及其相关费用、保险费。但其中包含的出口关税税额，以及单独列明由卖方承担的佣金，应当扣除。

2. 出口货物海关估定方法

出口货物的成交价格不能确定的，海关经了解有关情况，并与纳税义务人进行价格磋商后，依次以下列价格审查确定该货物的完税价格：

(1) 同时或者大约同时向同一国家或者地区出口的相同货物的成交价格。

(2) 同时或者大约同时向同一国家或者地区出口的类似货物的成交价格。

(3) 根据境内生产相同或者类似货物的成本、利润和一般费用(包括直接费用和间接费用)、境内发生的运输及其相关费用、保险费计算所得的价格。

(4) 其他按照合理方法估定的价格。

(三) 进出口货物完税价格中的运输及相关费用、保险费的计算

1. 以一般陆运、空运、海运方式进口的货物

在进口货物的运输及相关费用、保险费的计算中，海运进口货物，计算至该货物运抵境内的卸货口岸。陆运、空运和海运进口货物的运费和保险费，应当按照实际支付的费用计算。如果进口货物的运费无法确定或未实际发生，海关应当按照该货物进口同期运输行业公布的运费率(额)计算运费；按照“货价加运费”两者总额的3‰计算保险费。

2. 以其他方式进口的货物

邮运的进口货物，应当以邮费作为运输及其相关费用、保险费；以境外边境口岸价格条件成交的铁路或公路运输进口货物，海关应当按照货价的1%计算运输及其相关费用、保险费；作为进口货物的自驾进口的运输工具，海关在审定完税价格时，可以不另行计入运费。

3. 出口货物

出口货物的销售价格如果包括离境口岸至境外口岸之间的运费、保险费，该运费、保险费应当扣除。

二、应纳税额的计算

进(出)口货物关税税额的计算,采用从价计征、从量计征、从价从量复合计征、滑准税计征等方式。

(一) 从价计税应纳税额

从价计税是以进(出)口货物的完税价格为计税依据的一种关税计征方法。我国对进口商品基本上都实行从价计税。从价计税应纳税额的计算公式为:

关税税额＝应税进(出)口货物完税价格总额×适用税率

＝应税进(出)口货物数量×单位完税价格×适用税率

例 6-1　嘉正汽车厂为增值税一般纳税人,进口一批小轿车发动机,支付货款500万元,境外运输费用及保险费30万元由买方负担,与购买发动机有关且构成销售条件的特许权使用费为60万元,关税税率为20%,缴纳进口环节相关税金后海关放行;发生境内运费10万元、装卸费4万元,取得货运企业开具的发票。计算该汽车厂应缴纳的关税。

该批发动机的货款,境外运输费用及保险费和与购买发动机有关且构成销售条件的特许权使用费均应计入关税的完税价格之中,而境内发生的运费和装卸费不应包括在内。

进口完税价格＝500＋30＋60＝590(万元)

关税＝590×20%＝118(万元)

想一想

嘉正汽车厂在进口环节还必须缴哪些税?

(二) 从量计税应纳税额

从量计税是以进口商品的重量、长度、容量、面积等计量单位为计税依据的一种关税计征方法。目前,我国对原油、部分鸡产品、啤酒、胶卷进口分别以重量、容量、面积计征从量税。从量计税应纳税额的计算公式为:

关税税额＝应税进(出)口货物数量×单位货物税额

例 6-2　嘉正公司2019年12月从美国进口啤酒200箱,每箱24瓶,每瓶容积650毫升,关税完税价格为4 000美元/箱,人民币与美元的外汇折算率为1∶6.54,该啤酒适用的税率为3元/升。

嘉正公司应缴纳的关税计算如下。

进口啤酒的数量＝200×24×650÷1 000＝3 120(升)

应纳关税税额＝3 120×3＝9 360(元)

(三) 复合计税应纳税额

复合计税是对进(出)口商品同时使用从价和从量计征的一种计征关税的方法。目前,我国对录像机、放像机、摄像机、数字照相机和摄录一体机实行复合税。复合计税应纳税额的计算公式为:

关税税额=应税进(出)口货物数量×关税单位税额+
应税进(出)口货物数量×单位完税价格×适用税率

例 6-3 嘉正公司 2019 年 12 月进口 3 台美国的摄像机,关税完税价格为 21 000 美元,人民币与美元的外汇折算率为 1∶6.54,适用税率为:从量税单位税额为每台 13 280 元,从价税率为 3%。

嘉正公司应缴纳的关税计算如下:

应纳关税税额=3×13 280+21 000×6.54×3%=43 960.2(元)

(四) 滑准税应纳税额

滑准税是根据同一种商品进口价格的不同,分别实施不同档次的税率。商品进口价格高的税率低,进口价格低的税率高,目的是使商品随后价格能够保持稳定。因此,对实行滑准税率的进口商品应纳关税税额的计算方法仍同于从价计税的计算方法。滑准税应纳税额的计算公式为:

关税税额=应税进口货物数量×单位完税价格×滑准税率

任务三　关税的纳税申报与缴纳

一、关税的纳税期限

进口货物的纳税人,应当自运输工具申报进境之日起 14 日内,向海关申报纳税;出口货物的纳税人,应当在货物运抵海关监管区后装货的 24 小时以前,向海关申报纳税。

纳税义务人应当自海关填发税款缴款书之日起 15 日内,向指定银行缴纳税款。

纳税义务人因不可抗力或者在国家税收政策调整的情形下,不能按期缴纳税款的,经海关总署批准,可以延期缴纳税款,但最长不得超过 6 个月。

二、关税的强制征收

纳税义务人未在关税缴纳期限内缴纳税款,即构成关税滞纳。为保证海关征收关税决定的有效执行和国家财政收入的及时入库,《海关法》赋予海关对滞纳关税的纳税义务人强制执行的权力。强制措施主要有两类:① 征收关税滞纳金。滞纳金自关税缴纳期满滞纳之日起，至纳税义务人缴纳关税之日止，由海关按日计算征收滞纳金，滞纳金的比例为每日万分之五；② 强制征收。纳税义务人自海关填发缴款书之日起 3 个月仍未缴纳税款，经海关关长批准，海关可以采取强制扣缴、变价抵缴等强制措施。

三、关税退还

关税退还是关税纳税义务人按海关核定的税额缴纳关税后，因某种原因的出现，海关将实际征收多于应当征收的税额（称为溢征关税）退还给原纳税义务人的一种行政行为。

按规定，有下列情形之一的，进出口货物的纳税义务人可以自缴纳税款之日起 1 年内，书面声明理由，连同原纳税收据向海关申请退税并加算银行同期活期存款利息，逾期不予受理：

(1) 因海关误征，多纳税款的。

(2) 海关核准免验进口的货物，在完税后，发现有短卸情形，经海关审查认可的。

(3) 已征出口关税的货物，因故未将其外运出口，申报退关，经海关查验属实的。

对上述退税事项，海关应当自受理退税申请之日起 30 日内，做出书面答复并通知退税申请人。

四、关税的补征和追征

根据《海关法》的规定，进出境货物和物品放行后，海关发现少征或者漏征税款，应当自缴纳税款或者货物、物品放行之日起 1 年内，向纳税义务人补征；因纳税义务人违反规定而造成的少征或漏征的税款，自纳税义务人应缴纳税款之日起 3 年以内可以追征，并从缴纳税款之日起按日加收少征或漏征税款万分之五的滞纳金。

五、关税保全

《海关法》规定，进出口货物的纳税义务人在规定的纳税期限内有明显的转移、藏匿其应税货物以及其他财产迹象的，海关可以责令纳税义务人提供担保；纳税义务人不能提供纳税担保的，经直属海关关长或者其授权的隶属海关关长批准，海关可以采取税收保全措施。

任务四　关税的会计处理

一、会计账户的设置

企业缴纳进出口关税时，可以在“应交税费”账户下设置“应交关税”明细账户，也可以设置“应交进口关税”和“应交出口关税”两个明细账户，分别用来核算企业发生和实际缴纳的进出口关税。

二、进口关税的核算

(一) 自营进口关税的会计处理

自营进口是指有进出口自营权的企业办理对外洽谈和签订进出口合同,执行合同并办理运输、开证、付汇全过程,并自负进出口盈亏。

企业自营进口商品计算应纳税额时,借记"材料采购""应交税费——应交增值税(进项税额)"等科目,贷记"应交税费——应交进口关税"科目;按规定缴纳税款时,借记"应交税费——应交进口消费税""应交税费——应交进口关税"等科目,贷记"银行存款"科目。

例 6-4 嘉正公司为有进出口经营权的家具生产企业,2019 年 8 月从俄罗斯进口优质板材一批,离岸价格为 25 000 美元,运费为 6 000 美元,保险费按货价加运费的 5‰支付。双方协议采用汇款结算方式,进口板材的关税税率为 10%,增值税税率为 13%,外汇汇率为 1 美元=6.11 元人民币。

有关会计处理如下:

(1) 进口环节税金计算如下:

完税价格=(250 000+6 000)×6.11×(1+5‰)=1 571 980.8(元)

进口关税=1 642 368×10%=157 198.08(元)

进口应纳增值税=(1 571 980.8+157 198.08)×13%=224 793.25(元)

(2) 进口支付货款时,编制如下会计分录:

借:材料采购	1 571 980.8	
贷:银行存款		1 571 980.0

(3) 计算应纳进口关税时,编制如下会计分录:

借:材料采购	157 198.08	
贷:应交税费——应交进口关税		157 198.08

(4) 企业缴纳进口税金时,编制如下会计分录:

借:应交税费——应交进口关税	157 198.08	
应交税费——应交增值税(进项税额)	224 793.25	
贷:银行存款——人民币		381 991.33

(二) 代理进口关税的会计处理

代理进口,是指有货物进口需求的客户,由于对进口业务不熟悉或者其他原因,委托外贸企业代办进口的贸易服务型业务。

外贸企业代理进出口业务,一般预收代理进口货物货款及应代缴的各种税金款项,并向委托方收取手续费;此时,"应交税费——应交关税"账户可对应"应付账款"账户进行核算。

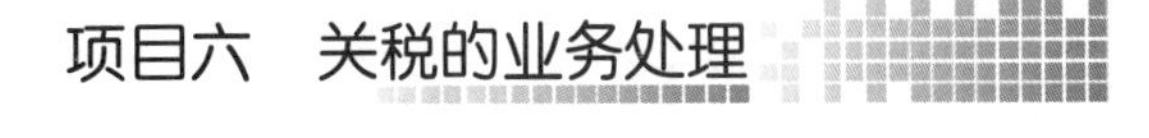

例 6－5　2019 年 5 月，嘉正外贸公司受文华电子公司的委托，从日本进口一批电子元件，货款 837 320 元已预先汇入嘉正外贸公司存款户。该进口商品由海关确认的完税价格为 80 000 美元(1 美元＝6.92 元人民币)，双方协议按完税价格的 5%提取代理手续费，货物进口后，受托方同委托方进行了结算，电子元件的进口关税税率为 25%。

有关会计处理如下：

应纳关税税额＝80 000×6.92×25%＝138 400(元)

代理手续费＝80 000×6.92×5%＝27 680(元)

应交增值税＝(80 000×6.92＋138 400)×13%＝89 960(元)

(1) 文华电子公司的会计处理如下：

① 购入现汇时，编制如下会计分录：

科目	借方	贷方
借：银行存款——美元现汇存款	553 600	
贷：银行存款——人民币存款		553 600
借：预付账款	837 320	
贷：银行存款——美元现汇存款		553 600
银行存款——人民币存款		283 720

② 支付购货款项时，编制如下会计分录：

科目	借方	贷方
借：材料采购——电子元件	719 680	
应交税费——应交增值税(进项税额)	89 960	
贷：预付账款		809 640

③ 企业将材料入库时，编制如下会计分录：

科目	借方	贷方
借：原材料——电子元件	719 680	
贷：材料采购——电子元件		719 680

(2) 嘉正外贸公司代理进口业务的会计处理如下：

① 收到委托方支付的款项时，编制如下会计分录：

科目	借方	贷方
借：银行存款	837 320	
贷：应付账款——电子企业		837 320

② 对外付款时，编制如下会计分录：

科目	借方	贷方
借：应付账款——电子企业	553 600	
贷：银行存款		553 600

③ 支付进口关税和增值税时，编制如下会计分录：

科目	借方	贷方
借：应付账款——电子企业	256 040	
贷：银行存款		256 040

④ 提取手续费时，编制如下会计分录：

科目	借方	贷方
借：应付账款——电子企业	27 680	
贷：其他业务收入——手续费		27 680

想一想

嘉正外贸公司还必须缴什么税?

三、出口关税的核算

国家为了鼓励出口，扩大对外贸易，除国家限制的出口商品外，对企业出口商品一律免征出口关税，不涉及出口关税的会计核算。出口关税税额包含在出口离岸价格中。企业出口货物计算缴纳的关税应该通过“税金及附加”“应交税费”等账户进行核算。

例 6-6 江洲水产进出口公司2020年3月从农业生产者手中收购一批鳗鱼苗出口，货物出口成交价格为144万元(不含出口关税)，出口货物关税税率为15%，海关开出关税税款的缴纳凭证，企业以银行转账支票付讫税款。

有关会计处理如下:

该公司应纳出口关税=144×15%=21.6(万元)

(1) 计算出口关税时，编制如下会计分录:

借:税金及附加　　216 000

　　贷:应交税费——出口关税　　216 000

(2) 实际缴纳税款时，编制如下会计分录:

借:应交税费——出口关税　　216 000

　　贷:银行存款　　216 000

注意:出口关税不计入完税价格。以我国口岸FOB价格成交的，完税价格=FOB价格÷(1+出口关税税率)，出口关税税额=关税完税价格×出口关税税率。

项目小结

关税是对进出国境或关境的货物或物品征收的一种税，由海关负责征收，海关在征收进口货物、物品关税的同时，还代征进口增值税和消费税。

关税纳税人为依法负有直接向国家缴纳关税义务的人，包括进口货物的收货人、出口货物的发货人、进出境物品的所有人。

关税的征税范围是国家准予进出境的货物和物品。

我国进口税则设有最惠国税率、协定税率、特惠税率、普通税率、关税配额税率等形式。对进口货物在一定期限内可以实行暂定税率。

关税的计税依据即关税的完税价格。《海关法》规定:进出口货物的完税价格，由海关以该货物的成交价格为基础审查确定。成交价格不能确定时，完税价格由海关依法估定。

进(出)口货物关税的计算，采用从价计征、从量计征、从价从量复合计征、滑准税计征等方式。

企业缴纳进出口关税时，应设置“应交税费——应交关税”账户。

项目七 资源类税的业务处理

学习目标

通过学习，明确我国现行资源类税的有关法律规定，熟悉资源类税计税依据及应纳税额的计算方法，掌握资源类税会计处理方法，提高资源类税会计核算的实务操作能力。

任务一 土地增值税实务

一、土地增值税基本知识

（一）土地增值税的含义及特点

1. 土地增值税的含义

土地增值税是指对转让国有土地使用权、地上建筑物及其附着物并取得收入的单位和个人，就其转让房地产取得的增值额征收的一种税。

小知识

土地增值税是一种收益税，是1994年税制改革中新开征的一个税种。我国开征土地增值税的主要目的在于加强国家对房地产开发、交易行为的宏观调控，抑制土地炒买炒卖的投机行为，保障国家的土地权益，同时增加财政收入。

2. 土地增值税的特点

（1）以增值额为计税依据。土地增值税以转让房地产取得的增值额为征税对象，增值额为纳税人转让房地产的收入，减除税法规定准予扣除的项目金额后的余额。

（2）实行超率累进税率。土地增值税的税率按照增值额累进设计，实行分级计税。增值率高的，税率高、多纳税；增值率低的，税率低、少纳税。

（3）实行按次征收。土地增值税在房地产发生转让的环节实行按次征收，每发生一次转让行为，就应根据每次取得的增值额征一次税。

(二) 纳税人

土地增值税的纳税人为转让国有土地使用权、地上建筑及其附着物并取得收入的单位和个人。单位指各类企事业单位、国家机关和社会团体及其他组织，具体包括国家机关、社会团体、部队、企事业单位、外国企业及外国机构和其他单位等；个人包括中国公民、个体工商业户、个人独资企业、合伙企业、华侨、港澳台同胞及外国公民等。就土地增值税纳税而言，不分法人与自然人、不分经营性质、不分内资与外资企业、不分中国公民与外籍个人、不分营利组织与非营利组织，只要有偿转让房地产，都是纳税义务人。

(三) 土地增值税的征税范围

1. 征税范围及其判断标准

土地增值税的征税范围包括转让国有土地使用权以及连同国有土地使用权一并转让的地上建筑物及其附着物。转让是指以出售或者其他方式有偿转让房地产的行为，不包括以继承、赠与方式无偿转让房地产的行为。国有土地是指按国家法律规定属于国家所有的土地。地上的建筑物是指建于土地上的一切建筑物，包括地上地下的各种附属设施。附着物是指附着于土地上的不能移动或一经移动即遭损坏的物品。

土地增值税的征税范围常用以下 3 个标准来判定：

(1) 转让的是国有土地使用权。农村集体所有的土地不得自行转让，只有依法对集体土地实行征用变为国家所有以后，才能进行转让。

(2) 土地使用权、地上建筑物及其附着物的产权发生转让。房地产的出租不属于土地增值税的征税范围，因为所有者没有对其产权进行转让。

(3) 转让房地产取得收入。继承、赠与等无偿转让房地产的行为，不属于土地增值税的征税范围，尽管房地产的权属发生了变更，但权属人并没有取得收入，因此也不征收土地增值税。

总之，无论是单独转让国有土地使用权，还是房屋产权与国有土地使用权一并转让，只要取得收入，均属于土地增值税的征税范围，应对之征收土地增值税。

2. 征税范围的具体判断

(1) 房地产的出售，属于土地增值税的征税范围，分为以下 3 种情况：

第一，出售国有土地使用权，是指土地使用者通过出让方式，向政府缴纳了土地出让金，有偿受让土地使用权后，仅对土地进行通水、通电、通路和平整地面等土地开发，不进行房产开发，然后直接将空地出售。

第二，取得国有土地使用权后进行房屋开发建造，然后出售，即通常所说的房地产开发。

第三，存量房地产的买卖，是指已经建成并已投入使用的房地产，其房屋产权和土地使用权一并转让给其他单位和个人。

(2) 房地产的继承、赠与，不属于土地增值税的征税范围。

提示

这里的继承，是指法定继承；赠与，仅指将房地产赠与直系亲属或承担直接赡养义务的人以及通过中国境内非营利性社会团体、国家机关进行的公益性赠与。

（3）房地产的出租，不属于土地增值税的征税范围。

（4）房地产的抵押，在抵押期间不征收土地增值税。待抵押期满后，视该房地产是否转移占有而确定是否征收土地增值税。对于以房地产抵债而发生房地产权属转让的，应列入土地增值税的征税范围。

（5）房地产的交换，一般属于土地增值税的征税范围，但对个人之间互换自有居住用房地产的，经当地税务机关核实，可以免征土地增值税。

（6）以房地产进行投资、联营。投资方将房地产转移到所投资的企业，暂免征收土地增值税。被投资、联营企业将上述房地产再转让的，应征收土地增值税。

（7）合作建房，暂免征收土地增值税；建成后转让的，应征收土地增值税。

（8）因兼并转让房地产，暂免征收土地增值税。

（9）房地产的代建房行为，不属于土地增值税的征税范围。

（10）房地产的重新评估，不属于土地增值税的征税范围。

（四）土地增值税的税率

我国土地增值税税率设计的基本原则是增值多的多征，增值少的少征，无增值的不征。按照这个原则，我国现行的土地增值税实行四级超率累进税率（见表7.1），其中，最低税率为30%，最高税率为60%。实行这样的税率结构和负担水平，一方面，可以对正常的房地产开发商通过较低税率体现优惠政策；另一方面，对炒买炒卖房地产获取暴利的单位和个人，能发挥一定的调节作用。

表7.1　土地增值税四级超率累进税率

级　次	增值额与扣除项目金额的比率税率	税率（%）	速算扣除系数（%）
1	50%（含）以下	30	0
2	50%以上～100%（含）	40	5
3	100%以上～200%（含）	50	15
4	200%以上	60	35

（五）税收优惠

（1）纳税人建造普通标准住宅出售，增值额未超过扣除项目金额20%的，免征土地增值税，超过20%的，应就其全部增值额按规定计税。

提示

20%是起征点，19.99%不纳税，20%以上应就其全部增值额按规定计税。

(2) 因国家建设需要依法征用、收回的房地产,免征土地增值税。

(3) 因城市实施规划、国家建设的需要而搬迁,由纳税人自行转让原房地产的,免征土地增值税。

(4) 个人因工作调动或改善居住条件而转让原自用住房,经向税务机关申报核准,凡居住满5年或5年以上的,免予征收土地增值税;居住满3年未满5年的,减半征收土地增值税。居住未满3年的,按规定计征土地增值税。

二、计算土地增值税

(一) 土地增值税计税依据

土地增值税以纳税人转让房地产取得的增值额为计税依据。土地增值额的计算公式为:

土地增值额=应税收入额-规定扣除的项目金额

1. 应税收入的确定

增值税纳税人取得的收入包括转让房地产的全部价款和相关经济收益,形式上包括货币收入、实物收入和其他收入。

(1) 货币收入。货币收入是指纳税人转让房地产而取得的现金、银行存款、支票、银行本票、汇票等各种信用票据和国库券、金融债券、企业债券、股票等有价证券。

(2) 实物收入。实物收入是指纳税人转让房地产而取得的各种实物形态的收入。实物收入的价值不太容易确定,一般要对这些实物形态的财产进行估价。

(3) 其他收入。其他收入是指纳税人转让房地产而取得的无形资产收入或具有财产价值的权利,如专利权、商标权、著作权、专有技术使用权、土地使用权、商誉权等。这种类型的收入比较少见,其价值需要进行专门的评估。

2. 扣除项目金额的确定

1) 取得土地使用权所支付的金额

这一金额包括纳税人为取得土地使用权支付的地价款或出让金,以及按国家统一规定缴纳的有关费用之和。

2) 房地产开发成本

房地产开发成本指纳税人开发房地产项目实际发生的成本,包括土地征用及拆迁补偿费、前期工程费、建筑安装工程费、基础设施费、公共配套设施费、开发间接费用等。

(1) 土地征用及拆迁补偿费,包括土地征用费,耕地占用税,劳动力安置费及有关地上、地下附着物拆迁补偿的净支出,安置动迁用房支出等。

(2) 前期工程费,包括规划、设计、项目可行性研究,水文、地质勘察、测绘及"三通一平"等支出。"三通一平"指的是通水、通电、通路和土地平整。

(3) 建筑安装工程费,是指以出包方式支付给承包单位的建筑安装工程费、以自营方式发生的建筑工程安装费。

(4) 基础设施费,包括开发小区内的道路、供水、供电、供气、排污、排洪、通信、照明、环卫、绿化等工程发生的支出。

(5) 公共配套设施费，包括不能有偿转让的开发小区内公共配套设施发生的支出。

(6) 开发间接费用，是指直接组织、管理开发项目所发生的费用，包括工资、职工福利费、折旧费、修理费、办公费、水电费、劳动保护费、周转房摊销等。

3) 房地产开发费用

房地产开发费用是指与房地产开发项目有关的销售费用、管理费用、财务费用。

财务费用中的利息支出，凡能按转让房地产项目计算分摊利息并提供金融机构证明的，允许据实扣除，但最高不能超过按商业银行同类同期贷款利率计算的金额。其他房地产开发费用，按上述“取得土地使用权支付的金额”和“房地产开发成本”金额之和，在5%以内计算扣除。

凡不能按转让房地产项目计算分摊利息支出或不能提供金融机构证明的，利息支出不得单独计算，而应并入房地产开发费用一并计算扣除。房地产开发费用按上述“取得土地使用权支付的金额”和“房地产开发成本”金额之和的10%以内计算扣除。

上述计算扣除的具体比例，由省、自治区、直辖市人民政府规定。

利息的上浮幅度按国家的有关规定执行，超过上浮幅度的部分不允许扣除；超过贷款期限的利息部分和加罚的利息不允许扣除。

4) 与转让房地产有关的税金

这些税金包括在转让房地产时缴纳的印花税、城市维护建设税。教育费附加也可视同税金扣除。对于个人购入房地产再转让的，其在购入环节缴纳的契税，由于已经包含在评估价格之中，同样不能扣除。

注意：土地增值税扣除项目涉及的增值税进项税额，允许在销项税额中计算抵扣的，不计入扣除项目；不允许在销项税额中计算抵扣的，可以计入扣除项目。

5) 财政部确定的其他扣除项目

根据财政部的有关规定，对从事房地产开发的纳税人允许按上述“取得土地使用权支付的金额”和“房地产开发成本”金额之和，加计20%扣除。

6) 旧房及建筑物的评估价格

纳税人转让旧房的，应按房屋及建筑物的评估价格、取得土地使用权所支付的地价款或出让金，按国家统一规定缴纳的有关费用和转让环节缴纳的税金作为扣除项目金额计征土地增值税。对取得土地使用权时未支付地价款或不能提供已支付的地价款凭据的，在计征土地增值税时不允许扣除。

旧房及建筑物的评估价格是指在转让已使用的房屋及建筑物时，由政府批准设立的房地产评估机构评定的重置成本价乘以成新度折扣率后的价格。评估价格须经当地税务机关确认。

纳税人转让旧房及建筑物，凡不能取得评估价格，但能提供购房发票的，经当地税务部门确认，根据扣除项目的金额(即取得土地使用权所支付的金额，新建房及配套设施的成本、费用，或者旧房及建筑物的评估价格)，可按发票所载金额并从购买年度起至转让年度止每年加计5%计算扣除。计算扣除项目时“每年”按购房发票所载日期起至售房发票开具之日止，每满12个月计1年；超过1年，未满12个月但超过6个月的，可以视同1年。

对纳税人购房时缴纳的契税，凡能提供契税完税凭证的，准予作为“与转让房地产有关的税金”予以扣除，但不作为加计5%的基数。

对于转让旧房及建筑物，既没有评估价格，又不能提供购房发票的，税务机关可以根据《税收征管法》第三十五条的规定，实行核定征收。

相关链接

重置成本价的含义是，对旧房及建筑物，按转让时的建材价格及人工费用计算，建造同样面积、同样层次、同样结构、同样建设标准的新房及建筑物所需花费的成本费用。成新度折扣率的含义是按旧房的新旧程度做一定比例的折扣。

注意：在确认扣除项目金额时，应注意转让新开发房地产与转让旧房地产的区别。第1到第5项是新建房扣除项目；第6项是旧房及建筑物扣除项目。

（二）应纳税额的计算

1. 应纳税额的计算步骤

土地增值税的计算方法有分步法和简便方法两种。在实际工作中多用简便方法。

应纳税额的计算步骤如下：第1步，计算应税收入；第2步，计算扣除项目金额；第3步，计算增值额；第4步，计算增值率，确定级次；第5步，计算应纳税额（分步法或简便方法）。分步法和简便方法在第5步才区分开来。

2. 应纳税额的计算方法

土地增值税的应纳税额计算过程比较复杂，涉及增值额、增值率、应纳税额（又分为两种）等计算公式。

(1) 增值额的计算公式为：

增值额＝收入额－扣除项目金额

(2) 增值率的计算公式为：

增值率＝增值额÷扣除项目金额×100%

注意：由于土地增值税是采用超率累进税率计算的，只有先计算出增值率，才能确定适用税率和速算扣除率并计算应纳税额。

(3) 应纳税额的计算公式如下：

分步计算法：

应纳税额＝$\sum$（各个级距的土地增值额×该级次适用税率）

简便法：

应纳税额＝增值额×适用税率－扣除项目金额×速算扣除率

例7-1 2020年，汇达房地产开发公司销售其新建商品房一幢，取得销售收入7 000万元，已知该公司支付与商品房相关的土地使用权费及开发成本合计为2 380万元。该公司没有按房地产项目计算分摊银行借款利息，且所在地的省政府规定，计征土地增值税时房地产开发费用扣除比例为10%，销售商品房缴纳有关税金420万元。用简便法计算该公司销售商品房应缴纳的土地增值税。

(1) 销售收入＝7 000(万元)

(2) 计算扣除项目金额。

土地使用权费及开发成本＝2 380(万元)

房地产开发费用＝2 380×10%＝238(万元)

税金＝420(万元)

加计扣除费用＝2 380×20%＝476(万元)

扣除项目合计＝2 380＋238＋420＋476＝3 514(万元)

(3) 增值额＝7 000－3 514＝3 486(万元)

(4) 增值率＝3 486÷3 514＝99%＜100%

(5) 土地增值税税额＝3 486×40%－3 514×5%＝1 218.70(万元)

例 7－2　万达有限责任公司2020年5月转让一幢2002年建造的公寓楼，当时的造价为1 500万元。经房地产评估机构评定，该公寓楼的重置成本价为3 000万元，该楼房为七成新。转让前为取得土地使用权支付的地价款和按规定缴纳的有关费用为1 200万元(可提供支付凭证)，另支付房地产评估费用3万元，转让时取得转让收入6 800万元，已按规定缴纳了转让环节的有关税金380万元(已纳税金均能提供完税凭证)。该公司的评估价格已经税务机关认定。

该公司应纳土地增值税计算如下：

(1) 转让房地产的收入为6 800万元。

(2) 准予扣除的项目金额。

取得土地使用权支付的金额为1 200万元。

房地产的评估价格＝3 000×70%＝2 100(万元)

房地产评估费用为3万元。

与转让房地产有关的税金为380万元。

扣除项目金额合计＝1 200＋2 100＋3＋380＝3 683(万元)

(3) 土地增值额＝6 800－3 683＝3 117(万元)

(4) 土地增值率＝3 117÷3 683×100%＝84.63%

(5) 应纳土地增值税＝3 117×40%－3 683×5%＝1 062.65(万元)

三、土地增值税纳税流程与申报

(一) 纳税期限和纳税地点

土地增值税纳税人应自转让房地产合同签订之日起7日内，向房地产所在地的主管税务机关办理纳税申报，同时向税务机关提交房屋及建筑物产权证书、土地使用权证书、土地转让合同、房产买卖合同、房地产评估报告及其他与转让房地产有关的资料。

纳税人因经常发生转让房地产行为而难以每次转让后申报的，可按月或按各省、自治区、直辖市和计划单列市税务局规定的期限缴纳。

土地增值税的纳税人，应向房地产所在地主管税务机关办理纳税申报。纳税人转让的房地产坐落在两个或两个以上地区的，应按不同的坐落地分别申报纳税。

（二）纳税申报

土地增值税的纳税申报表分为适用于从事房地产开发纳税人的土地增值税纳税申报表（一）（见表 7.2），以及适用于非从事房地产开发纳税人的土地增值税纳税申报表（二）（见表 7.3）。纳税人必须按照税法的有关规定，向房地产所在地主管税务机关如实申报转让房地产所取得的收入、扣除项目金额以及应纳土地增值税税额，并按期缴纳税款。

表 7.2　土地增值税纳税申报表(一)

（从事房地产开发的纳税人适用）

税款所属时间：　　　　　　　　填表日期：　　　　年　月　日

纳税人编码：　　　　　　　　　　　　　　　　　　　　　面积单位：平方米

金额单位：元

项　目		行　次	金　额
纳税人名称：晨达房地产有限责任公司			
一、转让房地产收入总额 1＝2＋3		1	
其中	货币收入	2	
	实物收入及其他收入	3	
二、扣除项目金额合计　4＝5＋6＋13＋16＋20		4	
1. 取得土地使用权所支付的金额		5	
2. 房地产开发成本 6＝7＋8＋9＋10＋11＋12		6	
其中	土地征用及拆迁补偿费	7	
	前期工程费	8	
	建筑安装工程费	9	
	基础设施费	10	
	公共配套设施费	11	
	开发间接费用	12	
3. 房地产开发费用 13＝14＋15		13	
其中	利息支出	14	
	其他房地产开发费用	15	
4. 与转让房地产有关的税金等 16＝17＋18		16	
其中	城市维护建设税	17	
	教育费附加	18	
5. 财政部规定的其他扣除项目		19	
三、增值额 20＝1－4		20	
四、增值额与扣除项目金额之比（%）21＝20÷4		21	
五、适用税率（%）		22	
六、速算扣除系数（%）		23	
七、应缴土地增值税税额 24＝20×22－4×23		24	
八、已缴土地增值税税额		25	
九、应补（退）土地增值税税额 26＝24－25		26	

续　表

<table>
<tr><td colspan="4">项　目</td><td colspan="2">行　次</td><td colspan="2">金　额</td></tr>
<tr><td>授权代理人</td><td colspan="3">（如果你已委托代理申报人，请填写下列资料）
为代理一切税务事宜，现授权__________（地址）__________为本纳税人的代理申报人，任何与本报表有关的来往文件都可寄与此人
授权人签字：__________</td><td>声明</td><td colspan="3">我声明：此纳税申报表是根据《中华人民共和国土地增值税暂行条例》及其实施细则的规定填报的。我确信它是真实的、可靠的、完整的
声明人签字：__________</td></tr>
<tr><td>纳税人签章</td><td></td><td>法人代表签章</td><td></td><td>经办人员（代理申报人）签章</td><td></td><td>备注</td><td></td></tr>
</table>

（以下部分由主管税务机关负责填写）

<table>
<tr><td>主管税务机关收到日期</td><td></td><td>接收人</td><td></td><td>审核日期</td><td></td><td>税务审核人员签章</td><td></td></tr>
<tr><td>审核记录</td><td colspan="5"></td><td>主管税务机关盖章</td><td></td></tr>
</table>

表 7.3　土地增值税纳税申报表（二）

（非从事房地产开发的纳税人适用）

税款所属时间：　　　　　填表日期：　　　　年　月　日

纳税人编码：

面积单位：平方米

金额单位：元

<table>
<tr><td colspan="2">纳税人名称</td><td></td><td>项目名称</td><td></td><td>项目地址</td><td></td></tr>
<tr><td colspan="5">项　目</td><td>行　次</td><td>金　额</td></tr>
<tr><td colspan="5">一、转让房地产收入总额 1＝2＋3</td><td>1</td><td></td></tr>
<tr><td rowspan="2">其中</td><td colspan="4">货币收入</td><td>2</td><td></td></tr>
<tr><td colspan="4">实物收入及其他收入</td><td>3</td><td></td></tr>
<tr><td colspan="5">二、扣除项目金额合计 4＝5＋6＋9</td><td>4</td><td></td></tr>
<tr><td colspan="5">1. 取得土地使用权所支付的金额</td><td>5</td><td></td></tr>
<tr><td colspan="5">2. 旧房及建筑物的评估价格 6＝7×8</td><td>6</td><td></td></tr>
<tr><td rowspan="2">其中</td><td colspan="4">旧房及建筑物的重置成本价</td><td>7</td><td></td></tr>
<tr><td colspan="4">成新度折扣率</td><td>8</td><td></td></tr>
<tr><td colspan="5">4. 与转让房地产有关的税金等 9＝10＋11＋12＋13</td><td>9</td><td></td></tr>
<tr><td rowspan="3">其中</td><td colspan="4">城市维护建设税</td><td>10</td><td></td></tr>
<tr><td colspan="4">印花税</td><td>11</td><td></td></tr>
<tr><td colspan="4">教育费附加</td><td>12</td><td></td></tr>
<tr><td colspan="5">三、增值额 13＝1－4</td><td>13</td><td></td></tr>
<tr><td colspan="5">四、增值额与扣除项目金额之比（%）14＝13÷4</td><td>14</td><td></td></tr>
<tr><td colspan="5">五、适用税率（%）</td><td>15</td><td></td></tr>
<tr><td colspan="5">六、速算扣除系数（%）</td><td>16</td><td></td></tr>
<tr><td colspan="5">七、应缴土地增值税税额 17＝13×15－4×16</td><td>17</td><td></td></tr>
<tr><td>授权代理人</td><td colspan="3">（如果你已委托代理申报人，请填写下列资料）
为代理一切税务事宜，现授权__________（地址）__________为本纳税人的代理申报人，任何与本报表有关的来往文件都可寄与此人
授权人签字：__________</td><td>声明</td><td colspan="2">我声明：此纳税申报表是根据《中华人民共和国土地增值税暂行条例》及其实施细则的规定填报的。我确信它是真实的、可靠的、完整的
声明人签字：__________</td></tr>
</table>

续 表

纳税人签章		法人代表签章		经办人员 (代理申报人)签章		备注	

(以下部分由主管税务机关负责填写)

主管税务机关收到日期		接收人		审核日期		税务审核人员签章	
审核记录						主管税务机关盖章	

四、土地增值税的会计处理

(一) 会计账户的设置

土地增值税的计算和缴纳是通过“应交税费——应交土地增值税”账户进行核算的。该账户贷方反映企业应缴纳的土地增值税，借方反映企业实际已经缴纳的土地增值税；余额在贷方，反映企业应缴而未缴的土地增值税。

(二) 会计处理

1. 房地产开发企业土地增值税的会计处理

房地产开发企业转让作为“开发产品”核算的房地产，计算出应缴的土地增值税时，借记“税金及附加”科目，贷记“应交税费——应交土地增值税”科目；缴纳土地增值税时，借记“应交税费——应交土地增值税”科目，贷记“银行存款”科目。

房地产开发企业将自己作为“固定资产”管理使用的房屋、建筑物对外转让，视同非房地产开发企业销售房地产业务，参照非房地产开发企业土地增值税的会计处理。

例 7-3 2020 年 5 月，安庆房地产公司转让开发的写字楼一栋，共取得转让收入 5 000 万元。已知该公司为取得土地使用权而支付的地价款和相关税费为 500 万元，投入的房地产开发成本为 1 500 万元，房地产开发费用中的利息支出为 120 万元(能按照转让房地产项目计算分摊并提供某商业银行贷款证明)。计算该企业应缴纳的土地增值税并进行会计处理。

(1) 应纳税额的计算。

扣除项目金额＝(500＋1 500)×(1＋5%)＋120＝2 220(万元)

加计扣除金额＝2 000×20%＝400(万元)

增值额＝5 000－(2 220＋400)＝2 380(万元)

增值率＝2 380÷(2 220＋400)×100%＝90.84%

该项目的土地增值税＝2 380×40%－2 220×5%＝952－111＝841(万元)

(2) 相关的会计处理。

① 取得收入时，编制如下会计分录：

借：银行存款　　　　50 000 000

　　贷:主营业务收入　　50 000 000

② 计提应缴纳土地增值税,编制如下会计分录:

借:税金及附加　　8 410 000

　　贷:应交税费——应交土地增值税　　8 410 000

③ 实际缴纳税款时,编制如下会计分录:

借:应交税费——应交土地增值税　　8 410 000

　　贷:银行存款　　8 410 000

2. 非房地产企业土地增值税的会计处理

(1) 兼营房地产业务的企业,转让房地产应缴纳的土地增值税,借记“其他业务成本”等科目,贷记“应交税费——应交土地增值税”科目;实际上缴时,借记“应交税费——应交土地增值税”科目,贷记“银行存款”科目。

例 7-4　华丰工业企业兼营房地产开发业务,2020 年 4 月,该企业建造并出售了一栋写字楼,取得收入 5 000 万元,并按税法规定缴纳了有关税费 277.5 万元,该单位为建此楼支付地价款 600 万元,投入的房地产开发成本为 1 500 万元,房地产开发费用为 400 万元。计算该单位出售写字楼应缴纳的土地增值税并做会计处理。

(1) 应纳税额的计算。

转让收入=5 000(万元)

扣除项目金额合计=600+1 500+400+277.5=2 777.5(万元)

增值额=5 000-2 777.5=2 222.5(万元)

增值额与扣除项目金额的比率=2 222.5÷2 777.5×100%≈80%

应纳土地增值税税额=2 222.5×40%-2 777.5×5%=750.125(万元)

(2) 会计处理如下:

① 取得房地产转让收入时,编制如下会计分录:

借:银行存款　　50 000 000

　　贷:其他业务收入　　50 000 000

② 计提土地增值税时,编制如下会计分录:

借:其他业务成本　　7 501 250

　　贷:应交税费——应交土地增值税　　7 501 250

③ 实际缴纳税款时,编制如下会计分录:

借:应交税费——应交土地增值税　　7 501 250

　　贷:银行存款　　7 501 250

(2) 非房地产开发企业的房屋、建筑物等不动产是作为企业的固定资产进行管理的,所以在企业将作为固定资产管理的房地产对外销售时,应通过“固定资产清理”科目进行核算,借记“固定资产清理”科目,贷记“应交税费——应交土地增值税”科目;转让的以支付土地出让金等方式取得的国有土地使用权,原已纳入“无形资产”核算的,实际收到的金额,借记“银行存款”科目;按摊销的无形资产金额,借记“累计摊销”科目;按已计提的无形资产减值准备,借记“无形资产减值准备”科目;按无形资产账面余额,贷记“无形资产”科目；按应缴纳的土地增值税，贷记“应交税费——应交土地增值税”科目；按其差额，借记“营业外支出”科目或贷记“营业外收入”科目。

例 7-5 信达生产企业 2020 年转让一栋旧办公楼，取得转让收入 400 万元，缴纳相关税费共计 25 万元。该办公楼原造价为 300 万元，累计折旧 200 万元。如果按现行市场价的材料、人工费计算，建造同样的办公楼需 800 万元，该办公楼经评估还有四成新。计算该企业应缴纳的土地增值税，并做出相关会计处理。

(1) 应纳税额的计算。

增值额＝400－800×40％－25＝55(万元)

应纳土地增值税＝55× 30％＝16.5(万元)

(2) 相关的会计处理：

① 将需要销售的建筑物转入清理时，编制如下会计分录：

	借方	贷方
借：固定资产清理	1 000 000	
累计折旧	2 000 000	
贷：固定资产		3 000 000

② 确认销售收入时，编制如下会计分录：

	借方	贷方
借：银行存款	4 000 000	
贷：固定资产清理		4 000 000

③ 发生固定资产清理费用时，编制如下会计分录：

	借方	贷方
借：固定资产清理	250 000	
贷：银行存款		250 000

④ 计提土地增值税时，编制如下会计分录：

	借方	贷方
借：固定资产清理	165 000	
贷：应交税费——应交土地增值税		165 000

⑤ 实际缴纳时，编制如下会计分录：

	借方	贷方
借：应交税费——应交土地增值税	165 000	
贷：银行存款		165 000

任务二　资源税实务

一、资源税基本知识

(一) 资源税的含义及特点

1. 资源税的含义

资源税是对在我国境内开采应税矿产品或者生产盐的单位和个人，就其应税数量或销售额征收的一种税。它具有调节自然资源级差收入和保障国有资源有偿使用的作用。从 2010 年起我国开始实施资源税从价计征改革，我国第一部资源税法自 2020 年 9 月 1 日起施行。

小知识

征收资源税在我国的税赋历史可上溯到周朝的“山泽之赋”，即对伐木、采矿、狩猎、煮盐、捕鱼等课税。战国时期，秦国对盐的生产、运销征收“盐课”。明朝施行对铜、铝、银、铁、朱砂等矿产品征收“坑冶之课”。可见，我国历朝历代都以资源的专卖收入或征税收入作为主要财政收入之一。

2. 资源税的特点

1）征税范围较窄

自然资源的范围很广，如矿产资源、土地资源、水资源、动植物资源等。目前我国的资源税征税范围较窄，仅有矿产品和盐两大类。

2）具有收益税的特点

资源税是国家凭借其政治权力和自然资源所有权的双重权力对开采者征收的一种税。一方面体现了有偿开采利用国有资源的原则，另一方面体现了税收强制性、固定性的特点。

3）纳税环节的一次性

资源税以开采者取得的原料产品级差收入为征税对象，不包括经过加工的产品，因而具有一次课征的特点。

（二）纳税人及扣缴义务人

1. 纳税人

资源税的纳税义务人是指在中华人民共和国领域及管辖海域开采或者生产应税产品的单位和个人。

单位是指企业、行政单位、事业单位、军事单位、社会团体及其他单位。个人是指个体工商户和其他个人。

2. 扣缴义务人

独立矿山、联合企业和其他收购未税矿产品的单位为资源税的扣缴义务人。独立矿山是指只有采矿或只有采矿和选矿、独立核算、自负盈亏的单位，其生产的原矿和精矿主要用于对外销售。联合企业是指采矿、选矿、冶炼（或加工）连续生产的企业或采矿、冶炼（或加工）连续生产的企业，其采矿单位一般是该企业的二级或二级以下核算单位。其他单位也包括收购未税矿产品的个体户在内。

（三）征税范围

现行资源税五大类，在 5 个税目下面又设有若干个子目：

（1）能源矿产。包括原油，天然气、页岩气、天然气水合物，煤，煤成（层）气，铀、钍，油页岩、油砂、天然沥青、石煤,地热。

(2) 金属矿产。包括黑色金属、有色金属。

(3) 非金属矿产。包括矿物类、岩石类、宝玉石类。

(4) 水气矿产。包括二氧化碳气、硫化氢气、氦气、氡气,矿泉水。

(5) 盐。包括钠盐、钾盐、镁盐、锂盐,天然卤水,海盐。

提示

纳税人在开采主矿产品的过程中伴采的其他应税矿产品,凡未单独规定适用税额的,一律按主矿产品或视同主矿产品税目征收资源税。

(四) 税率

根据税法规定,资源税按照应税资源的地理位置、开采条件、资源优劣等,实行地区差别幅度定额税种。其税目、税率幅度如表 7.4 所示。

表 7.4 资源税税目税率

序号	税目			征税对象	税率幅度
1	能源矿产	原油		原矿	6%
		天然气、页岩气、天然气水合物		原矿	6%
		煤		原矿或者选矿	2%~10%
		煤成(层)气		原矿	12%~2%
		铀、钍		原矿	4%
		油页岩、油砂、天然沥青、石煤		原矿或者选矿	1%~4%
		地热		原矿	1%~20%或者每立方米1~30 元
2	金属矿产	黑色金属	铁、锰、铬、钒、钛	原矿或者选矿	1%~9%
		有色金属	铜、铅、锌、锡、镍、梯、镁、钴、铋、汞	原矿或者选矿	2%~10%
			铝土矿	原矿或者选矿	2%~9%
			钨	选矿	6.5%
			钼	选矿	8%
			金、银	原矿或者选矿	2%~6%
			铂、钯、钌、锇、铱、铑	原矿或者选矿	5%~10%
			轻稀土	选矿	7%~12%
			中重稀土	选矿	20%
			铍、锂、锆、锶、铷、铯、铌、钽、锗、镓、铟、铊、铪、铼、镉、硒、碲	原矿或者选矿	2%~10%

续　表

序号	税　目			征税对象	税率幅度
3	非金属矿产	矿物类	高岭土	原矿或者选矿	1%～6%
			石灰岩	原矿或者选矿	1%～6%或者每吨(或者每立方米)1～10元
			磷	原矿或者选矿	3%～8%
			石墨	原矿或者选矿	3%～12%
			萤石、硫铁矿、自然硫	原矿或者选矿	1%～8%
			天然石英砂、脉石英、粉石英、水晶、工业用金刚石、冰洲石、蓝晶石、硅线石(矽线石)、长石、滑石、刚玉、菱镁矿、颜料矿物、天然碱、芒硝、钠硝石、明矾石、砷、硼、碘、溴、膨润土、硅藻土、陶瓷土、耐火黏土、铁矾土、凹凸棒石黏土、海泡石黏土、伊利石黏土、累托石黏土	原矿或者选矿	1%～12%
			叶腊石、硅灰石、透辉石、珍珠岩、云母、沸石、重晶石、毒重石、方解石、蛭石、透闪石、工业用电气石、白垩、石棉、蓝石棉、红柱石、石榴子石、石膏	原矿或者选矿	2%～12%
			其他黏土(铸型用黏土、砖瓦用黏土、陶粒用黏土、水泥配料用黏土、水泥配料用红土、水泥配料用黄土、水泥配料用泥岩、保温材料用黏土)	原矿或者选矿	1%～5%或者每吨(或者每立方米)0.1～5元
		岩石类	大理岩、花岗岩、白云岩、石英岩、砂岩、辉绿岩、安山岩、闪长岩、板岩、玄武岩、片麻岩、角闪岩、页岩、浮石、凝灰岩、黑曜岩、霞石正长岩、蛇纹岩、麦饭石、泥灰岩、含钾岩石、含钾砂页岩、天然油石、橄榄岩、松脂岩、粗面岩、辉长岩、辉石岩、正长岩、火山灰、火山渣、泥炭	原矿或者选矿	1%～10%
			砂石	原矿或者选矿	1%～5%或者每吨(或者每立方米)0.1～5元
		宝玉石类	宝石、玉石、宝石级金刚石、玛瑙、黄玉、碧玺	原矿或者选矿	4%～20%
4	水气矿产	二氧化碳气、硫化氢气、氦气、氡气		原矿	2%～5%
		矿泉水		原矿	1%～20%或者每立方米1～30元
5	盐	钠盐、钾盐、镁盐、锂盐		选矿	3%～15%
		天然卤水		原矿	3%～15%或者每吨(或者每立方米)1～10元
		海盐			2%～5%

表7.4中规定实行幅度税率的，其具体适用税率由省、自治区、直辖市人民政府统筹考虑该应税资源的品位、开采条件以及对生态环境的影响等情况，在《税目税率表》规定的

税率幅度内提出，报同级人民代表大会常务委员会决定，并报全国人民代表大会常务委员会和国务院备案。《税目税率表》中规定征税对象为原矿或者选矿的，应当分别确定具体适用税率。

注意：纳税人开采或者生产不同税目应税产品的，应当分别核算不同税目应税产品的销售额或者销售数量；未分别核算或者不能准确提供不同税目应税产品的销售额或者销售数量的，从高适用税率。

（五）优惠政策

有下列情形之一的，免征资源税：

（1）开采原油以及在油田范围内运输原油过程中用于加热的原油、天然气。

（2）煤炭开采企业因安全生产需要抽采的煤成（层）气。

有下列情形之一的，减征资源税：

（1）从低丰度油气田开采的原油、天然气，减征20%资源税。

（2）高含硫天然气、三次采油和从深水油气田开采的原油、天然气，减征30%资源税。

（3）稠油、高凝油减征40%资源税。

（4）从衰竭期矿山开采的矿产品，减征30%资源税。

根据国民经济和社会发展需要，国务院对有利于促进资源节约集约利用、保护环境等情形可以规定免征或者减征资源税，报全国人民代表大会常务委员会备案。

有下列情形之一的，省、自治区、直辖市可以决定免征或者减征资源税：

（1）纳税人开采或者生产应税产品过程中，因意外事故或者自然灾害等原因遭受重大损失。

（2）纳税人开采共伴生矿、低品位矿、尾矿。

免征或者减征资源税的具体办法，由省、自治区、直辖市人民政府提出，报同级人民代表大会常务委员会决定，并报全国人民代表大会常务委员会和国务院备案。

注意：纳税人的减税、免税项目，应当单独核算销售额或者销售数量；未单独核算或者不能准确提供销售额或者销售数量的，不予减税或者免税。

二、计算资源税

（一）从价计征资源税的计算

纳税人开采原油、天然气的，以应税产品的销售额从价计征资源税。其计算公式为：

应纳税额＝应税产品销售额×适用比例税率

1. 销售额的一般规定

销售额，是指纳税人销售应税产品向购买方收取的全部价款和价外费用，不包括增值税销项税额和运杂费用。

运杂费用是指应税产品从坑口或洗选（加工）地到车站、码头或购买方指定地点的运输费用、建设基金以及随运销产生的装卸、仓储、港杂费用。运杂费用应与销售额分别核算,凡未取得相应凭据或不能与销售额分别核算的,应当一并计征资源税。

纳税人开采应税矿产品有其关联单位对外销售的,按其关联单位的销售额征收资源税。纳税人既有对外销售应税产品,又有将应税产品用于除连续生产应税产品以外的其他方面的,则自用的这部分应税产品按纳税人对外销售应税产品的平均价格计算销售额征收资源税。

纳税人将其开采的应税产品直接出口的,按其离岸价格(不含增值税)计算销售额征收资源税。

价外费用,包括价外向购买方收取的手续费、补贴、基金、集资费、返还利润、奖励费、违约金、滞纳金、延期付款利息、赔偿金、代收款项、代垫款项、包装费、包装物租金、储备费、优质费以及其他各种性质的价外收费。但不包括同时符合以下条件的代垫运输费用:承运部门的运输费用发票开具给购买方的,纳税人将该项发票转交给购买方的,以及同时符合以下条件代为收取的政府性基金或者行政事业性收费:

(1) 由国务院或者财政部批准设立的政府性基金,由国务院或者省级人民政府及其财政、价格主管部门批准设立的行政事业性收费;

(2) 收取时开具省级以上财政部门印制的财政票据;

(3) 所收款项全额上缴财政。

纳税人以人民币以外的货币结算销售额的,应当折合成人民币计算。其销售额的人民币折合率可以选择销售额发生的当天或者当月1日的人民币汇率中间价。纳税人应在事先确定采用何种折合率计算方法,确定后1年内不得变更。

2. 销售额的特殊规定

(1) 原矿销售额与精矿销售额的换算或折算。

征税对象确定为精矿但纳税人销售的是原矿的,需要换算成精矿的销售额。

征税对象确定为原矿但纳税人销售的是精矿的,需要折算成原矿的销售额。

原矿销售额与精矿销售额的换算或折算,其换算比或折算率原则上应通过原矿售价、精矿售价和选矿比计算,也可通过原矿销售额、加工环节平均成本和利润计算。

(2) 组成计税价格。

纳税人申报的应税产品销售额明显偏低并且无正当理由的、有视同销售应税产品行为而无销售额的,除财政部、国家税务总局另有规定外,按下列顺序确定销售额。

① 按纳税人最近时期同类产品的平均销售价格确定。

② 按其他纳税人最近时期同类产品的平均销售价格确定。

③ 按组成计税价格确定。组成计税价格为:

组成计税价格=成本×(1+成本利润率)÷(1−税率)

公式中的成本是指应税产品的实际生产成本。公式中的成本利润率由省、自治区、直辖市税务机关确定。

相关链接

资源税具有单一环节一次课征的特点,只在开采后出厂销售或移送自用环节纳税,其他批发、零售环节不再纳税。纳税人用已纳资源税的应税产品进一步加工应税产品销售的,不再缴纳资源税。纳税人以未税产品和已税产品混合销售或者混合加工为应税产品销售的,应当准确核算已税产品的购进金额,在计算加工后的应税产品销售额时,准予扣减已税产品的购进金额;未分别核算的,一并计算缴纳资源税。

例 7-6 大丰油田10月份共计开采原油800吨,当月销售原油600吨,取得销售收入(不含增值税)1 800 000元,同时向购买方收取违约金2 340元,优质费5 850元。已知销售原油的资源税税率为5%,计算该油田10月份应缴纳的资源税。

取得违约金和优质费属于价外费用,价外费用一般都是含税的,要换算成不含税的。

应缴纳的资源税=[1 800 000+(2 340+5 850)÷(1+13%)]×5%=90 362.39(元)

例 7-7 上述油田在生产原油的同时也生产天然气,当月对外销售天然气,确认销售1 500 000元,已知销售天然气的资源税税率为7%。请计算应缴纳的资源税。

应纳税额=1 500 000×7%=105 000(元)

(二) 从量计征资源税的计算

纳税人从量计征资源税的计算公式为:

应纳税额=课税数量×适用的单位税额

代扣代缴应纳税额=收购未税矿产品的数量×适用的单位税额

销售数量包括纳税人开采或者生产应税产品的实际销售数量和视同销售数量的自用数量。纳税人不能准确提供应税产品销售数量的,以应税产品的产量或者主管税务机关确定的折算比换算成的数量为计征资源税的销售数量。

例 7-8 某砂石开采企业销售砂石2 000立方米,资源税税率为3元/立方米。请计算该企业应纳资源税税额。

外销砂石应纳税额=课税数量×单位税额=2 000×3=6 000(元)

三、资源税纳税的征收管理

(一) 纳税义务发生时间

(1) 纳税人采取分期收款结算方式的,其纳税义务的发生时间,为销售合同规定的收款日期的当天。

(2) 纳税人采取预收货款结算方式的,其纳税义务的发生时间,为发出应税产品的当天。

(3) 纳税人采取其他结算方式的,其纳税义务的发生时间,为收讫销售款或者取得销售款凭据的当天。

(4) 纳税人自产自用应税产品的纳税义务的发生时间,为移送使用应税产品的当天。

(5) 扣缴义务人代扣代缴税款的纳税义务的发生时间,为支付货款的当天。

(二) 纳税期限

资源税按月或者按季申报缴纳;不能按固定期限计算缴纳的,可以按次申报缴纳。

纳税人按月或者按季申报缴纳的,应当自月度或者季度终了之日起15日内,向税务机关办理纳税申报并缴纳税款;按次申报缴纳的,应当自纳税义务发生之日起15日内,向税务机关办理纳税申报并缴纳税款。

(三) 纳税地点

缴纳资源税的纳税人,都应当向应税产品的开采或者生产所在地主管税务机关缴纳税款。跨省、自治区、直辖市开采或者生产资源税应税产品的纳税人,其下属生产单位与核算单位不在同一省、自治区、直辖市的,对其开采或者生产的应税产品,一律在开采地或者生产地纳税。实行从量计征的应税产品,其应纳税款一律由独立核算的单位按照每个开采地或者生产地的销售量及适用税率计算划拨;实行从价计征的应税产品,其应纳税款一律由独立核算的单位按照每个开采地或者生产地的销售量、单位销售价格及适用税率计算划拨。

扣缴义务人代扣代缴的资源税,应当向收购地主管税务机关缴纳。

纳税人在本省(区、市)范围内开采或者生产应税产品,其纳税地点需要调整的,由省(区、市)人民政府确定。

(四) 纳税申报

资源税纳税申报表包括1张主表(见表7.5)、3张附表(见表7.6、表7.7、表7.8),既适用于从价定率征收的纳税人填报,也适用于从量定额征收的纳税人填报。

表 7.5　资源税纳税申报表

根据国家税收法律法规及资源税有关规定制定本表。纳税人不论有无销售额，均应按照税务机关核定的纳税期限填写本表，并向当地税务机关申报。

税款所属时间：自　　年　月　日至　　年　月　日　　　　填表日期：　　年　月　日　　　　金额单位：元(列至角分)

纳税人识别号：□□□□□□□□□□□□□□□□□□

纳税人名称(公章)		法定代表人姓名			注册地址			生产经营地址		
开户银行及账号		登记注册类型			电话号码					
税　目	子　目	折算率或换算比	计量单位	计税销售量	计税销售额	适用税率	本期应纳税额	本期减免税额	本期已缴税额	本期应补(退)税额
1	2	3	4	5	6	7	8①＝6×7；8②＝5×7	9	10	11＝8－9－10
合　计		—	—	—			—			
授权声明	如果你已委托代理人申报，请填写下列资料： 为代理一切税务事宜，现授权　　　　　(地址) 为本纳税人的代理申报人，任何与本申报表有关的往来文件，都可寄予此人 授权人签字：						申报人声明	本纳税申报表是根据国家税收法律法规及相关规定填写的，我确定它是真实的、可靠的、完整的 声明人签字：		

主管税务机关：　　　　　　　　接收人：　　　　　　　　接收日期：　　年　月　日

本表一式两份，一份纳税人留存，一份税务机关留存。

表 7.6　资源税纳税申报表附表(一)

(原矿类税目适用)

纳税人识别号:□□□□□□□□□□□□□□□□□□

纳税人名称:　　　　(公章)

税款所属时间:　　年　月　日至　　年　月　日　　　　金额单位:元(列至角分)

序号	税目	子目	原矿销售额	精矿销售额	折算率	精矿折算为原矿的销售额	允许扣减的运杂费	允许扣减的外购矿购进金额	计税销售额	计量单位	原矿销售量	精矿销售量	平均选矿比	精矿换算为原矿的销售量	计税销售量
	1	2	3	4	5	6=4×5	7	8	9=3+6−7−8	10	11	12	13	14=12×13	15=11+14
1															
2															
3															
4															
5															
6															
7															
8															
合　计															

表 7.7 资源税纳税申报表附表(二)

(精矿类税目适用)

纳税人识别号：□□□□□□□□□□□□□□□□□□

纳税人名称：　　　　　(公章)

税款所属时间：　　　　年　　月　　日至　　　　年　　月　　日

金额单位：元(列至角分)

序号	税目	子目	原矿销售额	精矿销售额	折算率	精矿折算为原矿的销售额	允许扣减的运杂费	允许扣减的外购矿购进金额	计税销售额	计量单位	原矿销售量	精矿销售量	平均选矿比	精矿换算为原矿的销售量	计税销售量
	1	2	3	4	5	6=3×5	7	8	9=4+6−7−8	10	11	12	13	14=11÷13	15=12+14
1															
2															
3															
4															
5															
6															
7															
8															
合计															

表 7.8　资源税纳税申报表附表(三)

(减免税明细)

纳税人识别号：□□□□□□□□□□□□□□□□□□
纳税人名称：　　　　　　　　(公章)
税款所属时间：自　　年　　月　　日至　　年　　月　　日

金额单位：元(列至角分)

序号	税目	子目	减免项目名称	计量单位	减免税销售量	减免税销售额	适用税率	减免性质代码	减征比例	本期减免税额
	1	2	3	4	5	6	7	8	9	10①=6×7×9；10②=5×7×9
1										
2										
3										
4										
5										
6										
7										
8										
合计			—	—			—	—	—	

四、资源税的会计处理

(一) 会计账户的设置

企业的资源税应纳税款,通过"应交税费——应交资源税"账户进行核算。该账户贷方反映企业本期应缴纳的资源税,借方反映企业实际已经缴纳的资源税;余额在贷方,反映企业应缴而未缴的资源税。

(二) 会计处理

1. 销售应税矿产品的会计处理

企业对外销售的应税矿产品,按规定计算出应交资源税税额,借记"税金及附加"等科目,贷记"应交税费——应交资源税"科目;上缴资源税税款时,借记"应交税费——应交资源税"科目,贷记"银行存款"科目。

例 7-9 西山矿业局对外销售某种资源税应税矿产品 2 000 吨,每吨应交资源税 5 元。

该企业的有关会计分录如下:

企业对外销售应税产品而应交的资源税=2 000×5=10 000(元)

借:税金及附加 10 000

　　贷:应交税费——应交资源税 10 000

2. 自产自用应税矿产品的会计处理

例 7-10 西山矿业局将自产的资源税应税矿产品 500 吨用于企业的产品生产,每吨应交资源税 5 元。

该企业的会计处理如下:

企业自产自用应税矿产品应缴纳的资源税=500×5=2 500(元)

借:生产成本 2 500

　　贷:应交税费——应交资源税 2 500

上缴税款时,编制如下会计分录:

借:应交税费——应交资源税 2 500

　　贷:银行存款 2 500

3. 收购液体盐加工固体盐的会计处理

纳税人以外购的液体盐加工固体盐,其加工固体盐所耗用的液体盐的已纳税额准予扣除。企业在购入液体盐时,借记"应交税费——应交资源税""材料采购"等科目,贷记"银行存款"等科目;企业将液体盐加工成固体盐出售时,按计算出的固体盐应交的资源税,借记"税金及附加"科目,贷记"应交税费——应交资源税"等科目。

企业按规定缴纳税金时,应按销售固体盐应纳资源税税额抵扣液体盐已纳资源税税额后的余额，借记“应交税费——应交资源税”科目，贷记“银行存款”科目。

例 7－11　平海盐场购进液体盐 30 000 吨，每吨购进不含税价格为 100 元，共计 3 000 000 元，全部用于加工固体盐。当月对外销售固体盐 20 000 吨，每吨售价 900 元；用加工的固体盐 5 000 吨再加工成精盐出售。液体盐税率 3%，固体盐税率 5%，该盐场按月缴纳资源税。

有关会计处理如下：

(1) 企业 6 月 16 日购进液体盐时，编制如下会计分录：

可抵扣资源税＝3 000 000×3%＝90 000(元)

可抵扣的增值税＝3 000 000×13%＝390 000(元)

	借方	贷方
借：原材料——液体盐	2 910 000	
应交税费——应交资源税	90 000	
应交税费——应交增值税（进项税额）	390 000	
贷：银行存款		3 390 000

(2) 销售固体盐，编制如下会计分录：

应纳税额＝20 000×900×5%＝900 000(元)

	借方	贷方
借：税金及附加	900 000	
贷：应交税费——应交资源税		900 000

(3) 用固体盐加工成精盐时，编制如下会计分录：

应纳税额＝5 000×900×5%＝225 000(元)

	借方	贷方
借：生产成本	225 000	
贷：应交税费——应交资源税		225 000

(4) 上缴当月应纳资源税时，编制如下会计分录：

应纳税额＝900 000＋225 000－90 000＝1 035 000(元)

	借方	贷方
借：应交税费——应交资源税	1 035 000	
贷：银行存款		1 035 000

想一想

资源税与增值税之间的关系是什么？

任务三　城镇土地使用税实务

一、城镇土地使用税基本知识

(一) 城镇土地使用税的含义

城镇土地使用税是以城镇土地为征税对象，对拥有土地使用权的单位和个人征收的一种税。开征城镇土地使用税，有利于通过经济手段，加强对土地的管理，变土地的无偿使用为有偿使用，促进合理、节约地使用土地，提高土地使用效益；有利于适当调节不同地区、不同地段之间的土地级差收入，促进企业加强经济核算，理顺国家与土地使用者之间的分配关系。

小知识

在我国，对农村土地征税始于夏朝。古代的各个时期，都把土地课税作为主要的收入来源。新中国成立后设立了房产税和地产税。

(二) 城镇土地使用税的特点

1. 征税对象是国有土地

开征城镇土地使用税，实质上是运用国家政治权力，将纳税人获取的本应属于国家的土地收益集中到国家手中。农业土地因属于集体所有，故未纳入征税范围。

2. 征税范围

现行城镇土地使用税征收范围较广，对在我国境内使用土地的单位和个人征收。它在筹集地方财政资金、调节土地使用和收益分配方面发挥积极作用。

3. 实行差别幅度税额

开征城镇土地使用税的目的之一是调节土地的级差收入，而级差收入的产生主要取决于土地的位置。占有土地位置优越的纳税人可以节约运输和流通费用，扩大销售和经营规模，取得额外经济收益。为了有利于体现国家政策，城镇土地使用税实行差别幅度税额。对不同城镇适用不同税额，对同一城镇的不同地段，根据市政建设状况和经济繁荣程度也确定不等的负担水平。

(三) 纳税义务人

城镇土地使用税的纳税义务人，是使用城市、县城、建制镇和工矿区土地的单位和个人。其中，单位包括内资企业、外商投资企业、外国企业、事业单位、社会团体、国家机关、军队及其他单位；个人包括个体工商户及个人。

纳税人通常包括以下几类：

(1) 拥有土地使用权的单位和个人。

(2) 拥有土地使用权的单位和个人不在土地所在地的，其土地的实际使用人和代管人为纳税人。

(3) 土地使用权未确定或权属纠纷未解决的，其实际使用人为纳税人。

(4) 土地使用权共有的，共有各方都是纳税人，由共有各方分别纳税。

(四) 征税范围

城镇土地使用税的征税范围包括城市、县城、建制镇和工矿区内属于国家所有和集体所有的土地，不包括农村集体所有的土地。

(五) 税收优惠

1. 法定免缴土地使用税的优惠

(1) 国家机关、人民团体、军队自用的土地。

提示

仅指这些单位的办公用地和公务用地。

(2) 由国家财政部门拨付事业经费的单位自用的土地。

(3) 宗教寺庙、公园、名胜古迹自用的土地。

提示

公园、名胜古迹中附设的营业单位、影剧院、饮食部、茶社、照相馆、索道公司经营用地等均应按规定缴纳城镇土地使用税。

(4) 市政街道、广场、绿化地带等公共用地。

(5) 直接用于农、林、牧、渔业的生产用地。

(6) 企业办的学校、医院、托儿所、幼儿园,其用地能与企业其他用地明确区分的,免征城镇土地使用税。

(7) 免税单位无偿使用纳税单位的土地(如公安、海关等单位使用铁路、民航等单位的土地),免征城镇土地使用税。纳税单位无偿使用免税单位的土地,纳税单位应照章缴纳城镇土地使用税。纳税单位与免税单位共同使用、共有使用权土地上的多层建筑,对纳税单位可按其占用的建筑面积占建筑总面积的比例计征城镇土地使用税。

(8) 对行使国家行政管理职能的中国人民银行总行(含国家外汇管理局)所属分支机构自用的土地,免征城镇土地使用税。

2. 省、自治区、直辖市税务局确定减免土地使用税的优惠

(1) 个人所有的居住房屋及院落用地。

(2) 房产管理部门在房租调整改革前经租的居民住房用地。

(3) 免税单位职工家属的宿舍用地。

(4) 民政部门举办的安置残疾人占一定比例的福利工厂用地。

(5) 集体和个人办的各类学校、医院、托儿所、幼儿园用地。

二、应纳税额的计算

(一) 计税依据——土地面积

城镇土地使用税以纳税人实际占用的土地面积为计税依据,土地面积的计量标准为

平方米。即税务机关根据纳税人实际占用的土地面积，按照规定计算应纳税额，向纳税人征收土地使用税。

纳税人实际占用的土地面积按下列办法确定：

(1) 以测定面积为计税依据。此办法适用于由省、自治区、直辖市人民政府确定的单位组织测定土地面积的纳税人。

(2) 以证书确认的土地面积为计税依据。此办法适用于尚未组织测量土地面积，但持有政府部门核发的土地使用证书的纳税人。

(3) 以申报的土地面积为计税依据。此办法适用于尚未核发土地使用证书的纳税人。

(二) 税率

城镇土地使用税采用定额税率，即采用有幅度的差别税额，按大、中、小城市和县城、建制镇、工矿区分别规定每平方米土地使用税年应纳税额(见表7.9)。

表7.9 城镇土地使用税税额

级　别	人口(人)	每平方米税额(元)
大城市	50万以上	1.5～30
中等城市	20万～50万	1.2～24
小城市	20万以下	0.9～18
县城、建制镇、工矿区	0.6万～12万	0.6～12

各个城市可根据市政建设情况和经济繁荣程度在规定税额幅度内，确定所辖地区的适用税额幅度。一般来说，经济落后的地区，土地使用税的适用税额标准可适当降低，但降低额不得超过上述规定最低税额的30%。经济发达地区的适用税额标准可以适当提高，但须报财政部批准。

(三) 应纳税额的计算方法

城镇土地使用税的应纳税额可以通过纳税人实际占用的土地面积乘以该土地所在地段的适用税额求得。其计算公式为：

全年应纳税额＝实际占用应税土地面积(平方米)×适用税额

例 7－12　华海公司的使用土地面积为10 000平方米，经税务机关核定，该土地为应税土地，每平方米年税额为4元。请计算其全年应纳的土地使用税税额。

年应纳税额＝10 000×4＝40 000(元)

例 7－13　位于建制镇的大丰公司主要经营农产品采摘、销售、观光业务。公司占地3万平方米，其中采摘、观光的种植用地为2.5万平方米，职工宿舍和办公用地为0.5万平方米。每平方米年税额为5元。计算大丰公司当年应缴纳的城镇土地使用税。

应缴纳的城镇土地使用税＝(3－2.5)×5×10 000＝25 000(元)

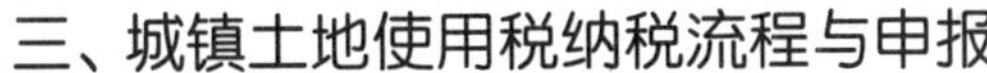

三、城镇土地使用税纳税流程与申报

（一）纳税义务发生时间

（1）纳税人购置新建商品房，自房屋交付使用之次月起，缴纳城镇土地使用税。

（2）以出让或转让方式有偿取得土地使用权的，应由受让方从合同约定的交付土地时间的次月起缴纳城镇土地使用税；合同未约定交付时间的，由受让方从合同签订的次月起缴纳城镇土地使用税。

（3）纳税人购置存量房，自办理房屋权属转移、变更登记手续，房地产权属登记机关签发房屋权属证书之次月起，缴纳城镇土地使用税。

（4）纳税人出租、出借房产，自交付出租、出借房产之次月起，缴纳城镇土地使用税。

（5）纳税人新征用的耕地，自批准征用之日起满1年时开始缴纳土地使用税。

（6）纳税人因土地的权利发生变化而依法终止城镇土地使用税纳税义务的，其应纳税款的计算应截止到土地权利发生变化的当月月末。

（二）纳税期限

城镇土地使用税实行按年计算、分期缴纳的征收方法，具体纳税期限由省、自治区、直辖市人民政府确定。

（三）纳税地点和征收机构

城镇土地使用税在土地所在地缴纳。

纳税人使用的土地不属于同一省、自治区、直辖市管辖的，由纳税人分别向土地所在地的税务机关缴纳土地使用税；在同一省、自治区、直辖市管辖范围内，纳税人跨地区使用的土地，其纳税地点由各省、自治区、直辖市地方税务局确定。

（四）纳税申报

城镇土地使用税的纳税人应按照条例的有关规定及时办理纳税申报，并如实填写“城镇土地使用税纳税申报表”。

四、城镇土地使用税的会计处理

企业的城镇土地使用税应纳税款，通过“应交税费——应交城镇土地使用税”账户进行核算。该账户贷方反映企业应缴纳的城镇土地使用税，借方反映企业实际已经缴纳的城镇土地使用税；余额在贷方，反映企业应缴而未缴的城镇土地使用税。计提时，借记“税金及附加”科目，贷记“应交税费——应交城镇土地使用税”科目。缴纳时，借记“应交税费——应交城镇土地使用税”，贷记“银行存款”科目。

例 7-14 根据[例 7-12]的资料,相关会计处理如下。

(1) 计提时,编制如下会计分录:

借:税金及附加　　40 000

　贷:应交税费——应交城镇土地使用税　　40 000

(2) 缴纳时,编制如下会计分录:

借:应交税费——应交城镇土地使用税　　40 000

　贷:银行存款　　40 000

相关链接

2018 年 1 月 1 日,《中华人民共和国环境保护税法》正式启动实施,《排污费征收使用管理条例》同时废止。"排污费改环保税"有利于将财政收入纳入法治范畴,优化财政分配秩序,规范政府行为,提高税法权威,进而全面影响我国政治、经济和社会发展。

项目小结

土地增值税是指对转让国有土地使用权、地上建筑物及其附着物并取得收入的单位和个人,就其转让房地产取得的增值额征收的一种税。

土地增值税的纳税人为转让国有土地使用权、地上建筑及其附着物并取得收入的单位和个人。

我国现行的土地增值税实行四级超率累进税率,其中,最低税率为 30%,最高税率为 60%。

土地增值税以纳税人转让房地产取得的增值额为计税依据。土地增值额的计算公式为:

土地增值额=应税收入额-规定扣除的项目金额

土地增值税的计算和缴纳通过"应交税费——应交土地增值税"账户进行核算。

资源税是对在我国境内开采应税产品的单位和个人征收的一种税。它具有调节自然资源级差收入和保障国有资源有偿使用的作用。

资源税的纳税义务人为在中华人民共和国境内开采应税资源的矿产品或者生产盐的单位和个人。资源税征税范围主要包括原油、煤炭、天然气、金属矿和非金属矿五大类。

资源税的应纳税额,按照应税产品的课税数量(金额)和规定的单位税额(率)计算。应纳税额计算公式为:

应纳税额=课税数量(金额)×适用的单位税额(率)

企业的资源税应纳税款,通过"应交税费——应交资源税"账户进行核算。

城镇土地使用税是以城镇土地为征税对象,对拥有土地使用权的单位和个人征收的一种税。

城镇土地使用税的应纳税额可以通过纳税人实际占用的土地面积乘以该土地所在地段的适用税额求得。其计算公式为:

全年应纳税额＝实际占用应税土地面积(平方米)×适用税额

企业的城镇土地使用税应纳税款,通过“应交税费——应交城镇土地使用税”账户进行核算。

项目八 财产行为和特定目的税的业务处理

学习目标

通过学习,明确我国现行财产行为和特定目的税的有关法律规定,熟悉财产行为和特定目的税计税依据及应纳税额的计算方法,掌握财产行为和特定目的税的会计处理方法,提高财产行为和特定目的税会计核算的实务操作能力。

任务一 房产税实务

一、房产税基本知识

(一) 房产税的含义

房产税是以房屋为征税对象,按照房屋的计税余值或租金收入,向房屋的产权所有人或经营管理人征收的一种财产税。

小知识

房产税是一个历史悠久的税种,最早始于周朝的“廛布”,唐朝的“间架税”、元朝的“房地租”、明朝的“塌房税”、清初的“市廛输钞”,以及清末和国民时期的“房捐”等,均属于房产税的范畴。

(二) 房产税的特点

(1) 房产税属于财产税中的个别财产税。

(2) 征税范围限于城镇的经营性房屋。

(3) 区别房屋的经营使用方式,规定征税办法。

(三) 房产税纳税义务人

(1) 产权属国家所有的,由经营管理单位纳税;产权属集体和个人所有的,由集体单位和个人纳税。

房产税的纳税义务人是征税范围内房屋的产权所有人,包括国家所有和集体、个人所有房屋的产权所有人、承典人、代管人或使用人 3 类。

(2) 产权出典的,由承典人纳税。

(3) 产权所有人、承典人不在房屋所在地的,由房产代管人或使用人纳税。

(4) 产权未确定及租典纠纷未解决的,亦由房产代管人或者使用人纳税。

(5) 无租使用其他房产的,由房产使用人纳税。

自 2009 年 1 月 1 日起,外商投资企业、外国企业和组织以及外籍个人,依照《中华人民共和国房产税暂行条例》缴纳房产税。

(四) 房产税征税对象

房产税的征税对象是房产。房产,是指有屋面和围护结构,能遮风避雨,可供人们生产、学习、工作、生活的场所。与房屋不可分割的各种附属设施或不单独计价的配套设施,也属于房屋,应一并征收房产税;但独立于房屋之外的建筑物(如水塔、围墙等)不属于房屋,不征收房产税。房地产开发企业建造的商品房,在出售前,不征收房产税;但对出售前房地产开发企业已使用或出租、出借的商品房应按规定征收房产税。

提示

要注意房产不等于建筑物。

(五) 房产税征税范围

房产税的征税范围是城市、县城、建制镇和工矿区。房产税的征税范围不包括农村。

(六) 房产税计税依据与税率

1. 计税依据

房产税的计税依据是房产的计税价值或房产的租金收入。按照房产计税价值征税的,称为从价计征;按照房产租金收入计征的,称为从租计征。

(1) 从价计征,是依照房产原值一次减除 10%~30%后的余值计算缴纳。

对依照房产原值计税的房产,无论是否记载在会计账簿固定资产科目中,均应按照房屋原价计算缴纳房产税。房屋原价应根据国家有关会计制度的规定进行核算。对纳税人未按国家会计制度规定核算并记载的,应按规定予以调整或重新评估。各地扣除比例由当地省、自治区、直辖市人民政府确定。

(2) 从租计征,是以房产出租的租金收入为房产税的计税依据。

房产的租金收入,是房屋产权所有人出租房产使用权所得的报酬,包括货币收入和实物收入。以劳务或者其他形式为报酬抵付房租收入的，应根据当地同类房产的租金水平，确定一个标准租金额从租计征。

2. 税率

房产税采用的是比例税率，具体分为两种：从价计征的，税率为 1.2%；从租计征的，税率为 12%。对个人出租的住房，不区分用途按 4%的税率征收房产税；对企事业单位、社会团体以及其他组织按市场价格向个人出租用于居住的住房，减按 4%的税率征收房产税。

(七) 房产税税收优惠

(1) 国家机关、人民团体、军队自用的房产免征房产税。但免税单位的出租房产以及非自身业务使用的生产、营业用房，不属于免税范围。

(2) 由国家财政部门拨付事业经费的单位，如学校、医疗卫生单位、托儿所、幼儿园、敬老院、文化、体育、艺术这些实行全额或差额预算管理的事业单位，本身业务范围内使用的房产免征房产税。

(3) 宗教寺庙、公园、名胜古迹自用的房产免征房产税。

(4) 个人所有非营业用的房产免征房产税。个人所有的非营业用房，主要是指居民住房，不分面积多少，一律免征房产税。个人拥有的营业用房或者出租的房产，不属于免税房产，应照章纳税。

(5) 对行使国家行政管理职能的中国人民银行总行(含国家外汇管理局)所属分支机构自用的房产，免征房产税。

(6) 经财政部批准免税的其他房产。

① 损坏不堪使用的房屋和危险房屋，经有关部门鉴定，在停止使用后，可免征房产税。

② 纳税人因房屋大修导致连续停用半年以上的，在房屋大修期间免征房产税。

③ 在基建工地为基建工程服务的各种工棚、材料棚等临时性房屋，在施工期间一律免征房产税。当施工结束后，施工企业将这种临时性房屋交还或估价转让给基建单位的，应从基建单位接受的次月起照章纳税。

④ 对房管部门经租的居民住房免征房产税。

⑤ 对高校后勤实体免征房产税。

⑥ 对非营利性医疗机构、疾病控制机构和妇幼保健机构等卫生机构自用的房产，免征房产税。

⑦ 对老年服务机构自用的房产免征房产税。

⑧ 对按政府规定价格出租的公有住房和廉租住房免征房产税。

⑨ 向居民供热并向居民收取采暖费的供热企业暂免征收房产税。供热企业包括专业供热企业、兼营供热企业、单位自供热及为小区居民供热的物业公司等，不包括从事热力生产但不直接向居民供热的企业。

二、计算房产税应纳税额

(一) 从价计征的计算方法

从价计征是按房产的原值减除一定比例后的余值计征，其计算公式为：

应纳税额＝应税房产原值×(1－扣除比例)×1.2%

例 8－1　迅达公司的经营用房原值为 5 000 万元，按照当地规定允许减除原值的 30%后的余值计税，适用税率为 1.2%。请计算其应纳房产税税额。

应纳税额＝5 000×(1－30%)×1.2%＝42(万元)

(二) 从租计征的计算方法

从租计征是按房产的租金收入计征，其计算公式为：

应纳税额＝租金收入×12%(或 4%)

例 8－2　迅达公司出租房屋 3 间，年租金收入为 30 000 元，适用税率为 12%。请计算其应纳房产税税额。

应纳税额＝30 000×12%＝3 600(元)

三、房产税纳税流程与申报

(一) 房产税纳税义务发生时间

(1) 纳税人将原有房产用于生产经营，从生产经营之月起缴纳房产税。

(2) 纳税人自行新建房屋用于生产经营，从建成之次月起缴纳房产税。

(3) 纳税人委托施工企业建设的房屋，从办理验收手续之次月起缴纳房产税。

(4) 纳税人购置新建商品房，自房屋交付使用之次月起缴纳房产税。

(5) 纳税人购置存量房，自办理房屋权属转移、变更登记手续、房地产权属登记机关签发房屋权属证书之次月起，缴纳房产税。

(6) 纳税人出租、出借房产，自交付出租、出借房产之次月起，缴纳房产税。

(7) 房地产开发企业自用、出租、出借本企业建造的商品房，自房屋使用或交付之次月起，缴纳房产税。

(8) 自 2009 年 1 月 1 日起，纳税人因房产的实物或权利状态发生变化而依法终止房产税纳税义务的，其应纳税款的计算应截止到房产的实物或权利状态发生变化的当月月末。

(二) 房产税纳税期限与纳税地点

房产税实行按年计算、分期缴纳的征收方法，具体纳税期限由省、自治区、直辖市人民政府确定。

房产税在房产所在地缴纳。房产不在同一地方的纳税人，应按房产的坐落地点分别向房产所在地的税务机关纳税。

(三) 房产税纳税申报

房产税的纳税人应按照条例的有关规定，及时办理纳税申报，并如实填写“房产税纳税申报表”。

四、房产税的会计处理

房产税的计提和缴纳，通过“应交税费——应交房产税”账户进行核算。该账户贷方反映企业应缴纳的房产税，借方反映企业实际已经缴纳的房产税；余额在贷方，反映企业应缴而未缴的房产税。计提时，借记“税金及附加”科目，贷记“应交税费——应交房产税”科目；缴纳时，借记“应交税费——应交房产税”科目，贷记“银行存款”科目。

例 8-3 迅达公司1月1日拥有房产原值660万元，其中有一部分房产为企业办幼儿园使用，原值100万元。当地政府规定，按原值一次减除20%后的余值纳税。按年计算，分月缴纳。

年应纳税额＝(660－100)×(1－20%)×1.2%＝5.376(万元)

月应纳税额＝53 760÷12＝4 480(元)

每月预提税金时，做如下会计分录：

借：税金及附加　　4 480

　贷：应交税费——应交房产税　　4 480

每月缴税时，做如下会计分录：

借：应交税费——应交房产税　　4 480

　贷：银行存款　　4 480

任务二　车船税实务

一、车船税基本知识

(一) 车船税的含义

车船税是以车船为征税对象，向拥有车船的单位和个人征收的一种税。

小知识

我国对车船课税历史悠久。早在公元前129年(汉武帝元光六年),我国就开征了“算商车”,明、清两代对内河商船征收的“船钞”,民国时期征收的“车船使用牌照税”,均属于车船税。

(二) 车船税纳税义务人及扣缴义务人

车船税的纳税义务人是指在中华人民共和国境内,车辆、船舶的所有人或者管理人。

车船税实行源泉控制,从事机动车交通事故责任强制保险业务的保险机构为机动车车船税的扣缴义务人,应当依法代收代缴车船税,出具代收税款凭证。没有扣缴义务人的,纳税人应当向主管税务机关自行申报缴纳车船税。

(三) 车船税征收范围

车船税的征收范围是车船税法所附税目税额表规定的车辆和船舶。

小知识

① 车辆,包括机动车辆和非机动车辆。机动车辆,指依靠燃油、电力等能源作为动力运行的车辆,如汽车、拖拉机、无轨电车等;非机动车辆,指依靠人力、畜力运行的车辆,如三轮车、自行车、畜力驾驶车等。

② 船舶,包括机动船舶和非机动船舶。机动船舶,指依靠燃料等能源作为动力运行的船舶,如客轮、货船、气垫船等;非机动船舶,指依靠人力或者其他力量运行的船舶,如木船、帆船、舢板等。

车船税的征收范围包括机动车辆和船舶,不包括非机动车辆。

(四) 车船税税率

车船税实行定额税率,又称固定税额。国务院财政部门、税务主管部门可以根据实际情况,在车船税税目税额表规定的税目范围和税额幅度内划分子税目,并明确车辆的子税目税额幅度和船舶的具体适用税额。车船的具体适用税额由省、自治区、直辖市人民政府在规定的子税目税额幅度内确定。车船税税目税额如表8.1所示。

(五) 车船税纳税申报与缴纳

1. 纳税义务发生时间

车船税纳税义务发生时间为取得车船所有权或者管理权的当月(以购买车船的发票或者其他证明文件所载日期的当月为准)。纳税人在购车缴纳交强险的同时,由保险机构代收代缴车船税。

2. 纳税地点

车船税的纳税地点为车船的登记地或者车船税扣缴义务人所在地。依法不需要办理登记的车船，车船税的纳税地点为车船的所有人或者管理人所在地。

3. 纳税期限

车船税按年申报缴纳。具体申报纳税期限由省、自治区、直辖市人民政府确定。

表 8.1　车船税税目税额

税　目	计税单位	基准税额	备　注
乘用车 1.0 升(含)以下的	每辆年	60 元至 360 元	核定载客人数 9 人(含)以下
乘用车 1.0 升以上至 1.6 升(含)的	每辆年	300 元至 540 元	核定载客人数 9 人(含)以下
乘用车 1.6 升以上至 2.0 升(含)的	每辆年	360 元至 660 元	核定载客人数 9 人(含)以下
乘用车 2.0 升以上至 2.5 升(含)的	每辆年	660 元至 1 200 元	核定载客人数 9 人(含)以下
乘用车 2.5 升以上至 3.0 升(含)的	每辆年	1 200 元至 2 400 元	核定载客人数 9 人(含)以下
乘用车 3.0 升以上至 4.0 升(含)的	每辆年	2 400 元至 3 000 元	核定载客人数 9 人(含)以下
乘用车 4.0 升以上的	每辆年	3 600 元至 5 400 元	核定载客人数 9 人(含)以下
商用车客车	每辆年	480 元至 1 440 元	核定载客人数 9 人(含)以下
商用车货车	整备质量每吨年	16 元至 120 元	核定载客人数 9 人以上，包括电车
挂车	整备质量每吨年	按照货车税额的 50%计算	包括半挂牵引车、三轮汽车和低速载货汽车等
其他车辆专用作业车	整备质量每吨年	16 元至 120 元	不包括拖拉机
其他车辆轮式专用机械车	整备质量每吨年	16 元至 120 元	不包括拖拉机
摩托车	每辆年	36 元至 180 元	
船舶机动船舶	净吨位每吨年	3 元至 6 元	拖船、非机动驳船分别按照机动船舶税额的 50%计算
船舶游艇	艇身长度每米年	600 元至 2 000 元	

(六) 车船税优惠政策

下列车船免征车船税：

(1) 捕捞、养殖渔船。

(2) 军队、武装警察部队专用的车船。

(3) 警用车船。

(4) 依照法律规定应当予以免税的外国驻华使领馆、国际组织驻华代表机构及其有关人员的车船。

(5) 对节约能源、使用新能源的车船可以减征或者免征车船税；对受严重自然灾害影响纳税困难以及有其他特殊原因确须减税、免税的，可以减征或者免征车船税。具体办法由国务院规定，并报全国人民代表大会常务委员会备案。

(6) 省、自治区、直辖市人民政府根据当地的实际情况，可以对公共交通车船、农村居民拥有并主要在农村地区使用的摩托车、三轮汽车和低速载货汽车定期减征或者免征车船税。

二、应纳税额的计算

（一）计税依据

车船税分别以辆、整备质量吨数、净吨位吨数、艇身长度米数 4 种计量单位作为计税依据。

（1）乘用车、商用车客车、摩托车，以“辆”为计税依据。

（2）商用车货车、挂车、其他车辆，以整备质量吨数为计税依据。

（3）机动船舶，以净吨位吨数为计税依据。

（4）船舶游艇，以艇身长度米数为计税依据。

在确定车船计税依据时，应注意以下特殊情况的处理方法。

（1）拖船按照发动机功率每 2 马力折合净吨位 1 吨计算征收车船税。

（2）车辆整备质量尾数不超过 0.5 吨（含 0.5 吨）的，按照 0.5 吨计算；超过 0.5 吨的，按照 1 吨计算。整备质量不超过 1 吨的车辆，按照 1 吨计算。

（3）船舶净吨位尾数不超过 0.5 吨（含 0.5 吨）的不予计算；超过 0.5 吨的按照 1 吨计算。净吨位 1 吨以下的船舶，按照 1 吨计算。

（二）应纳税额的计算方法

购置的新车船，购置当年的应纳税额自纳税义务发生的当月起按月计算。计算公式为：

年应纳税额＝计税依据×适用单位税额

应纳税额＝年应纳税额÷12×应纳税月份数

例 8－4　2020 年通达公司拥有一辆货车，整备质量为 10.5 吨，该地区货车每吨税额为 80 元。2020 年 4 月 3 日购买小轿车一辆，该地区规定该排量乘用车每辆年税额为 600 元。计算该公司 2020 年应纳车船税。

载货汽车应纳车船税＝10.5×80＝840（元）

轿车当年应纳车船税＝600÷12×9＝450（元）

全年应纳车船税额＝840＋450＝1 290（元）

三、车船税的会计处理

车船税的计提和缴纳通过“应交税费——应交车船税”账户进行核算。该账户贷方反映企业应缴纳的车船税，借方反映企业实际已经缴纳的车船税；余额在贷方，反映企业应缴而未缴的车船税。在计算出应缴纳的车船税时，借记“税金及附加”科目，贷记“应交税费——应交车船税”科目；实际缴纳时，借记“应交税费——应交车船税”科目，贷记“银行存款”科目。

例 8－5 以[例 8－4]的资料为例，做出通达公司 2020 年计提和缴纳车船税的会计处理。

(1) 计提时，编制如下会计分录：

借：税金及附加　　1 290

　　贷：应交税费——应交车船税　　1 290

(2) 缴纳时，编制如下会计分录：

借：应交税费——应交车船税　　1 290

　　贷：银行存款　　1 290

任务三　契税实务

一、契税基本知识

(一) 契税的含义

契税是以在中华人民共和国境内转移的土地、房屋权属为征税对象，向产权承受人征收的一种财产税。

小知识

契税是一个古老的税种，最早起源于东晋的“估税”，至今已有 1 600 多年的历史。历代王朝对不动产的买卖、典当等产权转移变动都要征收契税。新中国成立以后颁布的第一个税收法规就是《契税暂行条例》。

(二) 契税纳税义务人

契税的纳税义务人是在我国境内转移土地、房屋权属，承受的单位和个人。土地、房屋权属是指土地使用权和房屋所有权。单位是指企业单位、事业单位、国家机关、军事单位和社会团体以及其他组织。个人是指个体经营者及其他个人，包括中国公民和外籍人员。

(三) 契税征税范围

契税的征税对象是境内转移的土地、房屋权属，具体包括以下 5 项内容：

(1) 国有土地使用权出让，是指土地使用者向国家交付土地使用权出让费用，国家将国有土地使用权在一定年限内让与土地使用者的行为。

提示

对享受国有土地使用权应支付的土地出让金要计征契税，不得因减免土地出让金而减免契税。

(2) 土地使用权的转让，是指土地使用者以出售、赠与、交换或者其他方式将土地使用权转移给其他单位和个人的行为。土地使用权的转让不包括农村集体土地承包经营权的转移。

(3) 房屋买卖，是指以货币为媒介，出卖者向购买者过渡房产所有权的交易行为。

(4) 房屋赠与，是指房屋产权所有人将房屋无偿转让给他人所有。

(5) 房屋交换，是指房屋所有者之间互相交换房屋的行为。

想一想

以上几种情况应该如何征收土地增值税？

随着经济形势的发展，有些以特殊方式转移土地、房屋权属的，也将视同土地使用权转让、房屋买卖或者房屋赠与。这些特殊形式包括以土地、房屋权属作价投资、入股；以土地、房屋权属抵债；以获奖方式承受土地、房屋权属；以预购方式或者预付集资建房款方式承受土地、房屋权属。企业破产清算期间，债权人承受破产企业土地、房屋权属的，免征契税；对非债权人承受破产企业土地、房屋权属的，征收契税。土地、房屋权属的典当、继承、出租、抵押，不属于契税的征税范围。

(四) 契税税率

契税实行 3%～5%的幅度税率。各省、自治区、直辖市人民政府可以在 3%～5%的幅度税率规定范围内，按照本地区的实际情况决定。

(五) 契税纳税期限与纳税地点

契税的纳税义务发生时间是纳税人签订土地、房屋权属转移合同的当天，或者纳税人取得其他具有土地、房屋权属转移合同性质凭证的当天。

纳税人应当自纳税义务发生之日起 10 日内，向土地、房屋所在地的契税征收机关办理纳税申报，并在契税征收机关核定的期限内缴纳税款。纳税人办理纳税事宜后，征收机关应向纳税人开具契税完税凭证。

纳税人持契税完税凭证和其他规定的文件材料，依法向土地管理部门、房产管理部门办理有关土地、房屋的权属变更登记手续。

(六) 契税优惠政策

契税的税收优惠政策主要有以下几项内容：

(1) 国家机关、事业单位、社会团体、军事单位承受土地、房屋用于办公、教学、医疗、科研和军事设施的,免征契税。

(2) 城镇职工按规定第一次购买公有住房的,免征契税。

(3) 因不可抗力灭失住房而重新购买住房的,酌情减免契税。

(4) 个人购买 90 平方米及以下普通住房,且该住房属于家庭唯一住房的,减按 1%税率征收契税。

(5) 承受荒山、荒沟、荒丘、荒滩土地使用权,并用于农、林、牧、渔业生产的,免征契税。

(6) 经外交部确认,依照我国有关法律规定以及我国缔结或参加的双边和多边条约或协定的外国驻华使馆、领事馆,联合国驻华机构及其外交代表、领事官员和其他外交人员承受的土地、房屋权属,免征契税。

(7) 夫妻因离婚分割共同财产发生土地、房屋权属变更的,免征契税。

(8) 城镇职工按规定第一次购买公有住房的,免征契税。

(9) 外国银行分行按照《中华人民共和国外资银行管理条例》等相关规定改制为外商独资银行(或其分行),改制后的外商独资银行(或其分行)承受原外国银行分行的房犀权属的,免征契税。

二、契税应纳税额的计算

(一) 契税的计税依据

契税的计税依据为不动产的价格。由于土地、房屋权属转移方式不同,定价方法不同,因而具体计税依据视不同情况而定。

(1) 国有土地使用权出让、土地使用权出售、房屋买卖,以成交价格为计税依据。成交价格是指土地、房屋权属转移合同确定的价格,包括承受者应交付的货币、实物、无形资产或者其他经济利益。

(2) 土地使用权赠与、房屋赠与,由征收机关参照土地使用权出售、房屋买卖的市场价格核定。以作价投资(入股)、偿还债务等应交付经济利益的方式转移土地、房屋权属的,参照土地使用权出让、出售或房屋买卖确定契税适用税率、计税依据等。以划转、奖励等没有价格的方式转移土地、房屋权属的,参照土地使用权或房屋赠与确定契税适用税率、计税依据等。

(3) 土地使用权交换、房屋交换,为所交换的土地使用权、房屋的价格差额。也就是说,交换价格相等时,免征契税;交换价格不等时,由多交付货币、实物、无形资产或者其他经济利益的一方缴纳契税。

(4) 以划拨方式取得土地使用权,经批准转让房地产时,由房地产转让者补交契税。计税依据为补交的土地使用权出让费用或者土地收益。

成交价格明显低于市场价格并且无正当理由的,或者所交换土地使用权、房屋价格的差额明显不合理并且无正当理由的,征收机关可以参照市场价格核定计税依据。

(二) 应纳税额的计算方法

契税应纳税额的计算公式为：

应纳税额＝计税依据×税率

例 8－6　2020 年 5 月，长江公司卖给黄河公司一套房屋，契约上的成交价格为 200 万元。契税征收机关经过核实，确定计税价格为 150 万元。当地的契税税率为 4%，计算黄河公司的应纳税额。

应纳契税税额＝150×4%＝6(万元)

三、契税的会计处理

契税的计提与缴纳是通过“应交税费——应交契税”账户核算的。在购买土地、房屋等时，借记“固定资产”“在建工程”“无形资产”等科目，贷记“应交税费——应交契税”科目。实际缴纳契税时，借记“应交税费——应交契税”科目，贷记“银行存款”科目。

例 8－7　以[例 8－6]资料为例，长江公司的契税会计处理如下：

借：固定资产　　20 600 000

　贷：银行存款　　20 000 000

　　应交税费——应交契税　　600 000

任务四　印花税实务

一、印花税的基本知识

(一) 印花税的含义

印花税是对单位和个人在经济交往或经济活动中所书立、领受、使用的具有法律效力的应税凭证征收的一种税。它是一种具有行为性质的凭证税，具有税源广泛、税轻罚重、自行完税、征收简便、不退税、不抵用等特点。

小知识

印花税是一个古老的税种，1624 年始创于荷兰，目前在世界各国普遍开征。新中国成立后，最初于 1950 年 12 月由原政务院颁布《印花税暂行条例》。印花税因在凭证上粘贴印花税票作为完税的标志而得名。

(二) 印花税纳税义务人

印花税的纳税义务人,是在中国境内书立、使用、领受印花税法所列举的凭证并应依法履行纳税义务的单位和个人。所称单位和个人,是指国内各类企业、事业、机关、团体、部队以及中外合资企业、合作企业、外资企业、外国公司和其他经济组织及其在华机构等单位和个人。

上述单位和个人,按照书立、使用、领受应税凭证的不同,可以分别确定为立合同人、立据人、立账簿人、领受人、使用人和各类电子应税凭证的签订人。

(1) 立合同人,指合同的当事人,即对凭证有直接权利义务关系的单位和个人,但不包括合同的担保人、证人、鉴定人。

(2) 立据人,是指产权转移书据的单位和个人。

(3) 立账簿人,是指设立并使用营业账簿的单位和个人。

(4) 领受人,是指领取或接受并持有该项凭证的单位和个人。

(5) 使用人,是指在国外书立、领受,但在国内使用应税凭证的单位和个人。

(6) 各类电子应税凭证的签订人。

(三) 印花税征税范围

印花税的征税范围是指应税凭证的具体指向,即应税凭证类别或名称。下列凭证为应纳税凭证:

(1) 合同,包括购销合同、加工承揽合同、建设工程勘察设计合同、建筑安装工程承包合同、财产租赁合同、货物运输合同、仓储保管合同、借款合同、财产保险合同、技术合同。融资租赁合同属于借款合同。一般的法律、会计、审计等方面的咨询合同,不属于印花税应税合同。

(2) 产权转移书据,包括财产所有权、版权、商标专用权、专利权、专有技术使用权等转移书据和土地使用权出让合同、土地使用权转让合同、商品房销售合同等权力转移合同。

(3) 营业账簿,包括单位或者个人记载生产经营活动的财务会计核算账簿。营业账簿按其反映内容的不同,可分为记载资金的账簿和其他账簿。

(4) 权利、许可证照,包括房屋产权证、工商营业执照、商标注册证、专利证、土地使用证。

(5) 财政部确定的其他凭证。纳税人以电子形式签订的上述各类凭证,按规定征收印花税。

(四) 印花税税率

印花税税率分为比例税率和定额税率,印花税税目税率如表 8.2 所示。

表 8.2　印花税税目税率

税　目		税　率	备　注
合同（指书面合同）	借款合同	借款金额的万分之零点五	指银行业金融机构、经国务院银行业监督管理机构批准设立的其他金融机构与借款人(不包括同业拆借)的借款合同
	融资租赁合同	租金的万分之零点五	
	买卖合同	价款的万分之三	指动产买卖合同(不包括个人书立的动产买卖合同)
	承揽合同	报酬的万分之三	
	建设工程合同	价款的万分之三	
	运输合同	运输费用的万分之三	指货运合同和多式联运合同(不包括管道运输合同)
	技术合同	价款、报酬或者使用费的万分之三	不包括专利权、专有技术使用权转让书据
	租赁合同	租金的千分之一	
	保管合同	保管费的千分之一	
	仓储合同	仓储费的千分之一	
	财产保险合同	保险费的千分之一	不包括再保险合同
产权转移书据	土地使用权出让书据	价款的万分之五	转让包括买卖(出售)、继承、赠与、互换、分割
	土地使用权、房屋等建筑物和构筑物所有权转让书据(不包括土地承包经营权和土地经营权转移)	价款的万分之五	
	股权转让书据(不包括应缴纳证券交易印花税的)	价款的万分之五	
	商标专用权、著作权、专利权、专有技术使用权转让书据	价款的万分之三	
营业账簿		实收资本(股本)、资本公积合计金额的万分之二点五	
证券交易		成交金额的千分之一	

(五) 印花税纳税申报与缴纳

1. 纳税方法

印花税的纳税方法可分为以下 3 种：

(1) 自行贴花办法。它是在纳税义务发生时，由纳税人根据税法规定，自行计算应纳税额，自行购买印花税票，自行一次贴足印花税票并加以注销或划销，即“三自”纳税办法。这种办法，一般适用于应税凭证较少或者贴花次数较少的纳税人。

(2) 汇贴或汇缴办法。一份凭证应纳税额超过 500 元的，应向当地税务机关申请填写缴款书或者完税证明，将其中一联粘贴在凭证上或者由税务机关在凭证上加注完税标记代替贴花。这就是通常所说的“汇贴”办法。

同一种类应纳税凭证，须频繁贴花的，纳税人可以根据实际情况自行决定是否采用按期汇总缴纳印花税的方式，汇总缴纳的期限为1个月。此为汇缴。

汇贴或汇缴办法适用于应纳税额较大或者贴花次数频繁的纳税人。

(3) 委托代征办法。这一办法主要是通过税务机关的委托，经发放或者办理应纳税凭证的单位代为征收印花税税款。例如，工商行政管理机关核发各类营业执照和商标注册证的同时，负责代售印花税票，征收印花税税款，并监督领受单位或个人贴花。

2. 纳税地点

印花税一般实行就地纳税。对于全国性商品物资订货会(包括展销会、交易会等)上所签订合同应纳的印花税，由纳税人回其所在地后及时办理贴花完税手续；对地方主办、不涉及省际关系的订货会、展销会上所签合同的印花税，其纳税地点由各省、自治区、直辖市人民政府自行确定。

3. 纳税时间

印花税应当在书立或领受时贴花，具体是指在合同签订时、账簿启用时和证照领受时贴花。如果合同在国外签订，并且不便在国外贴花，应在将合同带入境时办理贴花纳税手续。

(六) 印花税优惠政策

下列凭证免征印花税：

(1) 应税凭证的副本或者抄本；

(2) 依照法律规定应当予以免税的外国驻华使馆、领事馆和国际组织驻华代表机构为获得馆舍书立的应税凭证；

(3) 中国人民解放军、中国人民武装警察部队书立的应税凭证；

(4) 农民、家庭农场、农民专业合作社、农村集体经济组织、村民委员会购买农业生产资料或者销售农产品书立的买卖合同和农业保险合同；

(5) 无息或者贴息借款合同、国际金融组织向中国提供优惠贷款书立的借款合同；

(6) 财产所有权人将财产赠与政府、学校、社会福利机构、慈善组织书立的产权转移书据；

(7) 非营利性医疗卫生机构采购药品或者卫生材料书立的买卖合同；

(8) 个人与电子商务经营者订立的电子订单。

根据国民经济和社会发展的需要，国务院对居民住房需求保障、企业改制重组、破产、支持小型微型企业发展等情形可以规定减征或者免征印花税，报全国人民代表大会常务委员会备案。

二、印花税应纳税额的计算

(一) 计税依据的一般规定

1. 从价计征的应税凭证的计税依据

各种合同和产权转移书据的计税依据，为合同或书据上记载的金额，如购销额、收入

额、费用额、承包额、租赁额、借款额等。

记载资金的账簿的计税依据为“实收资本”与“资本公积”两项的合计金额。

注意：大部分应税凭证以计税金额纳税。计税金额以全额为主；差额计税的有货物运输合同和技术合同。

2. 从量计税的应税凭证的计税依据

从量计征的其他账簿和权利、许可证照的计税依据，为应税凭证的件数。

（二）计税依据的特殊规定

（1）应税凭证以“金额”“收入”“费用”作为计税依据的，应当全额计税，不得做任何扣除。

（2）同一凭证，载有两个或两个以上经济事项而适用不同税目税率的，若分别记载金额，应分别计算应纳税额，相加后按合计税额贴花；若未分别记载金额，按税率高的计税贴花。

（3）按金额比例贴花的应税凭证，未标明金额的，应按照凭证所载数量及国家牌价计算金额；没有国家牌价的，按市场价格计算金额，然后按规定税率计算应纳税额。

（4）应税凭证所载金额为外国货币的，应按照凭证书立当日国家外汇管理局公布的外汇牌价折合成人民币，然后计算应纳税额。

（5）应纳税额不足 1 角的，免征印花税；1 角以上的，其税额尾数不满 5 分的不计，满 5 分的按 1 角计算。

（6）有些合同，在签订时无法确定计税金额。例如，技术转让合同中的转让收入，是按销售收入的一定比例收取或是按实现利润分成的；财产租赁合同，只是规定了月（日）租金标准而无租赁期限。对这类合同，可在签订时先按定额 5 元贴花，以后结算时再按实际金额计税，补贴印花。

（7）应税合同在签订时纳税义务即已产生，应计算应纳税额并贴花。所以，无论合同是否兑现或是否按期兑现，均应贴花。

对已履行并贴花的合同，所载金额与合同履行后实际结算金额不一致的，只要双方未修改合同金额，一般不再办理完税手续。

印花税票为有价证券，其票面金额以人民币为单位，分为 1 角、2 角、5 角、1 元、2 元、5 元、10 元、50 元、100 元 9 种。

（三）应纳税额的计算方法

纳税人的应纳税额，根据应纳税凭证的性质，分别按比例税率或者定额税率计算，其计算公式为：

应纳税额＝计税金额×比例税率

应纳税额＝凭证件数×固定税额（5 元）

例 8－8　东方百货于 2020 年 2 月开业，当年发生以下有关业务事项：领受房屋产权证、工商营业执照、土地使用证各 1 件；与其他企业订立转移专用技术使用权书据 1

份，所载金额为100万元；订立产品购销合同1份，所载金额为200万元；订立借款合同1份，所载金额为400万元；企业记载资金的账簿，“实收资本”与“资本公积”为800万元；其他营业账簿10本。试计算该企业当年应缴纳的印花税税额。

企业领受权利、许可证照应纳税额=3×5=15(元)

企业订立产权转移书据应纳税额=1 000 000×0.3‰=300(元)

企业订立购销合同应纳税额=2 000 000×0.3‰=600(元)

企业订立借款合同应纳税额=4 000 000×0.05‰=200(元)

企业记载资金的账簿应纳税额=8 000 000×0.5‰=4 000(元)

企业其他营业账簿应纳税额=10×5=50(元)

当年企业应纳印花税税额=15+300+600+200+4 000+50=5 165(元)

三、印花税的会计处理

印花税在缴纳时直接借记“税金及附加”科目。由于企业缴纳的印花税，一般是自行计算、购买、贴花、注销，不会形成债务，为了简化会计处理，可以不通过“应交税费”账户核算，在缴纳时直接贷记“银行存款”或“库存现金”科目。

任务五　城市维护建设税和教育费附加实务

一、城市维护建设税业务处理

（一）城市维护建设税的含义

城市维护建设税(简称城建税)，是国家对缴纳增值税、消费税的单位和个人，以其实际缴纳的增值税和消费税税额为计税依据而征收的一种附加税。它属于特定目的税。

（二）城建税的特点

1. 属于一种附加税

城市维护建设税以纳税人实际缴纳的增值税、消费税税额为计税依据，附加于增值税、消费税税额而征收，其本身没有特定的课税对象，其征管方法也完全比照增值税、消费税的有关规定办理。

2. 税款专款专用

纳税人缴纳的城市维护建设税，用于城市公用事业和公共设施的维护和建设。它专门为开发建设新兴城市，扩展、改造旧城市，发展城市公用事业，以及维护公共设施等提供稳定的资金来源。

（三）城建税纳税义务人

城建税的纳税义务人，是指负有缴纳增值税和消费税义务的单位和个人，包括国有企业、集体企业、私营企业、外商投资企业、股份制企业、外国企业、其他企业和行政单位、事业单位、军事单位、社会团体、其他单位，以及个体工商户、其他个人、外籍个人。

提示

负有缴纳增值税和消费税义务，不是说同时缴纳增值税和消费税两种税才涉及城市维护建设税，而是指除特殊环节（进口）外，只要缴纳增值税、消费税中任何一个税种，都会涉及城市维护建设税。

（四）城建税征税范围及税率

城建税以增值税、消费税税额作为税基，只要是缴纳增值税和消费税的地方，一般都属于城建税的征税范围。

城建税的税率，是指纳税人应缴纳的城建税税额与纳税人实际缴纳的增值税和消费税税额之比。城建税纳税人按所在地在市区、县城、镇和不在上述区域适用不同税率。市区、县城、镇按照行政区划确定。行政区划变更的，自变更完成当月起适用新行政区划对应的城建税税率，纳税人在变更完成当月的下一个纳税申报期按新税率申报缴纳。

（1）纳税人所在地为市区的，税率为7%。

（2）纳税人所在地为县城、建制镇的，税率为5%。

（3）纳税人所在地不在市区、县城或者镇的，税率为1%。

城建税的适用税率，应当按纳税人所在地的规定税率执行。但是，对下列两种情况，可按缴纳增值税、消费税所在地的规定税率就地缴纳城建税：

（1）由受托方代扣代缴、代收代缴增值税和消费税的单位和个人，其代扣代缴、代收代缴的城建税按受托方所在地适用税率执行。

（2）流动经营等无固定纳税地点的单位和个人，在经营地缴纳增值税和消费税的，其城建税的缴纳按经营地适用税率执行。

（五）城建税纳税申报与缴纳

1. 纳税地点

纳税人缴纳增值税和消费税的地点，就是该纳税人缴纳城建税的地点。但是，属于下列情况的，纳税地点另行规定：

（1）代扣代缴、代收代缴增值税和消费税的单位和个人，同时也是城建税的代扣代缴、代收代缴义务人，其城建税的纳税地点在代扣代收地。

（2）跨省开采的油田，下属生产单位与核算单位不在一个省内的，其生产的原油，在油井所在地缴纳增值税，其应纳税款由核算单位按照各油井的产量和规定税率，计算汇拨各油井缴纳。因此，各油井应纳的城建税应由核算单位计算，随同增值税一并汇拨油井所在地，由油井在缴纳增值税的同时一并缴纳。

(3) 对流动经营等无固定纳税地点的单位和个人，应随同增值税和消费税在经营地按适用税率缴纳。

2. 纳税期限

由于城建税是由纳税人在缴纳增值税和消费税时同时缴纳的，所以其纳税期限分别与增值税和消费税的纳税期限一致。

3. 纳税申报

根据国家税务总局公告 2021 年第 20 号《国家税务总局关于增值税、消费税与附加税费申报表整合有关事项的公告》，为了进一步优化税收营商环境，提高办税效率，提升办税体验，税务总局在成功推行财产行为税各税种合并申报的基础上，实行增值税、消费税分别与附加税费申报表整合。企业自 2021 年 8 月 1 日起不再单独申报城建税。附加税费申报表作为增值税、消费税申报附列资料或附表，纳税人在进行增值税、消费税申报的同时完成附加税费申报。通过整合各税费种申报表，实现多税费种"一张报表、一次申报、一次缴款、一张凭证"，提高了办税效率。

（六）城建税税收优惠

城建税原则上不单独减免，但因城建税又具附加税性质，当主税发生减免时，城建税相应发生税收减免。城建税的税收减免具体有以下几种情况：

(1) 城建税按减免后实际缴纳的增值税和消费税税额计征，即随增值税和消费税的减免而减免。

(2) 对于因减免税而须进行增值税和消费税退库的，城建税也可同时退库。

(3) 海关对进口产品代征的增值税和消费税，不征收城建税。

(4) 对增值税和消费税实行先征后返、先征后退、即征即退办法的，除另有规定外，对随增值税和消费税附征的城建税和教育费附加，一律不予退(返)还。

(5) 对国家重大水利工程建设基金免征城市维护建设税。

（七）城建税应纳税额的计算

1. 城建税的计税依据

城建税是以纳税人依法实际缴纳的增值税、消费税税额(以下简称"两税税额")为计税依据。依法实际缴纳的两税税额，是指纳税人依照增值税、消费税相关法律法规和税收政策规定计算的应当缴纳的两税税额(不含因进口货物或境外单位和个人向境内销售劳务、服务、无形资产缴纳的两税税额)，加上增值税免抵税额，扣除直接减免的两税税额和期末留抵退税退还的增值税税额后的金额。直接减免的两税税额，是指依照增值税、消费税相关法律法规和税收政策规定，直接减征或免征的两税税额，不包括实行先征后返、先征后退、即征即退办法退还的两税税额。

特别说明如下：

(1) 纳税人违反增值税和消费税有关规定，被查补增值税和消费税并被处以罚款时，也要对其未缴的城建税进行补税和罚款。

(2) 纳税人违反增值税和消费税有关规定而加收的滞纳金和罚款,不作为城建税的计税依据。

(3) 增值税和消费税得到减征或免征优惠,城建税也要同时减免征(城建税原则上不单独减免)。

(4) 城建税出口不退,进口不征。

(5) 经国家税务总局正式审核批准的当期免抵的增值税税额应纳入城市维护建设税和教育费附加的计征范围,分别按规定的税率征收城市维护建设税和教育费附加。已按免抵的增值税税额征收的城市维护建设税和教育费附加不再退还,未征的不再补征。

2. 城建税的计算方法

其应纳税额的计算公式如下:

应纳税额=(实际缴纳的增值税、消费税税额)×适用税率

例 8-9　东南汽车厂所在地为省会城市,当月实际已纳增值税 275 万元,消费税 400 万元,计算其应缴纳的城建税。

应缴城建税=(275+400)×7%=47.25(万元)

(八) 城建税的会计处理

城建税是通过"应交税费——应交城市维护建设税"账户核算的。计提城建税时,借记"税金及附加""固定资产清理"等科目,贷记"应交税费——应交城市维护建设税"科目;缴纳时,借记"应交税费——应交城市维护建设税"科目,贷记"银行存款"科目。"应交税费——应交城市维护建设税"账户期末贷方余额,反映企业应缴而未缴的城建税。

例 8-10　承[例 8-9],编制东南汽车厂会计分录。

计提税金时,编制如下会计分录:

(1) 借:税金及附加　　490 000

　　贷:应交税费——应交城市维护建设税　　490 000

(2) 缴纳税款时,编制如下会计分录:

借:应交税费——应交城市维护建设税　　490 000

　贷:银行存款　　490 000

二、教育费附加业务处理

(一) 教育费附加的含义

教育费附加是对缴纳增值税、消费税的单位和个人,就其实际缴纳的税额为计税依据征收的一种附加费。

教育费附加是为加快地方教育事业,扩大地方教育经费的资金而征收的一项专用基金。国务院于 1986 年 4 月 28 日颁布了《征收教育费附加的暂行规定》,决定从同年 7 月 1

日起开始在全国范围内征收教育费附加。

（二）教育费附加纳税义务人

教育费附加的纳税义务人是负有缴纳增值税、消费税的单位和个人。

（三）教育费附加计征依据与计征比率

教育费附加以纳税人实际缴纳的增值税和消费税税额为计征依据，分别与增值税和消费税同时缴纳。

现行教育费附加征收比率为3%。

（四）教育费附加减免规定

（1）对海关进口的产品征收的增值税、消费税，不征收教育费附加。

（2）对由于减免增值税、消费税而发生退税的，可同时退还已征收的教育费附加。但对出口产品退还增值税、消费税的，不退还已征的教育费附加。

（五）教育费附加应纳税额的计算

教育费附加的计算公式为：

应纳教育费附加＝(实际缴纳的增值税＋消费税)×征收比率

例 8－11 福州市区一家企业5月份实际缴纳增值税200 000元，缴纳消费税300 000元。计算该企业应缴纳的教育费附加。

应纳教育费附加＝(实际缴纳的增值税＋实际缴纳的消费税)×征收比率

＝(200 000＋300 000)×3%

＝500 000×3%＝15 000(元)

（六）教育费附加的会计处理

教育费附加是通过“应交税费——应交教育费附加”账户核算的。计提教育费附加时，借记“税金及附加”“固定资产清理”等科目，贷记“应交税费——应交教育费附加”科目；缴纳教育费附加时，借记“应交税费——应交教育费附加”科目，贷记“银行存款”科目。“应交税费——应交教育费附加”账户期末贷方余额，反映企业应缴而未缴的教育费附加。

任务六　车辆购置税实务

一、车辆购置税基本知识

(一) 车辆购置税的含义

车辆购置税是对在中华人民共和国境内购置规定车辆的单位和个人征收的一种税。

小知识

为了正确处理税费关系，遏制各种乱收费，以税收为主体筹集交通基础设施维护和建设资金，促进汽车工业和道路、水路等相关事业的健康发展。国务院于 2000 年 10 月 22 日颁布了《中华人民共和国车辆购置税暂行条例》，于 2001 年 1 月 1 日起实施车辆购置税，并取代车辆购置费。2018 年 12 月 29 日第十三届全国人民代表大会常务委员会第七次会议通过的《中华人民共和国车辆购置税法》自 2019 年 7 月 1 日起施行。

(二) 车辆购置税纳税义务人

车辆购置税的纳税人是指在我国境内购置应税车辆的单位和个人。"单位"包括国有企业、集体企业、私营企业、股份制企业、外商投资企业、外国企业以及其他企业、事业单位、社会团体、国家机关、部队以及其他单位。"个人"包括个体工商户及其他个人，既包括中国公民又包括外国公民。"购置"是指购买使用行为、进口使用行为、受赠使用行为、自产自用行为、获奖使用行为以及以拍卖、抵债、走私、罚没等方式取得并使用的行为。

思考

购买二手车自用，需要交车辆购置税吗？

(三) 车辆购置税征税范围

征税范围包括汽车、有轨电车、汽车挂车、排气量超过 150 毫升的摩托车。

注意：车辆购置税以列举的车辆作为征税对象，未列举的车辆不纳税。

(四) 车辆购置税优惠政策

(1) 依照法律规定应当予以免税的外国驻华使馆、领事馆和国际组织驻华机构及其有关人员自用的车辆；

(2) 中国人民解放军和中国人民武装警察部队列入装备订货计划的车辆；

(3) 悬挂应急救援专用号牌的国家综合性消防救援车辆；

(4) 设有固定装置的非运输专用作业车辆；

(5) 城市公交企业购置的公共汽电车辆。

(五) 车辆购置税申报与缴纳

纳税人购置应税车辆,应向车辆登记注册地的主管税务机关申报纳税;购置不需要办理车辆登记注册手续的车辆,应向纳税人所在地的主管税务机关申报纳税。

纳税人应自购买日、进口日、受赠及获奖取得日 60 天内进行纳税申报。

车辆购置税为一次征收制,纳税人应一次缴清。纳税人应在向公安机关车辆管理机构办理车辆登记注册前缴纳车辆购置税。缴税后,主管税务机关应给纳税人开具车辆购置税完税证明,纳税人须持车辆购置税完税证明,到公安机关办理车辆登记注册手续;完税证明每车一证,随车携带,以备检查。

二、应纳税额的计算

(一) 税率与计税依据

(1) 车辆购置税实行统一比例税率,税率为 10%。

(2) 应税车辆的计税价格,按照下列规定确定:

① 纳税人购买自用应税车辆的计税价格,为纳税人实际支付给销售者的全部价款,不包括增值税税款;

② 纳税人进口自用应税车辆的计税价格,为关税完税价格加上关税和消费税;

③ 纳税人自产自用应税车辆的计税价格,按照纳税人生产的同类应税车辆的销售价格确定,不包括增值税税款;

④ 纳税人以受赠、获奖或者其他方式取得自用应税车辆的计税价格,按照购置应税车辆时相关凭证载明的价格确定,不包括增值税税款。

纳税人申报的应税车辆计税价格明显偏低,又无正当理由的,由税务机关依照《中华人民共和国税收征收管理法》的规定核定其应纳税额。

(二) 应纳税额的计算方法

车辆购置税实行从价定率方法计算应纳税额,计算公式为:

应纳税额=计税价格×税率

例 8-12 东南汽车制造厂 1 月份将自产的一辆某型号的客车用于本厂后勤服务,该厂在办理车辆上牌落籍前,出具该车的发票,注明金额 97 000 元,并按此金额向主管税务机关申报纳税。经审核,国家税务总局对该车同类型车辆核定的最低计税价格为 119 980 元。4 月份又以同样的价格将同车型客车用于后勤服务,这时的最低计税价格为 96 000 元。应纳车辆购置税计算如下:

1 月份的应纳税额=119 980×10%=11 998(元)

4 月份的应纳税额=97 000×10%=9 700(元)

三、车辆购置税的会计处理

企业购买车辆缴纳的车辆购置税，应当计入固定资产成本，借记“固定资产”科目，贷记“银行存款”“应交税费”等科目。

例 8－13　海盛公司于 2019 年 5 月购买一辆汽车用于生产经营，增值税专用发票注明价款为 22 万元，增值税税额 2.86 万元。计算该公司 6 月份到主管税务机关应缴纳的车辆购置税，并编制相关会计会录。

应缴纳的车辆购置税＝220 000×10%＝22 000(元)

(1) 5 月份购置时的会计分录如下：

借：固定资产　　242 000
　　应交税费——应交增值税——进项税额　　28 600
　　贷：应交税费——应交车辆购置税　　22 000
　　　　银行存款　　248 600

(2) 6 月份缴纳车辆购置税时的会计分录如下：

借：应交税费——应交车辆购置税　　22 000
　　贷：银行存款　　22 000

注意：一般情况下，车辆购置税由销售方代收代缴，所以，企业一般不做缴纳车辆购置税时的会计分录，而是直接在银行存款的贷方支付。

任务七　烟叶税实务

一、烟叶税基本知识

(一) 烟叶税的含义

烟叶税是指在中华人民共和国境内收购烟叶的单位按照《中华人民共和国烟叶税暂行条例》的规定缴纳的一种税。

小知识

2005 年 4 月 27 日，十二届全国人大常委会第三十一次会议表决通过了《中华人民共和国烟叶税法》。烟叶税法自 2018 年 7 月 1 日起施行。2006 年 4 月 28 日国务院公布的《中华人民共和国烟叶税暂行条例》同时废止。

(二) 烟叶税的计税依据与税率

在中华人民共和国境内收购烟叶的单位为烟叶税的纳税人。烟叶税的纳税对象是指晾晒烟叶和烤烟叶。

烟叶税的计税依据是烟叶收购金额。收购金额包括纳税人支付给销售者的烟叶收购价款和价外补贴。价外补贴统一暂按烟叶收购价款的10%计入收购金额，即：

价外补贴款＝收购价款×10%

收购金额＝收购价款＋价外补贴

烟叶税实行比例税率，税率为20%。烟叶税税率的调整由国务院决定。

小知识

烟叶税实行全国统一税率，主要是考虑烟叶属于特殊的专卖品，其税率不存在地区的差异，否则会形成各地之间的不公平竞争，不利于烟叶种植的统一规划和烟叶市场、烟叶收购价格的统一。

（三）烟叶税申报与缴纳

纳税人收购烟叶，应当向烟叶收购地的主管税务机关申报纳税。烟叶税的纳税义务发生时间为纳税人向烟叶销售者付讫收购烟叶款项或者开具收购烟叶凭据的当天。

纳税人应当自纳税义务发生之日起30日内申报纳税。具体纳税期限由主管税务机关核定。烟叶税纳税申报表如表8.3所示。

表8.3　烟叶税纳税申报表

纳税人识别号：□□□□□□□□□□□□□□□□□□□□

纳税人名称：(公章)

税款所属期：　　年　月　日至　　年　月　日

填表日期：　　年　月　日

金额单位：元(列至角分)

<table>
<tr><td>烟叶收购金额</td><td>税　率</td><td>应纳税额</td><td>已纳税额</td><td>应入库税额</td></tr>
<tr><td>1</td><td>2</td><td>3＝1×2</td><td>4</td><td>5＝3－4</td></tr>
<tr><td></td><td></td><td></td><td></td><td></td></tr>
<tr><td></td><td></td><td></td><td></td><td></td></tr>
<tr><td></td><td></td><td></td><td></td><td></td></tr>
<tr><td>烟叶购买金额</td><td>税率</td><td>应纳税额</td><td>已纳税额</td><td>应入库税额</td></tr>
<tr><td></td><td></td><td></td><td></td><td></td></tr>
<tr><td colspan="2">合　计</td><td></td><td></td><td></td></tr>
<tr><td rowspan="4">纳税人或代理人声明：
此纳税申报表是根据国家税收法律的规定填报的，我确定它是真实的、可靠的、完整的</td><td colspan="4">如纳税人填报，由纳税人填写以下各栏：</td></tr>
<tr><td colspan="2">办税人员(签章)：
法定代表人(签章)：</td><td colspan="2">财务负责人(签章)：
联系电话：</td></tr>
<tr><td colspan="4">如委托代理人填报，由代理人填写以下各栏：</td></tr>
<tr><td colspan="2">代理人名称：
代理人(公章)：</td><td colspan="2">经办人(签章)：
联系电话：</td></tr>
</table>

受理人(签章)：　　　　受理日期：　年　月　日　　　　受理税务机关(章)：

本表一式三份，一份纳税人留存，一份主管税务机关留存，一份征收部门留存，作为税收会计凭证。

二、烟叶税的计算与会计处理

烟叶税的应纳税额按照纳税人收购烟叶的收购金额和规定税率计算。应纳税额的计算公式为：

应纳税额＝收购金额×税率

企业收购烟叶缴纳的烟叶税，应当计入收购单位的采购成本，借记“材料采购”“在途物资”“原材料”“库存商品”等科目，贷记“银行存款”“应交税费”等科目。

例 8－14　金辉卷烟厂 2020 年 8 月份收购烟叶 50 000 元，向农民开具专用收购发票。计算该卷烟厂应缴纳的烟叶税税额。

其烟叶税额及会计处理如下：

价外补贴款＝50 000×10％＝5 000(元)

收购金额＝50 000＋5 000＝55 000(元)

应交烟叶税税额＝55 000×20％＝11 000(元)

借：材料采购　　11 000

　贷：应交税费——应交烟叶税　　11 000

项目小结

房产税是以房屋为征税对象，按照房屋的计税余值或租金收入，向房屋的产权所有人或经营管理人征收的一种财产税。房产税的征税对象是城市、县城、建制镇和工矿区的房产。

房产税的计税依据是房产的计税价值或房产的租金收入。按照房产计税价值征税的，称为从价计征；按照房产租金收入计征的，称为从租计征。

房产税采用的是比例税率，具体分为两种：从价计征的，税率为 1.2％；从租计征的，税率为 12％。

房产税应纳税额的计算采用从价或从租计征的计算方法。

房产税的计提和缴纳通过“应交税费——应交房产税”账户进行核算。

车船税是以车船为征税对象，向拥有车船的单位和个人征收的一种税。

车船税的征收范围，是指依法应当在我国车船管理部门登记的车船(除规定减免的车船外)。车船税实行定额税率，又称固定税额。其计算方法为：

车船税年应纳税额＝计税依据×适用单位税额

车船税的计提和缴纳通过“应交税费——应交车船税”账户进行核算。

契税是以在中华人民共和国境内转移土地、房屋权属为征税对象，向产权承受人征收的一种财产税。

契税实行 3％～5％的幅度税率。各省、自治区、直辖市人民政府可以在 3％～5％的幅度税率规定范围内，按照本地区的实际情况决定。契税应纳税额的计算方法为：

契税应纳税额＝计税依据×税率

印花税是对单位和个人在经济交往或经济活动中所书立、领受、使用的具有法律效力的应税凭证征收的一种税。

印花税在缴纳时，直接借记“税金及附加”科目，贷记“银行存款”或“库存现金”科目。

城市维护建设税，简称城建税，是国家对缴纳增值税、消费税的单位和个人，以其实际缴纳的增值税、消费税税额为计税依据而征收的一种附加税。

教育费附加是对缴纳增值税、消费税的单位和个人，就其实际缴纳的税额为计算依据征收的一种附加费。

车辆购置税是对在中华人民共和国境内购置规定车辆的单位和个人征收的一种税。

车辆购置税实行从价定率方法计算应纳税额，企业购买车辆缴纳的车辆购置税，应当计入固定资产成本。

烟叶税是指在中华人民共和国境内收购烟叶的单位按照《中华人民共和国烟叶税暂行条例》的规定缴纳的一种税。

烟叶税的计税依据是烟叶收购金额。收购金额包括纳税人支付给销售者的烟叶收购价款和价外补贴。应交烟叶税额构成烟叶收购单位的采购成本。

项目九

企业所得税的业务处理

学习目标

通过学习，明确我国现行所得税的有关法律规定，熟悉企业所得税的应纳税所得额及应纳税额的计算方法，掌握企业所得税的会计处理方法，以提高企业所得税会计核算的实务操作能力。

任务一　企业所得税的基本知识

一、企业所得税的概念及特点

（一）企业所得税的概念

企业所得税是对我国境内企业和其他取得收入的组织的生产经营所得和其他所得征收的一种税。它体现了国家和企业的分配关系，是国家参与企业利润分配的重要手段。

小知识

企业所得税在国外被称为公司所得税，这种税收是1799年英国为筹集军费而创设，至今已有200多年的历史。目前企业所得税已成为国际上一个通行的税种。我国现行的企业所得税制度，是随着改革开放和经济体制改革的不断推进而逐步建立、完善起来的，实现了内资、外资的统一立法，为各类企业创造了一个公平竞争的税收法律环境。

（二）企业所得税的特点

1. 以所得额为课税对象，税源大小受企业经济效益的影响

企业所得税的课税对象是收入总额扣除成本费用后的净所得额。净所得额的大小决定着税源的多少，总收入相同的纳税人，所得额不一定相同，缴纳的所得税也不一定相同。

2. 征税以量能负担为原则，体现了税收的公平性

企业所得税以所得额为课税对象，所得税负担轻重与纳税人所得的多少有内在联系。企业所得多、负担能力大的多征，所得少、负担能力小的少征，无所得、没有负担能力的不

征，以体现税收公平的原则。

3. 实行按年计算、分期预缴的征收办法

企业所得税的征收一般是以全年的应纳税所得额为计税依据，实行按年计算、分期预缴、年终汇算清缴的征收办法。

二、纳税义务人及扣缴义务人

（一）纳税义务人

企业所得税的纳税义务人是指在中华人民共和国境内的企业和其他取得收入的组织（简称"企业"），但依照中国法律、行政法规规定成立的个人独资企业以及合伙人是自然人的合伙企业除外。"企业"分为居民企业和非居民企业。按居民企业和非居民企业对企业所得税加以区分，符合国际惯例，是确定纳税人是否负有全面纳税义务的基础。居民企业负有全面纳税义务，应当就其来源于本国境内、境外的全部所得纳税。非居民企业承担有限纳税义务，一般只就来源于本国境内的所得纳税。

1. 居民企业

居民企业是指依法在中国境内成立，或者依照外国（地区）法律成立但实际管理机构在中国境内的企业。

1）依法在中国境内成立的企业

依法在中国境内成立，是指注册地在中国境内的企业，它是界定居民企业身份的依据和标准。

这里的企业不仅包括各类国有企业、集体企业、私营企业、联营企业、股份制企业等内资企业，还包括依法在中国境内成立的各类外商投资企业。例如，依法在我国注册的沃尔玛（中国）投资有限公司、微软（中国）有限公司等。

2）依照外国（地区）法律成立但实际管理机构在中国境内的企业

实际管理机构在中国境内，是确定居民企业身份的依据和标准。

实际管理机构是指对企业的生产经营、人员、账务、财产等实施实质性全面管理和控制的机构。依照外国（地区）法律成立的外国企业，但它们的实际管理机构在中国境内，如在英国、法国、百慕大群岛等国家和地区注册的公司，如果实际管理机构在我国境内，即为我国的居民企业。

2. 非居民企业

非居民企业是指依照外国（地区）法律成立且实际管理机构不在中国境内，但在中国境内设立机构、场所的，或在中国境内未设立机构、场所，但有来源于中国境内所得的企业。

例如，在上海设有代表处的澳大利亚西姆斯金属有限公司，在厦门设有代表处的美国莱可斯公司，均为我国非居民企业；在我国虽未设立机构、场所，但在我国境内取得利息所得、租金所得、特许权使用费所得等的外国公司也属于我国的非居民企业。

非居民企业在我国设立的机构、场所是指在中国境内从事生产经营活动的机构、场

所,包括如下各类:① 管理机构、营业机构、办事机构;② 工厂、农场、开采自然资源的场所;③ 提供劳务的场所;④ 从事建筑、安装、装配、修理、勘探等工程作业的场所;⑤ 其他从事生产经营活动的机构、场所。

想一想

深圳用友财务软件公司是在中国深圳注册成立的公司,请问其是居民企业还是非居民企业?美国凯通公司在北京设立的代表处是居民企业还是非居民企业?东京建筑公司在中国境内承包建筑、安装、装配的是居民企业还是非居民企业?

(二) 扣缴义务人

(1) 对非居民企业在中国境内未设立机构、场所的,或虽设机构、场所但取得的与其所设机构、场所没有实际联系的所得应缴纳的所得税,实行源泉扣缴,以支付人为扣缴义务人。税款由扣缴义务人在每次支付或到期应支付时,从支付或者到期应支付的款项中扣缴。

(2) 对非居民企业在中国境内取得工程作业和劳务所得应缴纳的所得税,税务机关可以指定工程价款或劳务费的支付人为扣缴义务人。

三、企业所得税征税对象及税率

(一) 企业所得税征税对象

企业所得税的征税对象是指企业取得的生产经营所得、其他所得和清算所得。

1. 居民企业的征税对象

居民企业应就来源于中国境内、境外的所得作为征税对象。所得包括销售货物所得、提供劳务所得、转让财产所得、股息红利等权益性投资所得、利息所得、租金所得、特许权使用费所得、接受捐赠所得和其他所得。

2. 非居民企业的征税对象

非居民企业在中国境内设立机构、场所的,应当就其所设机构、场所取得的来源于中国境内的所得,以及发生在中国境外但与其所设机构、场所有实际联系的所得,缴纳企业所得税。

非居民企业在中国境内未设立机构、场所的,或虽设立机构、场所,但取得的所得与其所设机构、场所没有实际联系的,应当就其来源于中国境内的所得缴纳企业所得税。

可见,非居民企业承担有限纳税义务,一般只就来源于中国境内的所得纳税,但若符合税法规定的有关情形时,其来源于中国境外的所得也应纳税。

3. 所得来源的确定

纳税人的所得按其来源地不同,分为来源于中国境内所得和来源于中国境外所得两类。企业所得来源于中国境内还是中国境外,按以下原则判断:① 销售货物所得,按照交易活动发生地确定。② 提供劳务所得，按照劳务发生地确定。③ 转让财产所得、不动产转让所得，按照不动产所在地确定；动产转让所得，按照转让动产的企业或机构、场所所在地确定；权益性投资转让所得，按照被投资企业所在地确定。④ 股息、红利等权益性投资所得，按照分配所得的企业所在地确定。⑤ 利息所得、租金所得、特许权使用费所得，按照负担、支付所得的企业或机构、场所所在地确定，或者按照负担、支付所得的个人的住所地确定。⑥ 其他所得，由国务院财政、税务主管部门确定。

例 9-1 中国海尔公司2019年在中国境内销售货物所得10万元，销售不动产所得6万元。在日本设立分支机构取得特许权使用费所得5万元，生产经营所得8万元。

根据上述资料判断中国海尔公司是居民企业还是非居民企业，并计算来源于中国境内所得是多少？来源于境外所得是多少？应纳税所得税额是多少？

(1) 中国海尔公司是居民企业。

(2) 来源于中国境内所得＝10＋6＝16(万元)

(3) 来源于境外所得＝5＋8＝13(万元)

(4) 应纳税所得税额＝16＋13＝29(万元)

(二) 企业所得税税率

我国企业所得税实行比例税率。比例税率简便易行，透明度高，不会因征税而改变企业间收入分配比例，有利于促进效率的提高。现行企业所得税法规定的税率如下：

(1) 基本税率为25%。适用于居民企业和在中国境内设有机构、场所且所得与机构、场所有关联的非居民企业。非居民企业在中国境内没有设立机构、场所，或者虽设立机构、场所，但其取得的所得与其所设机构、场所没有实际联系的，本着收入来源管辖权进行的征税原则，其适用税率为20%。

(2) 优惠税率。国家对重点扶持和鼓励发展的产业和项目，给予所得税优惠，还规定了一些优惠税率或其他优惠政策，详见后述。

四、企业所得税税收优惠

税收优惠是指国家运用税收政策在税收法律、行政法规中对某一部分特定企业和课税对象给予减轻或免除税收负担的一种措施。税法规定的企业所得税的税收优惠方式包括免税收入，减征、免征企业所得税，加计扣除，加速折旧，减计收入，抵扣应纳税所得额，抵免税额等。它是发挥税收调节功能的重要手段。

(一) 免税收入

免税收入是指具有可税性，但税法规定免予征税的收入。企业的下列收入为免税收入：

(1) 国债利息收入。它是指企业持有国务院财政部门发行的国债利息收入。

(2) 居民企业直接投资于其他居民企业取得的股息、红利等权益性投资收益以及在中国境内设立机构、场所的非居民企业从居民企业取得与该机构、场所有实际联系的股息、红利等权益性投资收益。但不包括连续持有居民企业公开发行并上市流通的股票不足12个月取得的投资收益。

(3) 符合条件的非营利组织的收入。不包括非营利组织从事营利性活动所取得的收入,但国务院财政、税务主管部门另有规定的除外。对于不符合不征税收入条件的财政性补贴,应属于征税收入。

相关链接

符合条件的非营利组织是指符合依法履行非营利组织登记手续;从事公益性或非营利性活动;取得的收入除用于与该组织有关的、合理的支出外,全部用于登记核定或章程规定的公益性或非营利性事业;财产不用于分配;按登记核定或章程规定,该组织注销后的剩余财产用于公益性或非营利性目的,或由登记管理机关转赠给与该组织性质、宗旨相同的组织,并向社会公告;投资人对投入该组织的财产不保留或享有任何财产权利;工作人员工资福利开支控制在规定的比例内,不变相分配该组织的财产;国务院财政、税务主管部门规定的其他条件。

(二) 免征与减征优惠

企业的下列所得,可以免征、减征企业所得税。

1. 从事农、林、牧、渔业项目的所得

(1) 企业从事下列项目的所得,免征企业所得税:蔬菜、谷物、薯类、油料、豆类、棉花、麻类、糖料、水果、坚果的种植;农作物新品种的选育;中药材的种植;林木的培育和种植;牲畜、家禽的饲养;林产品的采集;灌溉、农产品初加工、兽医、农技推广、农机作业和维修等农、林、牧、渔服务业项目;远洋捕捞。

(2) 企业从事下列项目的所得,减半征收企业所得税:花卉、茶以及其他饮料作物和香料作物的种植;海水养殖、内陆养殖。

2. 从事国家重点扶持的公共基础设施项目投资经营的所得

这些项目,是指《公共基础设施项目企业所得税优惠目录》规定的港口码头、机场、铁路、公路、电力、水利等项目。自项目取得第一笔生产经营收入所属纳税年度起,第1年至第3年免征企业所得税,第4年至第6年减半征收企业所得税,即给予"三免三减半"的优惠。

企业承包经营、承包建设和内部自建自用上述规定的项目,不得享受上述企业所得税优惠。

3. 从事符合条件的环境保护、节能节水项目的所得

这些项目包括公共污水处理、公共垃圾处理、沼气综合开发利用、节能减排技术改造、海水淡化等。这些所得,自项目取得第一笔生产经营收入所属纳税年度起,第1年至第3年免征企业所得税,第4年至第6年减半征收企业所得税,即给予"三免三减半"的优惠。

4. 符合条件的技术转让所得

一个纳税年度内,居民企业转让技术所得不超过500万元(含500万元)的部分,免征

企业所得税；超过500万元的部分，减半征收企业所得税。

例 9-2 华联公司转让技术所有权收入700万元，其转让技术的成本100万元，则华联公司转让技术所有权应交的企业所得税是多少？

转让技术所得额＝700－100＝600(万元)，500万元(含500万元)是免税，超过500万元的部分减半征收。

华联公司转让技术所得应交的企业所得税＝(600－500)×25％÷2＝12.5(万元)

5. 符合条件的集成电路产业和软件产业的所得

国家鼓励的集成电路线宽小于28纳米(含)，且经营期在15年以上的集成电路生产企业或项目，第一年至第十年免征企业所得税；国家鼓励的集成电路线宽小于65纳米(含)，且经营期在15年以上的集成电路生产企业或项目，第一年至第五年免征企业所得税，第六年至第十年按照25％的法定税率减半征收企业所得税；国家鼓励的集成电路线宽小于130纳米(含)，且经营期在10年以上的集成电路生产企业或项目，第一年至第二年免征企业所得税，第三年至第五年按照25％的法定税率减半征收企业所得税。

6. 非居民企业优惠

在中国境内未设立机构、场所或虽设立机构、场所但取得与其所设立机构、场所没有实际联系的非居民企业，取得下列所得免征企业所得税：

(1) 外国政府向中国政府提供贷款取得的利息所得。

(2) 国际金融组织向中国政府和居民企业提供优惠贷款取得的利息所得。

(3) 经国务院批准的其他所得。

(三) 加计扣除

企业的下列支出，可以在计算应纳税所得额时加计扣除。

1. 企业为开发新技术、新产品、新工艺发生的研究开发费用

企业为开发新技术、新产品、新工艺发生的研究开发费用，未形成无形资产计入当期损益的，在按照规定据实扣除的基础上，按照研究开发费用的50％加计扣除；形成无形资产的，按照无形资产成本的150％摊销。

在2018年1月1日至2020年12月31日期间，未形成无形资产计入当期损益的，在按照规定据实扣除的基础上，再按照实际发生额的75％在税前加计扣除；形成无形资产的，在上述期间按照无形资产成本的175％在税前摊销。

例 9-3 盛大公司2019年应税利润总额为350万元，当年开发新产品、新技术、新工艺支付研究开发费用100万元，其中直接计入当期损益为60万元，符合资本化条件计入无形资产成本的为40万元，该无形资产于当年7月1日达到预定用途，采用直线法摊销，摊销期限为10年，无残值。计算该公司2019年在计算应税所得额时，可以扣除的研究开发费用。

可扣除的金额＝60＋60×75％＋40×175％÷10×6÷12＝108.5(万元)

2. 企业安置残疾人员所支付的工资

企业安置残疾人员的，在支付给残疾职工工资据实扣除的基础上，按照支付给残疾职工工资的100%加计扣除。加计扣除满足下列条件：

（1）依法与安置的每位残疾人签订了1年以上（含1年）的劳动合同或服务协议，并且安置的每位残疾人在企业实际上岗工作。

（2）为安置的每位残疾人按月足额缴纳了企业所在区县人民政府根据国家政策规定的基本养老保险、基本医疗保险、失业保险和工伤保险等社会保险。

（3）定期通过银行等金融机构向安置的每位残疾人实际支付了不低于企业所在区县适用的经省级人民政府批准的最低工资标准的工资。

（4）具备安置残疾人上岗工作的基本设施。

提示

加计扣除属于纳税调减项目，不影响会计利润。

（四）抵扣应纳税所得额

创业投资企业采取股权投资方式投资于未上市的中小高新技术企业2年以上的，可以按照其投资额的70%在股权持有满2年的当年抵扣该创业投资企业的应纳税所得额；当年不足抵扣的，可以在以后纳税年度结转抵扣。

例9-4　东方公司2019年1月1日向乙企业（未上市的中小高新技术企业）投资100万元，股权持有到2019年12月31日，计算东方公司2019年度可抵扣的应纳税所得额。

东方公司2019年度可抵扣的应纳税所得额＝100×70%＝70（万元）

（五）加速折旧

企业的固定资产由于技术进步等原因，确须加速折旧的，可以采取缩短折旧年限或采取加速折旧方法。这些固定资产包括：由于技术进步，产品更新换代较快的固定资产；常年处于强震动、高腐蚀状态的固定资产。

采用缩短折旧年限方法的，最低折旧年限不得低于折旧年限的60%；采取加速折旧方法的，可以采取双倍余额递减法或年数总和法。

例9-5　华兴公司2019年1月1日购入并于当日投入使用生产设备一台，实际支付价款及相关税费21万元，该设备正常运行。由于技术进步，该设备更新换代较快，符合税收优惠条件，会计上采用年数总和法计提折旧，并将预计使用寿命缩短为5年（税法规定生产设备的折旧年限为10年），预计残值为0。该公司会计处理有何错误？

税法规定只能采取缩短折旧年限或采取加速折旧方法，不能同时采用。公司做法不符合税法规定。

税法采用缩短折旧年限方法的，最低折旧年限不得低于折旧年限的60%。该公司设备折旧年限最多不得低于6年(=10×60%)，预计使用寿命缩短为5年不符合税法规定。

(六) 减计收入

企业综合利用资源，生产符合国家产业政策规定的产品所取得的收入，可以在计算应纳税所得额时减按90%计入收入总额。

这些收入是综合利用资源，生产国家非限制和禁止，并符合国家和行业相关标准的产品取得的收入。

(七) 税额抵免

(1) 企业购置并实际使用规定的环境保护、节能节水、安全生产等专用设备的，该专用设备的投资额的10%可以从企业当年的应纳税额中抵免；当年不足抵免的，可以在以后5个纳税年度结转抵免。

(2) 企业进行税额抵免时，如果增值税进项税额允许抵免，其设备投资额不再包括增值税进项税额；如果增值税进项税额不允许抵扣，其设备投资额可以是价税合计金额；如果取得的是普通发票，其设备投资额是发票上注明的金额。

(3) 企业购置上述专用设备在5年内转让、出租的，应当停止享受企业所得税优惠，并补缴已经抵免的企业所得税税款。

想一想

"抵扣应纳税所得额"与"抵免税额"二者有何区别？

(八) 降低税率

(1) 符合《企业所得税法》及其实施条例以及相关税收政策规定的小型微利企业，减按20%的税率征收企业所得税。

(2) 国家需要重点扶持的高新技术企业，减按15%的税率征收企业所得税。这类企业是指拥有核心自主知识产权，并同时符合下列条件的企业：一是产品(服务)属于《国家重点支持的高新技术领域》规定的范围；二是研究开发费用占销售收入的比例不低于规定比例；三是高新技术产品(服务)收入占企业总收入的比例不低于规定比例；四是科技人员占企业职工总数的比例不低于规定比例；五是高新技术企业认定管理办法规定的其他条件。

(3) 在中国境内未设立机构、场所或虽设立机构、场所但所得与其所设立机构、场所没有实际联系的非居民企业，减按10%的所得税税率征收企业所得税。

任务二　企业所得税应纳税所得额的确定

一、应纳税所得额的内容

应纳税所得额是企业所得税的计税依据，按照《企业所得税法》的规定，应纳税所得额的确定主要涉及收入总额，不征税收入、免税收入、准予扣除项目和不得扣除项目的确认，以及亏损的弥补、资产的税务处理等内容。

（一）收入总额

企业的收入总额包括以货币形式和非货币形式从各种来源取得的收入。其中，货币形式包括现金、存款，应收账款、应收票据，准备持有至到期的债券投资及债务的豁免等。非货币形式，包括固定资产、生物资产、无形资产、股权投资、存货、不准备持有至到期的债券投资、劳务及有关权益等，这些非货币资产应当按照公允价值确定收入额。所谓公允价值是指按市场价格确定的价值。收入的具体构成如下所述。

1. 一般收入的确认

（1）销售货物收入。它是指企业销售商品、产品、原材料、包装物、低值易耗品及其他存货取得的收入。

（2）提供劳务收入。它是指企业从事建筑安装、修理修配、交通运输、仓储租赁、金融保险、邮电通信、咨询经纪、文化体育、科学研究、技术服务、教育培训、餐饮住宿、中介代理、卫生保健、社区服务、旅游、娱乐、加工及其他服务活动取得的收入。

（3）转让财产收入。它是指企业转让固定资产、生产资产、无形资产、股权、债权等财产取得的收入。

（4）股息、红利等权益性投资收益。它是指企业因权益性投资从被投资方取得的收入。股息、红利等权益性投资收益，除国务院财政、税务主管部门另有规定外，按照被投资方做出利润分配决定的日期确认收入的实现。

（5）利息收入。它是指企业将资金提供他人使用但不构成权益性投资，或者因他人占用本企业资金取得的收入，包括存款利息、贷款利息、债券利息、欠款利息等收入。利息收入，应按照合同约定的债务人应付利息的日期确认收入的实现。

（6）租金收入。它是指企业提供固定资产、包装物或其他有形资产的使用权取得的收入。租金收入，应按照合同约定的承租人应付租金的日期确认收入的实现。

（7）特许权使用费收入。它是指企业提供专利权、非专利技术、商标权、著作权及其他特许权的使用权取得的收入。特许权使用费收入，按照合同约定的特许权使用人应付特许权使用费的日期确认收入的实现。

（8）接受捐赠收入。它是指企业接受的其他企业、组织或个人无偿给予的货币性资产、非货币资产。接受捐赠收入，按照实际收到捐赠资产的日期确认收入的实现。

(9) 其他收入。它是指企业取得的除以上8项收入外的其他收入,包括企业资产溢余收入、逾期未退回包装物押金收入、确实无法偿付的应付账款、已作坏账损失处理后又收回的应收款项、债务重组收入、补贴收入、违约金收入、汇兑收益等。

2. 特殊收入的确认

(1) 以分期收款方式销售货物的,按照合同约定的收款日期确认收入的实现。

(2) 企业受托加工制造大型机械设备、船舶、飞机,以及从事建筑、安装、装配工程业务或者提供其他劳务等,持续时间超过12个月的,按照纳税年度内完工进度或者完成的工作量确认收入的实现。

(3) 采用产品分成方式取得收入的,按照企业分得产品的日期确认收入的实现,其收入额按照产品的公允价值确认。

(4) 企业发生非货币性资产交换,以及将货物、财产、劳务用于捐赠、偿债、赞助、集资、广告、样品、职工福利或利润分配等用途的,应当视同销售货物、转让财产或提供劳务,但国务院财政、税务主管部门另有规定的除外。

(二) 不征税收入

不征税收入是指从性质上不属于企业营利活动带来的经济利益,不负有纳税义务,不作为应纳税所得额组成部分的收入。

(1) 财政拨款。它是指各级人民政府对纳入预算管理的事业单位、社会团体等组织拨付的财政资金。但国务院和国务院财政、税务主管部门另有规定的除外。

(2) 依法收取并纳入财政管理的行政事业性收费、政府性基金。行政事业性收费,是指依照法律法规等有关规定,按照规定程序批准,在实施社会公共管理,以及在向公民、法人或其他组织提供特定公共服务过程中,向特定对象收取并纳入财政管理的费用。政府性基金,是指企业依照法律、行政法规等有关规定,代政府收取的具有专项用途的财政资金。

(3) 国务院规定的其他不征税收入。它是指企业取得的由国务院财政、税务主管部门规定专项用途并经国务院批准的财政性资金。

相关链接

根据可税性原理,如果一项收入、收益具有公益性或者非营利性,就不具可税性,就不应该对其征税。不征税收入是指不具有可税性的收入。从政府角度而言,如果对政府支出的拨款征税后再转为财政收入,就如同左手送出去的钱右手又拿回来一部分,是对财政资金的循环征税,不符合效率原则。

(三) 准予扣除项目

1. 税前扣除项目的原则

企业申报的扣除项目和金额要真实、合法。所谓真实是指能提供有关支出确属已经实际发生的证明;合法是指符合国家税法的规定,若其他法规规定与税收法规规定不一

致，应以税收法规的规定为标准。除税收法规另有规定外，税前扣除一般应遵循以下原则：

（1）权责发生制原则。它是指企业费用应在发生的所属期间扣除，而不是在实际支付时确认扣除。

（2）配比原则。它是指企业发生的费用应当与收入配比扣除。除特殊规定外，企业发生的费用不得提前或滞后申报扣除。

（3）相关性原则。企业可扣除的费用从性质和根源上必须与取得应税收入直接相关。

（4）确定性原则。即企业可扣除的费用不论何时支付，其金额必须是确定的。

（5）合理性原则。它指纳税人可扣除费用的计算和分配方法应符合一般的经营常规和会计惯例。

2. 扣除项目的范围

在计算应税所得额时准予从收入额中扣除的项目，是指企业实际发生的与取得收入有关的、合理的支出，包括成本、费用、税金、损失和其他支出。

（1）成本。它是指企业在生产经营活动中发生的销售成本、销货成本、业务支出以及其他耗费，即企业销售商品（包括商品、产品、原材料、下脚料、废料、废旧物资等）、提供劳务、转让和处置固定资产及无形资产（包括技术转让）的成本。

注意：这里所说的成本与财务会计中的主营业务成本、其他业务成本有密切联系，但不是直接对应的。

（2）费用。它是指企业每一个纳税年度为生产、经营商品和提供劳务等所发生的销售（经营）费用、管理费用和财务费用。已经计入成本的有关费用除外。

（3）税金及附加。它是指企业发生的除企业所得税和允许抵扣的增值税以外的各项税金及其附加，即企业按规定缴纳的消费税、城市维护建设税、出口关税、资源税、土地增值税、教育费附加等产品销售税金及附加。这些已纳税金准予税前扣除。扣除的方式有两种：一是发生当期扣除；二是在发生当期计入相关资产的成本，在以后各期分摊扣除。

（4）损失。它是指企业在生产经营活动中发生的固定资产和存货的盘亏、毁损、报废损失及转让财产损失、呆账损失、坏账损失、自然灾害等不可抗力因素造成的损失以及其他损失。

企业发生的损失，减除责任人赔偿和保险赔款后的余额，依照国务院财政、税务主管部门的规定扣除。企业已经作为损失处理的资产，在以后纳税年度又全部收回或者部分收回时，应当计入当期收入。

（5）扣除的其他支出。它是指除成本、费用、税金、损失外，企业在生产经营活动中发生的与生产经营活动有关的、合理的支出。

3. 扣除项目及其标准

在计算应纳税所得额时，下列项目可按照实际发生额或规定的标准扣除。

1）工资、薪金支出

企业发生的合理的工资、薪金支出准予据实扣除。工资、薪金支出是企业每一纳税年度支付给本企业任职或与其有雇佣关系的员工的所有现金或非现金形式的劳动报酬，包括基本工资、资金、津贴、补贴、年终加薪、加班工资，以及与任职或受雇有关的其他支出。

小知识

列入企业员工工资薪金制度、固定与工资薪金一起发放的合理的福利性补贴，可作为企业发生的工资薪金支出，按规定在税前扣除。不合理的福利性补贴，应作为职工福利费，按规定计算限额税前扣除。

2）职工福利费、工会经费、职工教育经费

企业发生的职工福利费、工会经费、职工教育经费按标准扣除，未超过标准的按实际数扣除，超过标准的只能按标准扣除。

（1）企业发生的职工福利费支出，不超过工资、薪金总额14%的部分准予扣除。

（2）企业拨缴的工会经费，不超过工资、薪金总额2%的部分准予扣除。

（3）除国务院财政、税务主管部门另有规定外，企业发生的职工教育经费支出，不超过工资、薪金总额8%的部分准予扣除，超过部分准予在以后纳税年度结转扣除。

例 9－6 东方公司2019年实际支付工资总额300万元，发生职工福利费支出45万元、职工工会经费5万元、职工教育经费8万元。据以计算该公司当年应纳税所得额时，准予从收入总额中扣除工资与职工福利费、工会经费、职工教育经费。

工资可据实扣除，扣除金额为300万元。

福利费扣除限额＝300×14%＝42(万元)，实际发生数大于限额，准予扣除额为42万元。

工会经费扣除限额＝300×2%＝6(万元)，实际发生数小于限额，准予据实扣除，扣除数为5万元。

职工教育经费扣除限额＝300×8%＝24(万元)，实际发生数小于限额，准予扣除额。

3）社会保险费

（1）企业依照国务院有关主管部门或省级人民政府规定的范围和标准为职工缴纳的基本养老保险费、基本医疗保险费、失业保险费、工伤保险费、生育保险费等社会保险费和住房公积金，准予扣除。

（2）企业为投资者或职工支付的补充养老保险费、补充医疗保险费，在国务院财政、税务主管部门规定的范围和标准内，准予扣除。企业依照国家有关规定为特殊工种职工支付的人身安全保险费和符合国务院财政、税务主管部门规定可以扣除的商业保险费准予扣除。除此以外，企业为投资者或职工支付的商业保险费不得扣除。

（3）企业参加财产保险，按照规定缴纳的保险费，准予扣除。企业为投资者或者职工支付的商业保险费，不得扣除。

4）利息费用

企业在生产、经营活动中发生的利息费用，按下列规定扣除：

（1）非金融企业向金融企业借款的利息支出、金融企业的各项存款利息支出和同业

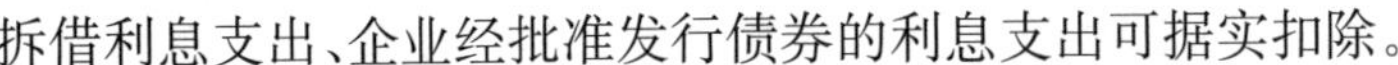

拆借利息支出、企业经批准发行债券的利息支出可据实扣除。

注意：符合资本化条件的，应计入相关资产的成本。

(2) 非金融企业向非金融企业、股东，或其他与企业有关联关系的自然人，以及内部职工或其他人员借款的利息支出，在不超过债权性投资与权益性投资 2 比 1 比例的基础上，不超过按照金融企业同期同类贷款利率计算的数额的部分可据实扣除，超过部分不允许扣除。

5) 借款费用

企业在生产经营活动中发生的合理的，不需要资本化的借款费用，准予扣除。

企业为购置、建造固定资产、无形资产和经过 12 个月以上的建造才能达到预定可销售状态的存货发生借款的，在有关资产购置、建造中发生的合理的借款费用，应予以资本化，作为资本性支出计入有关资产的成本；有关资产交付使用后发生的借款利息，可在发生当期扣除。

例 9－7　东方公司在 2019 年发生财务费用 300 万元，其中包括用于在建工程的支付银行贷款的利息 180 万元和企业扩大再生产向其他企业支付借款 1 500 万元的本年利息 120 万元(同期银行贷款年利率为 6%)。计算企业当年准予扣除的财务费用。

在建工程应负担的贷款利息 180 万元，在计算应纳税所得额时不得扣除。

扩大再生产的利息支出在不超过同期银行贷款利率的限额内扣除，准予扣除的财务费用为 90 万元(＝1 500×6%)。

公司准予扣除的财务费用为 90 万元。

6) 汇兑损失

企业在货币交易中，以及纳税年度终了时将人民币以外的货币性资产、负债按照期末即期人民币汇率中间价折算为人民币时产生的汇兑损失，除已经计入有关资产成本以及与向所有者进行利润分配相关的部分外，准予扣除。

7) 业务招待费

企业实际发生的与生产经营活动有关的业务招待费支出，按照实际发生额的 60%扣除，但最高不得超过当年销售(营业)收入的 5‰，即允许扣除的标准是实际发生额的 60%与销售(营业)收入的 5‰相比较小者。

提示

销售(营业)收入包括销售货物收入、劳务收入、租金收入、转让无形资产使用权收入、利息收入、视同销售收入等。

例 9－8　东方公司 2019 年销售货物收入 1 500 万元，出租房屋收入 500 万元，转让房屋收入 300 万元。当年实际发生业务招待费 20 万元。计算该企业当年可在所得税前列支的业务招待费金额。

按照当年实际发生的业务招待费的 60%计算可扣除的金额＝20×60%＝12(万元)。

按当年销售(营业)收入的5‰计算准予扣除的限额=(1 500+500)×5‰=10(万元)。

10万元<12万元,即当年可在所得税前列支的业务招待费金额为10万元。

8) 广告费和业务宣传费

企业发生的符合条件的广告费和业务宣传费支出,除国务院财政、税务主管部门另有规定外,不超过当年销售(营业)收入15%的部分,准予扣除;超过部分,准予结转以后纳税年度扣除。

企业申报扣除的广告费支出应与赞助支出严格区分。赞助支出不得扣除。广告费支出必须符合下列条件:广告是通过工商部门批准的专门机构制作的;已实际支出费用,并已取得相应发票;通过一定的媒体传播。

其中财政部税务总局公告2020年第43号发布公告说明:① 对化妆品制造或销售、医药制造和饮料制造(不含酒类制造)企业发生的广告费和业务宣传费支出,不超过当年销售(营业)收入30%的部分,准予扣除;超过部分,准予在以后纳税年度结转扣除。② 对签订广告费和业务宣传费分摊协议(以下简称"分摊协议")的关联企业,其中一方发生的不超过当年销售(营业)收入税前扣除限额比例内的广告费和业务宣传费支出可以在本企业扣除,也可以将其中的部分或全部按照分摊协议归集至另一方扣除。另一方在计算本企业广告费和业务宣传费支出企业所得税税前扣除限额时,可将按照上述办法归集至本企业的广告费和业务宣传费不计算在内。③ 烟草企业的烟草广告费和业务宣传费支出,一律不得在计算应纳税所得额时扣除。

提示

广告费、业务招待费计算税前扣除限额的依据是相同的。烟草企业的烟草广告费和业务宣传费支出一律不得扣除。

例9-9 大华公司2020年营业收入为1 500万元,广告费支出为52万元。2019年超标广告费90万元,计算2020年税前准予扣除的广告费。

2020年广告费税前扣除限额=1 500×15%=225(万元)。

2020年广告费实际支出52万元,尚结余税前扣除指标173万元。

2019年超标的广告费90万元小于173万元,超标的广告费90万元可以在本年全部扣除。

2020年税前准予扣除的广告费=52+90=142(万元)

9) 环境保护专项资金

企业依照法律、行政法规有关规定提取的用于环境保护、生态恢复等方面的专项资金,准予扣除。上述专项资金提取后改变用途的,不得扣除。

10) 租赁费

企业根据生产经营活动的需要租入固定资产支付的租赁费,按照以下方法扣除:

(1) 以经营租赁方式租入固定资产发生的租赁费支出,按照租赁期限均匀扣除。

(2) 以融资租赁方式租入固定资产发生的租赁费支出，按照规定构成融资租入固定资产价值的部分应当提取折旧费用，分期扣除。租赁费支出不得扣除。

11) 劳动保护费

企业发生的合理的劳动保护支出，准予扣除。

12) 公益性捐赠支出

企业发生的公益性捐赠支出，在年度利润总额 12%以内的部分，准予在计算应纳税所得额时扣除；超过年度利润总额 12%的部分，准予结转以后 3 年内在计算应纳税所得额时扣除。年度利润总额是指企业依照国家统一会计制度的规定的年度会计利润。

公益性捐赠是指企业通过公益性社会团体或县级以上人民政府其他部门，用于《中华人民共和国公益事业捐赠法》规定的公益事业的捐赠。

提示

公益性捐赠包括货币捐赠和非货币捐赠。企业将自产货物用于捐赠，按公允价值缴纳增值税，视同对外销售缴纳所得税，但会计上不确认收入和利润。

例 9－10　红光公司 2019 年会计利润总额为 300 万元，通过公益性的社会团体向希望小学捐赠了自产产品一批，该批产品的公允价值(不含税)120 万元，成本 100 万元，公司已将成本和增值税销项税额的金额计入营业外支出，增值税税率为 13%。假定不存在其他纳税调整事项，计算红光公司 2019 年准予扣除的公益性捐赠金额。

实际捐赠支出＝100＋120×13%＝115.6(万元)

捐赠扣除限额＝300×12%＝36(万元)

可扣除的捐赠支出＝36(万元)

想一想

应如何进行会计处理？

13) 总机构分摊的费用

非居民企业在中国境内设立的机构、场所，就其中国境外总机构发生的与该机构、场所生产经营有关的费用，能够提供总机构出具的费用汇集范围、定额、分配依据和方法等证明文件，并合理分摊的，准予扣除。

14) 资产损失

(1) 企业当期发生的固定资产和流动资产盘亏、毁损净损失，由其提供清查盘存资料经主管税务机关审核后，准予扣除。

(2) 企业因存货盘亏、毁损、报废等原因不得从销项税金中抵扣的进项税金，应视同企业财产损失，准予与存货损失一起在所得税前按规定扣除。

小知识

因为管理不善造成的存货损失,其所含的进项税额不可以抵扣,要做进项税额转出;而自然灾害造成的存货损失,其所含的进项税额可以抵扣,不用做进项税额转出。资产损失不包括有赔偿部分的损失。

例 9-11 大为企业(一般纳税人)因管理不善损失外购材料 50 万元(不含税)。保险公司审理后同意赔付 5 万元,计算该企业所得税前可以扣除的损失。

因管理不善造成的存货损失,其所含的进项税额不可以抵扣,要做进项税额转出。保险公司赔偿的部分要扣除。

税前损失=50×(1+13%)-5=51.5(万元)

15) 其他费用

其他费用包括依照有关法律、行政法规和国家有关税法规定准予扣除的其他项目,如会员费、合理的会议费、差旅费、违约金、诉讼费用等。

(四) 不得扣除的项目

在计算应纳税所得额时,下列支出不得扣除:

(1) 向投资者支付的股息、红利等权益性投资收益款项。

(2) 资本性支出,是指纳税人购置、建造固定资产和对外投资的支出。

(3) 企业所得税税款。

(4) 税收滞纳金,是指纳税人违反税收法规,被税务机关处以的滞纳金。

(5) 罚金、罚款和被没收财物的损失,是指纳税人违反国家有关法律、法规规定,被有关部门处以的罚款,以及被司法机关处以的罚金和被没收的财物。

(6) 超过规定标准的捐赠支出。

(7) 赞助支出,是指企业发生的与生产经营活动无关的各种非广告性质支出。

(8) 未经核定的准备金支出,是指不符合国务院财政、税务主管部门规定的各项资产减值准备、风险准备等准备金支出。

(9) 企业之间支付的管理费、企业内营业机构之间支付的租金和特许权使用费,以及非银行企业内营业机构之间支付的利息,不得扣除。

(10) 与取得收入无关的其他支出。

(五) 亏损弥补

亏损是指企业依照《企业所得税法》及其实施条例的规定,将每一纳税年度的收入总额减除不征税收入、免税收入和各项扣除后小于零的数额。税法规定,企业某一纳税年度发生的亏损可以用下一年度的所得弥补,下一年度的所得不足以弥补的,可以逐年延续弥补,但最长不得超过 5 年。而且,企业在汇总计算缴纳企业所得税时,计算的亏损额不包括境外所得或亏损,即境外所得不能用于弥补境内亏损,境外亏损也不能由境内所得弥补。

注意:企业筹办期间不计算为亏损年度,企业自开始生产经营的年度为开始计算企业损益的年度。企业从事生产经营之前进行筹办活动期间发生的筹办费用支出,不得计算为当期的亏损,企业可以在开始经营的当年一次性扣除,也可以按照税法的有关长期待摊费用的规定处理,但一经选定,不得改变。

例 9－12　东方公司 2012 年至 2019 年的应纳税所得额如表 9.1 所示。

表 9.1　东方公司 2012 年至 2019 年的应纳税所得额　　单位:万元

年　度	2012	2013	2014	2015	2016	2017	2018	2019
应纳税所得额	－30	－10	5	8	－5	15	5	40

计算东方公司 2019 年度应缴纳的企业所得税。

(1) 2012 年的 30 万元亏损,可以用 2013 年至 2017 年实现的盈利来弥补,还剩－2 万元(＝－30＋5＋8＋15)未弥补完。

(2) 2013 年的 10 万元亏损,可用 2014 年至 2018 年实现的盈利来弥补,还剩－5 万元(＝－10＋5)未弥补完。

(3) 2016 年的 5 万元亏损,可用 2017 年至 2019 年实现的盈利来弥补,2019 年弥补亏损后的应税所得额为 35 万元(＝40－5)。

(4) 2019 年应纳企业所得税额为 8.75 万元(＝35×25%)。

注意:在计算亏损额时,必须严格按照顺序计算,不得随意调整计算顺序。

(六) 资产的税务处理

资产的税务处理是指税法上资产计税基础、固定资产的折旧费用、生产性生物资产折旧、无形资产和长期待摊费用的摊销费用、投资资产成本扣除以及使用或者销售的存货的成本计算方法等方面的规定。如果资产的税务处理规定与企业会计准则不一致,企业计算应纳税额时应严格遵循税法规定。纳入税务处理范围的资产均以历史成本为计税基础。企业持有各项资产期间资产增值或减值,除国务院财政、税务主管部门规定可以确认损益外,不得调整该资产的计税基础。

1. 固定资产的税务处理

固定资产是指企业为生产产品、提供劳务、出租或者经营管理而持有的、使用时间超过 12 个月(不含 12 个月)的非货币性资产,包括房屋、建筑物、机器、机械、运输工具以及其他与生产经营活动有关的设备、器具、工具等。

1) 固定资产计税基础

(1) 外购的固定资产,以购买价款和支付的相关税费以及直接归属于使该资产达到预定用途发生的其他支出为计税基础。

(2) 自行建造的固定资产,以竣工结算前发生的支出为计税基础。

(3) 融资租入的固定资产,以租赁合同约定的付款总额和承租人在签订租赁合同过程中发生的相关费用为计税基础;租赁合同未约定付款总额的,以该资产的公允价值和承租人在签订租赁合同过程中发生的相关费用为计税基础。

(4) 盘盈的固定资产,以同类固定资产的重置完全价值为计税基础。

(5) 通过捐赠、投资、非货币性资产交换、债务重组等方式取得的固定资产,以该资产的公允价值和支付的相关税费为计税基础。

(6) 改建的固定资产,除已足额提取折旧的固定资产和租入的固定资产以外的其他固定资产,以改建过程中发生的改建支出增加计税基础。

提示

企业按会计规定提取的固定资产减值准备,不得税前扣除,其折旧仍按税法确定的固定资产计税基础计算扣除。

2) 固定资产折旧的范围

在计算应纳税所得额时,企业按照规定计算的固定资产折旧,准予扣除。下列固定资产不得计算折旧扣除:

(1) 房屋、建筑物以外未投入使用的固定资产。

(2) 以经营租赁方式租入的固定资产。

(3) 以融资租赁方式租出的固定资产。

(4) 已足额提取折旧仍继续使用的固定资产。

(5) 与经营活动无关的固定资产。

(6) 单独估价作为固定资产入账的土地。

(7) 其他不得计算折旧的计提方法。

3) 固定资产折旧的计提方法

固定资产按照直线法计算折旧。企业应当自固定资产投入使用月份的次月起计算折旧;停止使用的固定资产,应当自停止使用月份的次月起停止计算折旧。企业应当根据固定资产的性质和使用情况,合理确定固定资产的预计净残值。固定资产的预计净残值一经确定,不得变更。固定资产按照直线法计算的折旧,准予扣除。

提示

企业按税法规定实行加速折旧的,其按加速折旧办法计算的折旧额可全额在税前扣除。

4) 固定资产折旧的计提年限

除国务院财政、税务主管部门另有规定外,固定资产计算折旧的最低年限如下:① 房屋、建筑物为20年;② 飞机、火车、轮船、机器机械和其他生产设备为10年;③ 与生产经营活动有关的器具、工具、家具等为5年;④ 飞机、火车、轮船以外的运输工具为4年;⑤ 电子设备为3年。

从事石油、天然气等矿产资源开采的企业,在开始商业性生产前发生的费用和有关固定资产的折耗、折旧方法,由国务院财政、税务主管部门另行规定。石油、天然气开采企业在计提油气资产折耗(折旧)时,由于会计与税法规定计算方法不同导致的折耗(折旧)差异,应按税法规定进行纳税调整。

注意:企业固定资产会计折旧年限如果短于税法规定的最低折旧年限,其按会计折旧年限计提的折旧高于按税法规定的最低折旧年限计提的折旧部分,应调增当期应纳税所得额;企业固定资产会计折旧年限已期满且会计折旧已提足,但税法规定的最低折旧年限尚未到期且税收折旧尚未足额扣除,其未足额扣除的部分准予在剩余的税收折旧年限继续按规定扣除。企业固定资产会计折旧年限如果长于税法规定的最低折旧年限,其折旧应按会计折旧年限计算扣除,税法另有规定的除外。

5) 房屋、建筑物在未足额提取折旧前进行改扩建的税务处理

企业对房屋、建筑物固定资产在未足额提取折旧前进行改扩建的,属于推倒重置的,该资产原值减除提取折旧后的净值,应并入重置后的固定资产计税成本,并在该固定资产投入使用后的次月起,按照税法规定的折旧年限一并计提折旧;属于提升功能、增加面积的,该固定资产的改扩建支出,并入该固定资产计税基础,并从改扩建完工投入使用后的次月起,重新按税法规定的该固定资产折旧年限计提折旧;该改扩建后的固定资产尚可使用的年限低于税法规定的最低年限的,可以按尚可使用的年限计提折旧。

提示

已提足折旧的按照长期待摊费用摊销。

2. 生产性生物资产的税务处理

生产性生物资产是指企业为生产农产品、提供劳务或出租等而持有的生物资产,包括经济林、薪炭林、产畜和役畜等。

提示

生物资产分为消耗性、公益性、生产性 3 类,只有生产性生物资产可以计提折旧。

1) 生产性生物资产的计税基础

外购的生产性生物资产,以购买价款和支付的相关税费为计税基础。通过捐赠、投资、非货币性资产交换、债务重组等方式取得的生产性生物资产,以该资产的公允价值和支付的相关税费为计税基础。

2) 生产性生物资产折旧的方法和折旧年限

生产性生物资产按照直线法计算的折旧。企业应当自生产性生物资产投入使用月份的次月起计算折旧;停止使用的生产性生物资产,应当自停止使用月份的次月起停止计算折旧。企业应当根据生产性生物资产的性质和使用情况,合理确定生产性生物资产的预计净残值。生产性生物资产的预计净残值一经确定,不得变更。

生产性生物资产计算折旧的最低年限是:林木类生产性生物资产为 10 年;畜类生产性生物资产为 3 年。

3. 无形资产的税务处理

无形资产是指企业为生产产品、提供劳务、出租或经营管理而持有的，没有实物形态的非货币性长期资产，包括专利权、商标权、著作权、土地使用权、非专利技术、商誉等。

1）无形资产的计税基础

无形资产按照以下方法确定计税基础：

（1）外购的无形资产，以购买价款和支付的相关税费以及直接归属使该资产达到预定用途发生的其他支出为计税基础。

（2）自行开发的无形资产，以开发过程中该资产符合资本化条件后至达到预定用途前发生的支出为计税基础。

（3）通过捐赠、投资、非货币性资产交换、债务重组等方式取得的无形资产，以该资产的公允价值和支付的相关税费为计税基础。

2）无形资产的摊销范围

在计算应纳税所得额时，企业按规定计算的无形资产摊销费用，准予扣除。

下列无形资产不得计算摊销费用扣除：

（1）自行开发的支出已在计算应纳税所得额时扣除的无形资产。

（2）企业自创商誉。

（3）与经营活动无关的无形资产。

（4）其他不得计算摊销费用扣除的无形资产。

3)无形资产的摊销方法及年限

无形资产的摊销，采用直线法计算其摊销年限不得低于10年。作为投资或受让的无形资产，有关法律规定或者合同约定了使用年限的，可以按照规定或者约定的使用年限分期摊销。外购商誉的支出，在企业整体转让或者清算时准予扣除。

4. 长期待摊费用的税务处理

长期待摊费用是指企业发生的应在一个年度以上或几个年度进行摊销的费用。

1）长期待摊费用的计税基础

在计算应纳税所得额时，企业发生的下列支出作为长期待摊费用，按照规定摊销的，准予扣除：

（1）已足额提取折旧的固定资产的改建支出。

（2）租入固定资产的改建支出。

（3）固定资产的大修理支出。固定资产的大修理支出是指同时符合下列条件的支出：修理支出达到取得固定资产时的计税基础50%以上；修理后固定资产的使用年限延长2年以上。

（4）其他应当作为长期待摊费用的支出。

2）摊销方法

（1）企业的固定资产改良支出，如有关固定资产尚未提足折旧，可增加固定资产价值；如有关固定资产已提足折旧，可作为长期待摊费用，在规定的期间平均摊销。

（2）已足额提取折旧的固定资产的改建支出，按照固定资产预计尚可使用年限分期摊销；租入固定资产的改建支出，按照合同约定的剩余租赁期分期摊销；改建的固定资产延长使用年限的，除已足额提取折旧的固定资产、租入固定资产的改建支出外，应当适当延长折旧年限。

（3）大修理支出，按照固定资产尚可使用年限分期摊销。

（4）其他应当作为长期待摊费用的支出，自支出发生月份的次月起，分期摊销，摊销年限不得低于3年。

5. 存货的税务处理

存货是指企业持有以备出售的产品或商品，处在生产过程中的在产品、在生产或提供劳务过程中耗用的材料或物料等。

1）存货的计税基础

存货按照以下方法确定成本：通过支付现金方式取得的存货，以购买价款和支付的相关税费为成本；通过支付现金以外的方式取得的存货，以该存货的公允价值和支付的相关税费为成本；生产性生物资产收获的农产品，以产出或采收过程中发生的材料费、人工费和分摊的间接费用等必要支出为成本。特殊规定：除国务院财政、税务主管部门另有规定外，企业在重组过程中，应当在交易发生时确认有关资产的转让所得或损失，相关资产应当按照交易价格重新确定计税基础。

2）计价方法

企业使用或销售的存货的成本计算方法，可以在先进先出法、加权平均法、个别计价法中选用一种。计价方法一经确定，不得随意变更。

6. 投资资产的税务处理

投资资产是指企业对外进行权益性投资和债权性投资而形成的资产。

（1）投资资产按照以下方法确定成本：通过支付现金方式取得投资资产，以购买价款为成本；通过支付现金以外的方式取得的投资资产，以该资产的公允价值和支付的相关税费为成本。

（2）投资资产成本的扣除方法

企业对外投资期间，投资资产的成本在计算应纳税所得额时不得扣除；企业在转让或处置投资资产时，投资资产的成本准予扣除。

二、应纳税所得额的计算方法

（一）居民企业应纳税所得额的基本计算方法

居民企业应纳税所得额的计算以权责发生制为原则。纳税人在计算应纳税所得额时，企业财务、会计处理方法与税法不一致的，应依照税法的规定计算纳税。在实际过程中，应纳税所得额的计算一般有两种方法。

1. 直接计算法

按直接计算法，企业每一纳税年度的收入总额减除不征税收入、免税收入、各项扣除以及允许弥补的以前年度亏损后的余额为应纳税所得额。计算公式为：

$$\text{应纳税所得额}=\text{收入总额}-\text{不征税收入}-\text{免税收入}-\text{各项扣除金额}-\text{允许弥补的以前年度亏损}$$

例 9-13　东方公司是一个从事商品流通的居民企业，该公司 2019 年度销售货物收入 400 万元(其中不征税收入 10 万元)，国债利息收入 5 万元，营业外收入 80 万元，与收入配比的成本 250 万元，全年发生管理费用、销售费用和财务费用共计 50 万元，营业外支出 20 万元，2019 年度经核定结转的亏损额 10 万元。计算东方公司 2019 年度应纳税所得额。

(1) 收入总额＝400＋5＋80＝485(万元)

(2) 不征税收入＝10(万元)

(3) 免税收入＝5(万元)

(4) 应纳税所得额＝收入总额－不征税收入－免税收入－各项扣除－允许弥补的以前年度亏损＝485－10－5－(250＋50＋20)－10＝140(万元)

2. 间接计算法

按间接计算法，在会计利润总额的基础上加或减按照税法规定调整的项目金额后，即为应纳税所得额，计算公式为：

应纳税所得额＝每一纳税年度会计利润总额±纳税调整项目金额

税收调整项目金额包括两方面的内容：一是企业的财务会计处理和税收规定不一致的应予以调整的金额；二是企业按税法规定准予扣除的税收金额。

例 9-14　光大公司 2019 年实现利润总额 300 万元，其中国债利息收入 10 万元，与收入配比的成本 180 万元，全年发生管理费、销售费用和财务费用共计 60 万元，营业外支出 50 万元(其中符合规定的公益性捐赠支出 40 万元)。计算光大公司 2017 年应纳税所得额。

(1) 国债利息收入免税，应做纳税调减。

(2) 公益性捐赠支出税前扣除限额＝300×12%＝36(万元)，所以捐赠支出纳税调增额＝40－36＝4(万元)。

(3) 应纳税所得额＝300－10＋4＝294(万元)

(二) 源泉扣缴时应纳税所得额的计算方法

源泉扣缴是指依照有关法律规定或合同约定对非居民企业直接负有支付相关款项义务的单位或个人，依据企业所得税法规的相关规定对其应缴纳的企业所得税进行扣缴管理的一种征收方法。

非居民企业在中国境内未设立机构、场所的，或虽设机构、场所，与其所设机构、场所没有实际联系的企业所得应缴纳的所得税，实行源泉扣缴，以支付人为扣缴义务人，并按下列方法计算其应纳税所得额：

(1) 股息、红利等权益性投资收益和利息、租金、特许权使用费所得，以收入全额为应纳税所得额。

(2) 转让财产所得,以收入全额减除财产净值后的余额为应纳税所得额。财产净值是指有关财产的计税基础减除已经按照规定扣除的折旧、折耗、摊销、准备金后的余额。

(3) 其他所得,参照前两项规定的方法计算应纳税所得额。

扣缴义务人在每次向非居民企业支付或者到期应支付所得时,应从支付或者到期应支付的款项中扣缴企业所得税。到期应支付的款项,是指支付人按照权责发生制原则应当计入相关成本、费用的应付款项。

扣缴企业所得税应纳税额计算公式为:

扣缴企业所得税应纳税额=应纳税所得额×实际征收率

应纳税所得额的计算,以上述规定为标准;实际征收率是指《企业所得税法》及其实施条例等相关法律法规规定的税率,或税收协定规定的更低的税率。

任务三 应纳税额的计算与特别纳税调整

一、应纳税额的计算

(一) 居民企业应纳税额的计算

应纳税额是企业依照税法规定应向国家缴纳的税款。其计算公式为:

应纳税额=应纳税所得额×适用税率-减免税额-抵免税额

例 9-15 承[例 9-13]计算 2019 年度东方公司应缴纳的企业所得税税额。

2019 年东方公司应纳企业所得税税额=140×25%=35(万元)

例 9-16 光大公司为居民企业,于 2013 年 8 月成立,企业 2019 年销售收入 500 万元,转让生物资产净收益 20 万元,销售成本和税金 300 万元,财务费用、管理费用、销售费用共计 100 万元,营业外支出 30 万元,企业自行计算的应纳税所得额为 90 万元,在汇算清缴时经税务师事务所审核,发现以下事项未进行纳税调整:

(1) 已计入成本费用中实际支付的合理工资为 72 万元,计提并上缴工会经费 2.16 万元,实际发生职工福利费 15.16 万元,实际发生 1.08 万元的职工教育经费。

(2) 管理费用中列支的业务招待费 10 万元,会议费和差旅费共计 15 万元,为职工支付的五险一金共计 20 万元。

(3) 营业外支出为该企业直接向贫困地区的捐款。

(4) 12 月,该企业购买符合条件的环境保护专用设备一台,投资额为 30 万元,支出计入固定资产。

根据以上资料和税法有关规定,计算光大公司 2019 年应纳的企业所得税额。

(1) 实际支付的工资 72 万元,可据实扣除。

工会经费的扣除限额=72×2%=1.44(万元),计提了 2.16 万元,所以纳税调增额=

2.16－1.44＝0.72(万元)。

职工福利费扣除限额＝72×14%＝10.08(万元),实际发生职工福利费15.16万元,所以纳税调增额＝15.16－10.08＝5.08(万元)。

职工教育经费的扣除限额＝72×8%＝5.76(万元),由于企业实际使用1.08万元,不需要纳税调整。

工资及3项费用调增金额＝0.72＋5.08＝5.8(万元)

(2) 销售(营业)收入＝500(万元)

业务招待费扣除限额为2.5万元(＝500×5‰)<6万元(＝10×60%),只能按2.5万元扣除。会议费、差旅费和五险一金可以在税前据实扣除。

纳税调增金额＝10－2.5＝7.5(万元)

(3) 企业直接向贫困地区的捐款,不是公益性捐赠,税前不得扣除。纳税调增30万元。

(4) 企业购买符合条件的环境保护专用设备,投资额的10%可以抵免税额。

(5) 2019年度应纳税所得额＝90＋30＋5.8＋7.5＝133.3(万元)

(6) 2019年度应缴纳的企业所得税＝133.3×25%－30×10%≈30.33(万元)

例 9－17 新兴软件生产企业为居民企业,2014年成立于深圳市,2019年购买符合税收优惠的安全生产设备用于生产经营,投资额为10万元。已知该公司2015年开始盈利10万元,2016年盈利20万元,2017年盈利12万元,2018年亏损5万元,2019年盈利25万元,计算新兴公司2019年应缴纳的企业所得税税额。

经济特区的高新技术产业,2015年开始获利年度起“两免三减半”。

2015至2016年免税,2017至2019年减半征收。

应纳税所得额＝25－5＝20(万元)

应纳企业所得税＝20×25%×50%－10×10%＝1.5(万元)

提示

居民企业被认定为高新技术企业,同时又处于《国务院关于实施企业所得税过渡优惠政策的通知》规定享受企业所得税“两免三减半”“五免五减半”等定期减免税优惠过渡期的,该居民企业的所得税适用税率可以选择依照过渡期适用税率并适用减半征税至期满,或者选择适用高新技术企业的15%税率,但不能享受15%税率的减半征税。

(二) 境外税收抵免及抵免限额

税收抵免是指国家对企业(居民企业或非居民企业)来自境外所得依法征收所得税时,对其来自境内、境外所得一律汇总征税,但允许抵扣其已在境外缴纳的所得税税额,以避免国际重复征税。

税收抵免有全额抵免和限额抵免两种,在我国实行限额抵免。限额抵免就是规定有抵免的最高限额。我国规定,纳税人来源于我国境外的所得,已在境外实际缴纳的所得税

税款，准予在汇总纳税时，从其应纳税额中抵免。但抵免限额不得超过其境外所得按我国企业法律规定计算的应纳税额。

1. 限额抵免的具体规定

居民企业来源于中国境外的应税所得，以及非居民企业在中国境内设立机构、场所，取得发生在中国境外但与该机构、场所有实际联系的应税所得，可以从当期应纳税额中抵免。抵免限额为该项所得依照规定计算的应纳税额，超过抵免限额的部分，可以在以后 5 个年度内，用每年抵免限额抵免当年应抵税额后的余额进行抵补。

5 个年度，是指企业取得的来源于中国境外的所得，已经在中国境外缴纳的企业所得税性质的税额超过抵免限额的当年的次年起连续 5 个纳税年度。

2. 限额抵免的计算方法

企业可以选择按国（地区）别分别计算（即“分国（地区）不分项”），或者不按国（地区）别汇总计算（即“不分国（地区）不分项”）其来源于境外的应纳税所得额，并按规定的税率，分别计算其可抵免境外所得税税额和抵免限额。上述方式一经选择，5 年内不得改变。

分国（区）不分项计算，其计算公式为：

$$\text{税收抵免限额}=\frac{\text{中国境内、境外所得按中国法律规定计算的应纳税总额}\times\text{来源于某国(地区)的所得额}}{\text{中国境内、境外应纳税所得总额}}$$

例 9-18　红河公司 2019 年境内应纳税所得额为 100 万元，适用 25%的企业所得税税率。另外，该企业分别在 A、B 两国设有分支机构，分别按各国税法规定缴纳了所得税，在 A 国分支机构的应纳税所得额为 50 万元，A 国税率为 20%；在 B 国的分支机构应纳税所得额为 30 万元，B 国税率为 30%。计算该公司 2019 年境内外所得汇总缴纳的所得税税额。

方法一：先汇总后扣除。

(1) 计算该企业按我国税法计算的境内、境外所得的应纳税额。

应纳税额＝(100＋50＋30)×25%＝45(万元)

(2) 计算 A、B 两国的扣除限额(按小的扣除)。

$$\text{A 国的扣除限额}=(100+50+30)\times25\%\times\frac{50}{(100+50+30)}=50\times25\%=12.5(\text{万元})$$

在 A 国缴纳的所得税为 10 万元(＝50×20%)，低于扣除限额 12.5 万元，可全额扣除。

$$\text{B 国的扣除限额}=(100+50+30)\times25\%\times\frac{30}{(100+50+30)}=30\times25\%=7.5(\text{万元})$$

在 B 国缴纳的所得税为 9 万元(＝30×30%)，高于扣除限额 7.5 万元，当年可以扣除 7.5 万元，其超过扣除限额的部分 1.5 万元可以在次年起连续 5 个纳税年度内，用每年抵免限额抵免当年应抵税额后的余额进行抵补。

(3) 汇总在我国应缴纳的所得税＝45－10－7.5＝27.5(万元)

方法二：不汇总，分别计算，差额补税。

国内应缴纳的所得税＝100×25%＝25(万元)

国外：A 国补税＝50×25%－10＝2.5(万元)(正数为补税)

B国：不补税＝30×25%－9＝－1.5(万元)(负数为不补税，有尚未扣完的税)

该企业2019年在我国应缴纳的所得税＝25＋2.5＝27.5(万元)

不分国(地区)不分项的计算原理与分国(区)不分项计算原理一样。

(三) 核定征收应纳税额的计算

在实际工作中，由于各个企业的会计核算情况不同，会计核算质量高低不一等原因，为了加强企业所得税的征收管理，我国企业所得税的征收办法针对纳税人的不同情况，分别采用查账征收办法和核定征收办法。

1. 查账征收

查账征收是指由纳税人依据账簿记载，先自行计算缴纳，事后经税务机关查账核实，如有不符合税法规定的，则多退少补。会计账簿健全、会计核算规范的企业均应采用这种办法，因此，它是一种基本的、运用较为广泛的企业所得税征收办法。本章前述应纳税所得额和应纳税额的计算，均是针对查账征收办法而言的。

2. 核定征收

核定征收是指由于纳税人的会计账簿不健全，资料残缺难以查账，或者其他原因难以准确确定纳税人应纳税额时，由税务机关采用合理的方法依法核定纳税人应纳税款的一种征收方式。

核定征收的具体办法主要分为核定应税所得率或核定应纳税额两种。用其中的一种方法不足以正确核定应纳税额的，可以采用两种以上的方法核定。采用两种以上方法测算的应纳税额不一致时，可按测算的应纳税额从高核定。

1) 核定其应税所得率

核定应税所得率征收是税务机关按照一定的标准、程序和方法，首先核定纳税人的应税所得率，根据纳税人纳税年度内的收入总额或成本费用等项目的实际发生额，计算出应纳税所得额，然后再乘以税率计算缴纳企业所得税的办法。

具有下列情形之一的，核定其应税所得率：

(1) 能正确核算(查实)收入总额，但不能正确核算(查实)成本费用总额的。

(2) 能正确核算(查实)成本费用总额，但不能正确核算(查实)收入总额的。

(3) 通过合理方法，能计算和推定纳税人收入总额或成本费用总额的。

采用应纳税所得率方式核定征收企业所得税的，应纳税额计算公式如下：

应纳税额＝应纳税所得额×适用税率

其中

应纳税所得额＝应税收入额×应税所得率

或

应纳税所得额＝成本(费用)支出额÷(1－应税所得率)×应税所得率

应税所得率不是税率，它是对核定征收企业所得税的企业计算其应纳税所得额(不是应纳税额)时预先规定的比例，是企业应纳税所得额占其经营收入的比例。该比例根据各个行业的实际销售利润率或者经营利润率等情况分别测算得出。现行企业执行调整后的应税所得率如表9.2所示。

表 9.2　不同行业企业应税所得率

行　业	应税所得率
农、林、牧、渔业	3%～10%
制造业	5%～15%
批发和零售贸易业	4%～15%
交通运输业	7%～15%
建筑业	8%～20%
饮食业	8%～25%
娱乐业	15%～30%
其他行业	10%～30%

例 9－19　祥庆公司是一家饮食企业，因其在会计核算中账簿设置不规范，凭证残缺不全，账目较为混乱，难以查账，税务机关认定其为采用应税所得率核定征收企业所得税纳税人。2019 年，该企业向主管税务机关申报收入总额 120 万元，成本费用支出总额 127.5 万元，全年亏损 7.5 万元，经税务机关审核，成本费用支出核算准确，但收入总额不实。税务机关核定的应税所得率为 25%。计算 2019 年度该企业应缴纳的企业所得税税额。

应纳税所得额＝127.5÷(1－25%)×25%＝42.5(万元)

应纳税额＝42.5×25%＝10.63(万元)

2) 核定应纳税额

核定应纳税额是税务机关依照有关法律、法规的规定，按照一定的程序，核定纳税人在一定经营时期内的应纳税经营额及收益额，并以此为计税依据，确定其应纳税额的一种征收方式。

纳税人不具备核定应税所得率 3 个情形之一的，应采用核定应纳税额的方法。税务机关采用下列方法核定征收企业所得税：

(1) 参照当时同类行业或类似行业中经营规模和收入水平相近的纳税人的税负水平核定。

(2) 按应纳税收入额或成本费用支出额定率核定。

(3) 按耗用的原材料、燃料、动力等推算或测算核定。

(4) 按其他合理方法核定。

二、特别纳税调整

特别纳税调整是指税务机关出于实施反避税目的而对纳税人特定纳税事项所做的税务调整，包括针对纳税人转让定价、资本弱化及其他避税情况所进行的税务调整。

(一) 特别纳税调整具体规定

企业与其关联方之间的业务往来，不符合独立交易原则，有减少企业或其关联方应纳税收入或所得额的，税务机关有权按照合理方法进行调整。企业与其关联方共同开发、受让无形资产，或者共同提供、接受劳务发生的成本，在计算应纳税所得税额时应当按照独立交易原则进行分摊。

关联方是指与企业有下列关联关系之一的企业、其他组织或者个人：在资金、经营、购销等方面存在直接或者间接的控制关系；直接或者间接地同为第三者控制；在利益上具有相关联的其他关系。

（二）特别纳税调整的内容

特别纳税调整包括税务机关对企业转让定价、预约定价安排、成本分摊协议、受控外国企业、资本弱化以及一般反避税等特别纳税调整事项的管理。

（1）转让定价方法。企业发生关联交易以及税务机关审核、评估关联交易均应遵循独立交易原则，选用合理的转让定价方法，包括可比非受控价格法、再销售价格法、成本加成法、交易净利润法、利润分割法和其他符合独立交易原则的方法，如表9.3所示。

表9.3 转让定价方法的具体内容

方 法	含 义
可比非受控价格法	以非关联方之间进行的与关联交易相同或类似业务活动所收取的价格作为关联交易的公平成交价格
再销售价格法	以关联方购进商品再销售给非关联方的价格减去可比非关联交易毛利后的金额作为关联方购进商品的公平成交价格。计算公式如下： 公平成交价格＝再销售给非关联方的价格×(1－可比非关联交易毛利率)
成本加成法	以可比非关联交易的利润率指标确定关联交易的净利润。利润率指标包括资产收益率、销售利润率、完全成本加成率、贝里比率等
利润分割法	根据企业与其关联方对关联交易合并利润的贡献计算各自应该分配的利润额。利润分割法分为一般利润分割法和剩余利润分割法

提示

税务机关对企业实施转让定价纳税调整后，应自企业被调整的最后年度的下一年度起5年内实施跟踪管理。

（2）预约定价安排管理。预约定价安排管理是指税务机关对企业提出的未来年度关联交易的定价原则和计算方法进行审核评估，并与企业协商达成预约定价安排等工作的总称。

（3）成本分摊协议管理。成本分摊协议管理是指税务机关对企业与其关联方签署的成本分摊协议是否符合独立交易原则进行审核评估和调查调整等工作的总称。

（4）受控外国企业管理。受控外国企业管理是指税务机关对受控外国企业不用利润分配或减少分配进行审核评估和调查，并对归属于中国居民企业所得进行调整等工作的总称。

（5）资本弱化管理。资本弱化管理是指税务机关对企业接受关联方债权性投资与企业接受的权益性投资的比例是否符合规定比例或独立交易原则进行审核评估和调查调整等工作的总称。

(6) 一般反避税条款。一般反避税条款是指税务机关对企业实施其他不具有合理商业目的的安排而减少其应纳税收入或所得额进行审核评估和调查调整等工作的总称。

任务四　企业所得税的纳税申报与缴纳

一、企业所得税纳税地点

(1) 除税收法律、行政法规另有规定外，居民企业以企业登记注册地为纳税地点；但登记注册地在境外的，以实际管理机构所在地为纳税地点。

(2) 居民企业在中国境内设立不具有法人资格的营业机构的，应当汇总计算并缴纳企业所得税。

(3) 非居民企业在中国境内设立机构、场所的，应当就其所设机构、场所取得的来源于中国境内的所得，以及发生在中国境内但与其所设机构、场所有实际联系的所得，以机构、场所所在地为纳税地点。

非居民企业在中国境内设立两个或者两个以上机构、场所的，经税务机关审核批准，可以选择由其主要机构、场所汇总缴纳企业所得税。

(4) 非居民企业在中国境内未设立机构、场所的，或者虽设立机构、场所但取得的所得与其所设机构、场所没有实际联系的所得，以扣缴义务人所在地为纳税地点。

(5) 除国务院另有规定外，企业之间不得合并缴纳企业所得税。

二、企业所得税纳税期限

(1) 企业所得税按年度计算，分月或者分季预缴，年终汇算清缴，多退少补。

(2) 企业的纳税年度，自公历1月1日起至12月31日止。企业在一个纳税年度中间开业，或者终止经营活动，使该纳税年度的实际经营期不足12个月的，应当以其实际经营期为一个纳税年度。企业依法清算时，应当以清算期间作为一个纳税年度。

(3) 企业应当自年度终了之日起5个月内，向税务机关报送年度企业所得税纳税申报表，并汇算清缴，结清应缴应退税款。

(4) 企业在年度中间终止经营活动的，应当自实际经营终止之日起60日内，向税务机关办理当期企业所得税汇算清缴。

三、企业所得税纳税申报

(1) 企业所得税预缴纳税申报表分A类申报表和B类申报表两种。企业所得税月(季)度预缴纳税申报表(A类)适用于实行查账(核实)征收企业所得税的居民纳税人在月(季)度预缴企业所得税时使用;企业所得税月(季)度预缴纳税申报表(B类)适用于核定征收企业所得税的纳税人在月(季、年)度申报缴纳企业所得税时使用。扣缴义务人还要填报"扣缴报告表",汇总企业应填报"汇总纳税分支机构分配表"。

(2)《中华人民共和国企业所得税年度纳税申报表(A类,2017年版)》(简称申报表)适用于实行查账征收企业所得税的居民企业纳税人。申报表为主表、一级附表、二级附表和三级附表的4层架构体系(见图9.1)。主表包括利润总额的计算、应纳税所得额的计算、应纳税额的计算三大部分(见表9.4)。有些附表对应主表各项目;有些附表的数据来源于其他附表,使得主表与附表、附表与附表之间的关系比较复杂。为避免填报混乱,纳税人应明确本企业需要填报的报表有哪些,主表与各附表之间的关系及填报顺序。

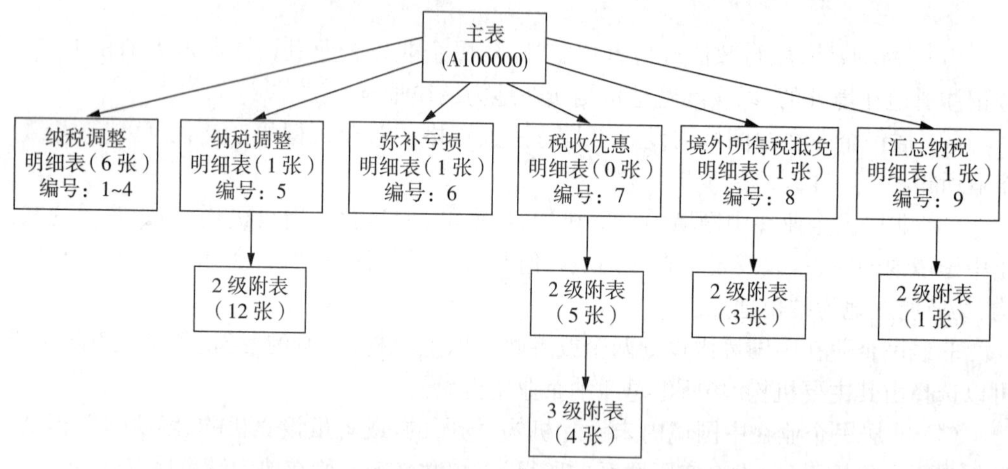

图9.1 企业所得税年度纳税申报表架构体系

表9.4 中华人民共和国企业所得税年度纳税申报表(A类)

行次	类别	项目	金额
1	利润总额计算	一、营业收入(填写A101010\101020\103000)	
2		减:营业成本(填写A102010\102020\103000)	
3		减:税金及附加	
4		减:销售费用(填写A104000)	
5		减:管理费用(填写A104000)	
6		减:财务费用(填写A104000)	
7		减:资产减值损失	
8		加:公允价值变动收益	
9		加:投资收益	
10		二、营业利润(1-2-3-4-5-6-7+8+9)	
11		加:营业外收入(填写A101010\101020\103000)	
12		减:营业外支出(填写A102010\102020\103000)	
13		三、利润总额(10+11-12)	

续　表

行　次	类　别	项　目	金　额
14	应纳税所得额计算	减：境外所得(填写 A108010)	
15		加：纳税调整增加额(填写 A105000)	
16		减：纳税调整减少额(填写 A105000)	
17		减：免税、减计收入及加计扣除(填写 A107010)	
18		加：境外应税所得抵减境内亏损(填写 A108000)	
19		四、纳税调整后所得(13－14＋15－16－17＋18)	
20		减：所得减免(填写 A107020)	
21		减：弥补以前年度亏损(填写 A106000)	
22		减：抵扣应纳税所得额(填写 A107030)	
23		五、应纳税所得额(19－20－21－22)	
24	应纳税额计算	税率(25%)	
25		六、应纳所得税额(23×24)	
26		减：减免所得税额(填写 A107040)	
27		减：抵免所得税额(填写 A107050)	
28		七、应纳税额(25－26－27)	
29		加：境外所得应纳所得税额(填写 A108000)	
30		减：境外所得抵免所得税额(填写 A108000)	
31		八、实际应纳所得税额(28＋29－30)	
32		减：本年累计实际已缴纳的所得税额	
33		九、本年应补(退)所得税额(31－32)	
34		其中：总机构分摊本年应补(退)所得税额(填写 A109000)	
35		财政集中分配本年应补(退)所得税额(填写 A109000)	
36		总机构主体生产经营部门分摊本年应补(退)所得税额(填写 A109000)	

任务五　企业所得税的会计处理

根据我国现行会计制度，企业所得税采用资产负债表债务法进行核算，要求企业从资产负债表出发，通过比较资产负债表上列示的资产、负债，按照企业会计准则规定确定的账面价值与按照税法规定确定的计税基础，对于两者之间的差额分别应纳税暂时性差异与可抵扣暂时性差异，确认相关的递延所得税负债与递延所得税资产，并在此基础上确定每一期间利润表中的所得税费用。

小知识

资产负债观直接从资产和负债的角度确认与计量企业的收益，认为收益是企业期末

净资产与期初净资产的差额，强调综合收益，收益由排除资本变动的净资产的期初期末余额之差产生。在所得税会计中，基于会计准则与税法的不同关系，形成了财务会计与税务会计不同的模式，具体表现在对待差异的不同处理方法上，因而形成了不同的所得税会计处理方法。从各国所得税会计处理发展趋势看，越来越多的国家开始采用体现资产负债观的负债表债务法。

一、所得税会计核算的一般程序

企业进行所得税核算时一般应遵循以下程序：

（1）按照相关企业会计准则规定，确定资产负债表中除递延所得税资产和递延所得税负债以外的其他资产和负债项目的账面价值。

（2）按照企业会计准则中对于资产和负债计税基础的确定方法，以适用的税收法规为基础，确认资产负债表中有关资产、负债项目的计税基础。

（3）比较资产、负债的账面价值与其计税基础，对于两者之间存在差异的，分析其性质，除企业会计准则中规定的特殊情况外，分别应纳税暂时性差异与可抵扣暂时性差异，确定该资产负债表日递延所得税负债和递延所得税资产的应有金额，并与期初递延所得税负债和递延所得税资产的余额相比，确定当期应予进一步确认的递延所得税资产和递延所得税负债金额或应予以转销的金额，作为递延所得税。

（4）按照适用的税法规定计算确定当期应纳税所得额，将应纳税所得额与适用的所得税税率计算的结果确认为当期应交所得税（即当期所得税），同时结合当期确认的递延所得税资产和递延所得税负债（即递延所得税），作为利润表应予确认的所得税费用。

二、企业所得税计税基础与暂时性差异

（一）计税基础

所得税会计核算的关键在于确定资产、负债的计税基础。资产、负债的计税基础的确定，与税收法规的规定密切关联。计税基础分为资产的计税基础与负债的计税基础。

1. 资产的计税基础

资产的计税基础，是指企业收回资产账面价值的过程中，计算应纳税所得额时按照税法规定可以自应税经济利益中抵扣的金额，即某一项资产在未来使用或最终处置时，允许被作为成本或费用用于税前扣除的金额。

提示

资产的计税基础是假定企业按照税法规定进行核算所提供的资产负债表中资产的应有金额。

资产的计税基础可用公式表示为：

资产的计税基础＝未来可税前扣除的金额

通常情况下，各项资产在取得时其入账价值(会计账面价值)与计税基础是相同的，只是在其后续计量过程中，因企业会计准则规定与税法规定不同，才可能产生资产的账面价值与其计税基础的差异。

例 9－20　华联公司于 2019 年 1 月 1 日取得固定资产，初始计量时会计准则与税法规定相同，初始入账价值为 150 万元，与初始计税基础相同。但在后续计量中，会计规定预计使用寿命 5 年，无残值，采用直线法计提折旧；税法规定预计使用寿命 5 年，无残值，但采用年数总和法计提折旧。2019 年年末该固定资产的账面与计税基础各为多少万元?

2019 年年末固定资产的账面价值＝150－150÷5＝120(万元)

2019 年年末固定资产的计税基础＝150－150×5÷15＝100(万元)

2. 负债的计税基础

负债的计税基础是指负值的账面价值减去未来期间计算应纳税所得额时按照税法规定可以抵扣的金额，即某一项负债在未来期间计税时不可以税前抵扣的金额。负债的计税基础用公式可表示如下：

负债的计税基础＝该项负债的账面价值－未来可税前扣除的金额

一般情况下，负债的确认与偿还不会对企业的当期损益和不同期间的应纳税所得额产生影响，计税基础即为账面价值，即未来期间计算应纳税所得额时按照税法规定可予以抵扣的金额为零，如短期借款、应付票据、应付账款等。但是，在某些情况下，负债的确认可能会影响损益，进而影响不同期间的应纳税所得额，使计税基础与账面价值之间产生差异。

例 9－21　华联公司 2019 年因销售产品承诺提供 3 年的免费售后服务，该公司按会计准则规定在当年度利润表中确认了 600 万元的销售费用，同时确认为预计负债。当年度未发生任何保修支出。按税法规定，与产品售后服务相关的费用只能在实际发生时税前扣除。2019 年年末该预计负债的账面价值与计税基础各为多少万元?

2019 年年末预计负债的账面价值 500(万元)

2019 年年末预计负债的计税基础＝500－500＝0(万元)

(二) 暂时性差异

暂时性差异，指资产或者负债的账面价值与其计税基础之间的差额；某些未作为资产和负债确认的项目，按照税法规定可以确定计税基础的，其计税基础与账面价值之间的差额也属于暂时性差异。其中，账面价值是指按照企业会计准则规定确定的有关资产、负债在企业的资产负债表中应列示的金额。计税基础是指按前述方法计算确定的资产或负债的计税基础。

根据暂时性差异对未来期间应纳税所得额的影响，分为应纳税暂时性差异和可抵扣暂时性差异。

1. 应纳税暂时性差异

应纳税暂时性差异是指在确定未来收回资产或清偿负债期间的应纳税所得额时，将导致产生应税金额的暂时性差异，即在未来期间不考虑该事项影响的应纳税所得额的基础上，由于该暂时性差异的转回，会进一步增加转回期间的应纳税所得额和应交所得税金额，在其产生当期应当确认相关的递延所得税负债。它主要由以下情况产生。

1）资产的账面价值大于其计税基础

资产的账面价值代表的是企业在持续使用及最终出售该项资产时将取得的经济利益的总额，而计税基础代表是的是资产在未来期间可予税前扣除的总金额。资产的账面价值大于其计税基础，该项资产未来期间产生的经济利益不能全部税前抵扣，两者之间的差额会造成未来期间应纳税所得额和应交所得税的增加，产生应纳税暂时性差异。

例 9－22　以[例 9－20]为例，资产的账面价值与计税基础的差额为 20 万元（＝120－100），两者之间的差额会造成未来期间应纳税所得额和应交所得税的增加，在其产生当期，应确认相关的递延所得税负债。

2）负债的账面价值小于其计税基础

负债的账面价值为企业预计在未来期间清偿该项负债时的经济利益流出，而计税基础代表的是账面价值在扣除税法规定未来期间允许税前扣除的金额之后的差额。因负债的账面价值与其计税基础不同产生的暂时性差异，实质上是税法规定该项负债在未来期间可以税前扣除的金额。负债的账面价值小于其计税基础，则意味着就该项负债在未来期间应纳税所得额的基础上调增，增加应纳税额，产生应纳税暂时性差异。

2. 可抵扣暂时性差异

可抵扣暂时性差异，是指在确定未来收回资产或清偿负债期间的应纳税所得额时，将导致产生可抵扣金额的暂时性差异。该差异在未来期间转回时会减少转回期间的应纳税所得额，减少未来期间的应交所得税。在可抵扣暂时性差异产生当期，符合确认条件时，应当确认相关的递延所得税资产。可抵扣暂时性差异一般产生于以下情况。

1）资产的账面价值小于其计税基础

从经济含义来看，资产在未来期间产生的经济利益少，按照税法规定允许税前扣除的金额多，则企业在未来期间可以减少应纳税所得额并减少应交所得税，产生可抵扣暂时性差异。

2）负债的账面价值大于其计税基础

负债产生的暂时性差异实质上是税法规定就该项负债可以在未来期间税前扣除的金额。负债的账面价值大于其计税基础，意味着未来期间按税法规定与负债相关的全部或部分金额可以自未来应税经济利益中扣除，减少未来期间的应纳税所得额和应交所得税，产生可抵扣暂时性差异。

例 9－23　以[例 9－21]为例，该项预计负债产生的暂时性差异 500 万元（＝500－0），意味着未来期间按税法规定与负债相关的全部或部分支出可以自未来应税经济利益中扣除，减少未来期间的应纳税所得额和应交所得税。符合有关确认条件时，应确认相

关的递延所得税资产。

三、递延所得税负债及递延所得税资产的确认和计量

企业在计算确定了应纳税暂时性差异与可抵扣暂时性差异后，应当按照所得税会计准则规定的原则确认相关的递延所得税负债以及递延所得税资产。

（一）递延所得税负债的确认和计量

1. 递延所得税负债的确认

企业在确认因应纳税暂时性差异产生的递延所得税负债时，应遵循以下原则：

除企业会计准则中明确规定可不确认递延所得税负债的情况以外，企业对于所有的应纳税暂时性差异均应确认相关的递延所得税负债。除直接计入所有者权益的交易或事项以及企业合并外，在确认递延所得税负债的同时，应增加利润表中的所得税费用。

2. 不确认递延所得税负债的情况

有些情况下，虽然资产、负债的账面价值与其计税基础不同，产生了应纳税暂时性差异，但出于各方面考虑，企业会计准则中规定不确认递延所得税负债，主要包括三种情况：① 商誉的初始确认。非同一控制下的企业合并中，企业合并成本大于合并中取得的被购买方可辨认净资产公允价值份额的差额，按照会计准则规定应确认为商誉。因会计与税收的划分标准不同，会计上作为非同一控制下的企业合并按税法规定计税时为免税合并的情况下，商誉的计税基础为零，其账面价值与计税基础形成应纳税暂时性差异，准则中规定不确认与其相关的递延所得税负债。② 与子公司、联营企业、合营企业投资等相关的应纳税暂时性差异，一般应确认相应的递延所得税负债，但同时满足以下两个条件的除外：一是投资企业能够控制暂时性差异转回的时间，二是该暂时性差异在可预见的未来很可能不会转回。满足上述条件时，投资企业可以运用自身的影响力决定暂时性差异的转回。③ 除企业合并以外的其他交易或事项中，如果该项交易或事项发生时既不影响会计利润，也不影响应纳税所得额，则所产生的资产、负债的初始确认金额与其计税基础不同，形成应纳税暂时性差异的，交易或事项发生时不确认相应的递延所得负债。

3. 递延所得税负债的计量

资产负债表日，对于递延所得税负债，应当根据适用税法规定，按照预期收回该资产或清偿该负债的适用税率计量。即递延所得税负债应以相关应纳税暂时性差异转回期间适用的所得税税率计量。但是，无论应纳税暂时性差异的转回期间如何，递延所得税负债不要求折现。适用税率是指按照税法规定，在暂时性差异预计转回期间执行的税率。

（二）递延所得税资产的确认和计量

1. 递延所得税资产的确认

递延所得税资产产生于可抵扣暂时性差异。企业在确认因可抵扣暂时性差异产生的递延所得税资产时，应遵循以下原则：

（1）递延所得税资产的确认应以未来期间可能取得的应纳税所得额为限。

(2) 企业对于能够结转以后年度的未弥补亏损,应视同可抵扣暂时性差异,以很可能获得用来抵扣该部分亏损的未来应纳税所得额为限,确认相应的递延所得税资产。

(3) 企业合并中,按照会计规定确定的合并中取得各项可辨认资产、负债的公允价值与其计税基础之间形成可抵扣暂时性差异的,应确认相应的递延所得税资产及调整合并中应予确认的商誉。

(4) 与直接计入所有者权益的交易或事项相关的可抵扣暂时性差异,相应的递延所得税资产应计入所有者权益,如因可供出售金融资产公允价值下降而应确认的递延所得税资产。

2. 不确认递延所得税资产的情况

某些情况下,如果企业发生的某项交易或事项不是企业合并,并且交易或事项发生时既不影响会计利润,也不影响应纳税所得额,则所产生的资产、负债的初始确认金额与其计税基础不同,形成可抵扣暂时性差异的,交易或事项发生时不确认相应的递延所得税资产。

3. 递延所得税资产的计量

同递延所得税负债的计量原则相一致,确认递延所得税资产时,应当以预期收回该资产期间的适用所得税税率为基础计算确定。无论相关的可抵扣暂时性差异转回如何,递延所得税资产均不要求折现。

资产负债表日,企业应当对递延所得税资产的账面价值进行复核。如果未来期间很可能无法取得足够的应纳税所得额用以利用递延所得税资产的利益,应当减记递延所得税资产的账面价值;在很可能获得足够的应纳税所得额时,减记的金额应当转回。

四、所得税费用的确认和计量

采用资产负债表债务法核算所得税的情况下,利润表中的所得税费用由两个部分组成:当期所得税费用和递延所得税费用。

(一) 当期所得税费用

当期所得税费用,是指企业按照税法规定计算确定的、针对当期发生的交易和事项,应缴纳给税务部门的所得税金额,即当期应交所得税。企业在确定当期所得税时,对于当期发生的交易或事项,会计处理与税收处理不同的,应在会计利润的基础上,按照适用税收法规的要求进行调整,计算出当期应纳税所得额,按照应纳税所得额与适用所得税税率计算当期应交所得税。当期所得税费用即当期应交所得税。

关于当期应纳税所得额和当期应交所得税的具体计算方法,已在本项目任务二第二部分和任务三第一部分分别做了详细介绍,这里不再赘述。

(二) 递延所得税费用(收益)

递延所得税费用(收益),是指企业在某一会计期间确认的递延所得税资产及递延所得税负债的综合结果。即按照企业会计准则规定,应予确认的递延所得税资产和递延所

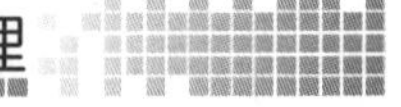

得税负债，在期末应有的金额相对于原已确认金额之间的差额，即递延所得税资产及递延所得税负债的当期发生额，但不包括计入所有者权益的交易或事项的及企业合并所得税影响。用公式表示为：

期末递延所得税资产＝可抵扣暂时性差异期末余额×预计税率

期末递延所得税负债＝应纳税暂时性差异期末余额×预计税率

当期递延所得税资产(负债)＝期末递延所得税资产(负债)－期初递延所得税资产(负债)

想一想

确认递延所得税负债或递延所得税资产时，同时将相关的所得税影响确认为递延所得税费用(或收益)的前提是什么？

(三) 所得税费用的计算

计算确定了当期所得税以及递延所得税以后，利润中应予确认的所得税费用为二者之和，即：

所得税费用＝应交所得税＋(－)递延所得税费用(收益)

＝应交所得税＋(期末递延所得税负债－期初递延所得税负债)－(期末递延所得税资产－期初递延所得税资产)

五、会计科目的设置与会计处理

(一) 会计科目设置

1. “所得税费用”账户

“所得税费用”账户是损益类账户，采用资产负债表债务法的企业，需要增设“当期所得税费用”“当期所得税收益”“递延所得税费用”和“递延所得税收益”4 个二级账户。将本期应记入损益的所得税费用，记入借方；本期转回的“递延的所得税资产”，按转回数借记本账户；本期转回的“递延所得税负债”，按转回数贷记本期账户(为简化核算，本书所举例的“所得税费用”科目不进行明细核算)。期末，应将其余额转入“本年利润”结转后，“所得税费用”账户无余额。

2. “递延所得税资产”账户

“递延所得税资产”账户核算由于可抵减性暂时性差异形成所得税影响金额，以及以后各期转回金额和因税率变动调整的金额。“递延所得税资产”账户借方反映企业本期因可抵扣暂时性差异产生的影响纳税金额，以及因所得税适用税率提高而调增的纳税影响金额；“递延所得税资产”账户贷方反映企业本期转销已确认的暂时性差异对纳税影响的金额，以及因所得税适用税率降低而调减的纳税影响金额；“递延所得税资产”的期末借方余额，反映尚未转回可抵扣暂时性差异形成所得税影响金额。

3.“递延所得税负债”账户

“递延所得税负债”账户核算企业由于应纳税暂时性差异形成所得税影响金额，以及以后各期转回金额和因税率变动调整的金额。“递延所得税负债”账户贷方反映企业本期因应纳税暂时性差异形成所得税影响金额，以及本期因所得税适用税率提高而调增的纳税影响金额；“递延所得税负债账户借方反映企业本期转销已确认的应纳税暂时性差异对纳税影响的金额，以及因所得税适用税率降低而调减的纳税影响金额；“递延所得税负债”账户的期末贷方余额，反映尚未转回的暂时性差异影响所得税的金额。

（二）会计处理

例 9－24 正益公司以 20 000 元买入一台机器，公司采用 2 年直线法计提折旧。计税时，该机器按 4 年直线法折旧，净残值为零，税率是 25%，假设该公司不考虑其他纳税调整事项，采用资产负债表债务法核算所得税。具体核算方法如下：

（1）根据上述资料计算列表，如表 9.5 所示。

表 9.5 资料列表

金额单位:元

项 目	年 份				
	第 0 年	第 1 年	第 2 年	第 3 年	第 4 年
账面价值	20 000	10 000	0	0	0
计税基础	20 000	15 000	10 000	5 000	0
应税暂时差异	0	－5 000	－10 000	－5 000	0
税率	25%	25%	25%	25%	25%
逐年累计影响所得税费用金额	0	－1 250	－2 500	－1 250	0
各年影响所得税费用金额	0	－1 250	－1 250	1 250	1 250

（2）上述因各年度的账面价值小于各年度的计税基础，可判断是可抵扣暂时性差异。

（3）根据以上确认和计量结果，采用资产负债表债务法编制正益公司在第 1 年至第 4 年有关的会计分录。

第 1 年：确认因暂时性差异影响的所得税费用金额。

借：递延所得税资产 1 250

　　贷：所得税费用 1 250

第 2 年的会计分录与第 1 年相同。

第 3 年：确认因转回的暂时性差异影响的所得税费用金额。

借：所得税费用 1 250

　　贷：递延所得税资产 1 250

第 4 年的会计分录与第 3 年相同。

例 9－25 2019 年度，华联实业股份有限公司利润表中的利润总额为 5 500 万元，该公司适用的所得税税率为 25%。2019 年 1 月 1 日，华联公司资产、负债的账面价值与其计税基础存在差异的项目如表 9.6 所示。

表 9.6　资产、负债账面价值与计税基础比较　　金额单位:万元

项　目	账面价值	计税基础	暂时性差异	
			应纳税暂时性差异	可抵扣暂时性差异
交易性金融资产	3 000	2 300	700	—
存货	9 000	9 300	—	300
固定资产	6 500	5 860	640	—
无形资产	2 500	2 700	—	200
预计负债	300	0	—	300
合　计	—	—	1 340	800

2019 年度,华联公司发生下列会计处理与税收处理存在差别的交易和事项:

(1) 本年会计计提的固定资产折旧费为 560 万元,按照税法规定允许税前扣除的折旧费用为 720 万元。

(2) 向关联企业捐赠现金 500 万元,按税法规定,不允许税前扣除。

(3) 期末确认交易性金融资产公允价值变动收益 300 万元。

(4) 违反环保法规定支付罚款 260 万元。

(5) 期末计提存货跌价准备 200 万元。

2019 年 12 月 31 日,华联公司资产、负债的账面价值与其计税基础存在差异的项目如表 9.7 所示。

表 9.7　资产、负债账面价值与计税基础比较　　金额单位:万元

项　目	账面价值	计税基础	暂时性差异	
			应纳税暂时性差异	可抵扣暂时性差异
交易性金融资产	5 000	4 000	1 000	—
存货	8 000	8 500	—	500
固定资产	6 000	5 200	800	—
无形资产	3 400	3 600	—	200
预计负债	300	0	—	300
合　计	—	—	1 800	1 000

假定华联公司不存在可抵扣亏损和税款抵减,预计在未来期间能够产生足够的应纳税所得额用以抵扣可抵扣暂时性差异。

计算华联公司当期所得税、递延所得税及递延所得税负债、递延所得税资产,并编制相关的会计分录。

(1) 计算确定当期所得税。

应纳税所得额＝5 500－(720－560)＋500－300＋260＋200＝6 000(万元)

应交所得税＝6 000×25%＝1 500(万元)

(2) 计算确定递延所得税。

当期确认的递延所得税负债=1 800×25%-1 340×25%=115(万元)

当期确认的递延所得税资产=1 000×25%-800×25%=50(万元)

当期确认的递延所得税=115-50=65(万元)

当期确认的所得税费用=1 500+65=1 565(万元)

(3) 编制确认所得税的会计分录。

借:所得税费用　　15 650 00

　递延所得税资产　　500 000

　贷:应交税费——应交所得税　　15 000 000

　　递延所得税负债　　1 150 000

项目小结

企业所得税是对我国境内企业与其他取得收入的组织的生产经营所得和其他所得征收的所得税,在我国税收体系中占有重要地位。

企业所得税的纳税人具体分为居民企业和非居民企业,企业所得税的税率是25%。非居民企业在中国境内未设立机构、场所的,或者虽设立机构、场所但所得与其所设机构、场所没有实际联系的,适用20%的税率。国家对重点扶持与鼓励发展的产业和项目,给予所得税优惠,还规定了一些优惠税率或其他优惠政策。

企业所得税的应纳税额按应纳税所得额乘以适用税率,减去依照有关税收优惠的规定减免和抵免的税额后的余额计算。其中,应纳税所得额是指企业每一纳税年度的收入总额,减去不征税收入、免税收入、各项扣除以及允许弥补的以前年度亏损后的余额。应纳税所得额也可以在会计利润的基础上,根据税法规定进行相应的纳税调整。

国家对企业来自境外所得依法征收所得税时,允许企业将已在境外缴纳的所得税税额从其应向我国缴纳的所得税税额中扣除。

现行会计准则要求采用资产负债表债务法进行所得税会计处理,对资产或负债的账面价值与其计税基础之间的暂时性差异,应分别可抵扣暂时性差异和应纳税暂时性差异,并确认为递延所得税资产和递延所得税负债进行反映。

企业所得税的纳税人应在规定的时间、地点申报并缴纳企业所得税。

项目十
个人所得税的业务处理

学习目标

通过学习，明确个人所得税的有关法律规定，熟悉个人所得税的应纳税所得额及应纳税额的计算方法，掌握个人所得税的会计处理方法，提高个人所得税会计核算的实务操作能力。

任务一　个人所得税的基本知识

一、个人所得税的概念及特点

(一) 个人所得税概念

个人所得税是国家以个人(自然人)取得的各项应税所得为征税对象所征收的一种直接税，体现了国家与个人之间的分配关系，是国家筹集资金、调节个人收入、缩小贫富差距、维护社会稳定的重要手段。

小知识

个人所得税最早产生于1799年的英国，是世界各国普遍征收的一个税种。目前，全世界已有140多个国家开征了个人所得税，在有的国家它已经成为主体税种。在我国，个人所得税是所得税法的重要组成部分，它在税法体系中的地位正在逐年提高。2018年8月31日第十三届全国人民代表大会常务委员会第五次会议通过关于修改《中华人民共和国个人所得税法》的决定，修改后的个人所得税法自2019年1月1日起施行。

(二) 个人所得税的特点

1. 实行分类征收和综合征收相结合

世界各国的个人所得税制大体分为3种类型：分类所得税制、综合所得税制和混合所得税制。我国将属于征税范围的个人所得分为9个税。前4项所得为综合所得，适用综合征收;后 5 项所得适用分类征收。

2. 累进税率与比例税率并用

我国现行个人所得税根据各类个人所得的不同性质和特点,采用累进税率和比例税率。其综合所得、经营所得,采用累进税率;对于财产租赁所得等,采用比例税率。两类税率相结合,能够体现公平并兼顾效率。

3. 费用扣除额从宽从简

我国本着费用扣除从宽从简的原则,采用总额扣除法,按所得类型分别采用定额扣除或定率扣除两种方法,免去了对个人实际生活费用支出逐项计算的麻烦,各种所得项目实行分类计算,并具有明确的费用扣除规定,扣除内容从宽,扣除方法从简,计算简单易行,符合税制简便原则。

4. 采取课源制和申报制两种征税方法

现行个人所得税的征收采取由支付单位源泉扣缴和纳税人自行申报两种方法。对于可以在应税所得的支付环节扣缴个人所得税的,均由支付单位在支付时实行源泉扣缴;对于没有扣缴义务人或者在两处或两处以上取得工资、薪金所得以及不便于扣缴的情况,采取由纳税人自行申报纳税办法。

二、个人所得税纳税人及扣缴义务人

(一) 个人所得税纳税人

个人所得税以取得应税所得的自然人为纳税人,包括中国公民,个体工商户,个人独资、合伙企业投资人,企事业单位的承包承租经营人,外籍人员(包括无国籍人员)及香港、澳门、台湾同胞等。按住所和居住时间两个标准,个人所得税的纳税人可以分为居民纳税人和非居民纳税人,它们分别承担不同的纳税义务。

注意:个人所得税纳税人为自然人,不仅包括个人,还包括具有自然人性质的企业,我国个人独资企业和合伙企业投资者应依法缴纳个人所得税。

1. 居民纳税人

居民纳税人,是指在中国境内有住所的,或者无住所而一个纳税年度内在中国境内居住累计满 183 天的个人。

所谓在中国境内有住所的个人,是指因户籍、家庭、经济利益关系而在中国境内习惯性居住的个人。习惯性居住地,是指个人因学习、工作、探亲、旅游等原因消除后,没有理由在其他地方继续居留时,所要回到的地方。

居民纳税人负有无限纳税义务,其所取得的应纳税所得,无论是来源于中国境内还是中国境外任何地方,都要在中国缴纳个人所得税。个人只要符合或达到其中任何一个标准,就可被认定为居民纳税人,其来源于境内、境外的所得均应向我国缴纳个人所得税。

小知识

住所是指公民生活和活动的场所。我国民法所称的住所，通常是指永久性场所，是公民户籍所在地的居住地。按照户籍标准，每个公民只有一个住所。税法所称的住所，是指习惯性住所，也称习惯性居住地。如果一个人的习惯性居住地在中国境内，即使其在一个或几个纳税年度未在中国境内居住过，这个人也是中国的居民纳税人。这里的中国境内指中国大陆地区，目前还不包括香港、澳门和台湾地区。

2. 非居民纳税人

非居民纳税人，是指在中国境内无住所又不居住，或者无住所而一个纳税年度内在中国境内居住累计不满 183 天的个人。非居民纳税人是指习惯性居住地不在中国境内，而且不在中国境内居住，或者在中国境内居住不满 1 年的个人。

非居民纳税人承担有限的纳税义务，只就其来源于中国境内的所得向中国政府缴纳个人所得税。

想一想

乔治、布莱克和史密斯 3 位先生均系美国俄亥俄州人，而且都是美国科通技术发展有限公司高级雇员。因工作需要，乔治和布莱克于 2019 年 12 月 8 日被美国总公司派往中国的分公司北京业务区工作。紧接着，2020 年 2 月 10 日史密斯也被派往中国上海业务区工作。其间，各自因工作需要，均回国述职一段时间。乔治于 2020 年 7 月—8 月回国 2 个月，布莱克和史密斯于 2020 年 9 月回国 20 天。请问乔治、布莱克和史密斯 2019 年、2020 年分别是居民纳税人还是非居民纳税人？

（二）扣缴义务人

个人所得税，以所得人为纳税义务人，以支付所得的单位或者个人为扣缴义务人。

我国个人所得税实行源泉扣缴和个人申报纳税相结合的征收办法。除个人独资、合伙企业投资者、个体工商户、对企事业单位的承包承租经营人、独立劳动者等无扣缴义务的独立纳税人，以及税法规定的其他需要自行申报纳税的情形外，其他纳税人的各项应税所得应缴的个人所得税，均应以支付所得的单位或个人为扣缴义务人。扣缴义务人应当按照国家规定办理全员全额扣缴申报。

三、个人所得税的征税对象、征税范围及所得来源地确定

（一）征税对象

个人所得税的征税对象是纳税人的各项应税个人所得。

根据分类所得税制的特性，我国现行个人所得税法及实施条例，将应税个人所得分为 6 大项目，具体的征税范围如下。

1. 综合所得

(1) 工资、薪金所得。

工资、薪金所得,是指个人因任职或者受雇而取得的工资、薪金、奖金、年终加薪、劳动分红、津贴、补贴以及与任职或者受雇有关的其他所得。

下列项目不予征税:① 独生子女补贴;② 执行公务员工资制度未纳入基本工资总额的补贴、津贴差额和家属成员的副食品补贴;③ 托儿补助费;④ 差旅费津贴、误餐补助。

提示

一般来说,工资、薪金所得属于非独立个人劳动所得。所谓非独立个人劳动,是指个人所从事的是由他人指定、安排接受管理的劳动,工作或服务于公司、工厂、行政事业单位的人员(私营企业主除外)均为非独立劳动者。他们从上述单位取得的劳动报酬,是以工资、薪金的形式体现的。

(2) 劳务报酬所得。

劳务报酬所得,是指个人从事设计、装潢、安装、制图、化验、测试、医疗、法律、会计、咨询、讲学、翻译、审稿、书画、雕刻、影视、录音、录像、演出、表演、广告、展览、技术服务、介绍服务、经纪服务、代办服务以及其他劳务报酬的所得(属于独立个人劳动所得)。

小知识

工资薪金与劳务报酬的区别是:工资、薪金所得属于非独立个人劳务活动,即在机关、团体、学校、部队、企业、事业单位及其他组织中任职、受雇而得到的报酬,其与支付报酬的单位存在雇佣与被雇佣关系;而劳务报酬所得,则是个人独立从事各种技艺、提供各项劳务取得的报酬,其与支付报酬的单位不存在雇佣与被雇佣关系。

(3) 稿酬所得。

稿酬所得,是指个人因其作品以图书、报刊形式出版、发表的所得。这里所说的作品,包括文学作品、书画作品、摄影作品以及其他作品。作者去世后,财产继承人取得的遗作稿酬,亦应征收个人所得税。

(4) 特许权使用费所得。

特许权使用费所得,是指个人提供专利权、商标权、著作权、非专利技术以及其他特许权的使用权的所得,不包括稿酬所得。

① 作者将自己的文字作品手稿原件或复印件公开拍卖(竞价)的所得,属于提供著作权的使用所得,故应按特许权使用费所得项目征收个人所得税。

② 个人取得特许权的经济赔偿收入,应按特许权使用费所得缴纳个人所得税。

2. 经营所得

(1) 个体工商户从事生产、经营活动取得的所得,个人独资企业投资人、合伙企业的个人合伙人来源于境内注册的个人独资企业、合伙企业生产、经营的所得。

(2) 个人依法从事办学、医疗、咨询以及其他有偿服务活动取得的所得。

(3) 个人对企业、事业单位承包经营、承租经营以及转包、转租取得的所得。

(4) 个人从事其他生产、经营活动取得的所得。

3. 利息、股息、红利所得

利息(包括银行结算账户利息)、股息、红利所得,是指个人拥有债权、股权的利息、股息、红利所得。

4. 财产租赁所得

财产租赁所得,是指个人出租动产、不动产、机器设备、车船以及其他财产的所得。

提示

个人取得的财产转租收入,属于"财产租赁所得"的征税范围,由财产转租人缴纳个人所得税。

5. 财产转让所得

财产转让所得,是指个人转让有价证券、股权、合伙企业中的财产份额、不动产、机器设备、车船以及其他财产取得的所得。

提示

注意区分特许权使用费所得、稿酬所得、财产转让所得。

6. 偶然所得

偶然所得,是指个人得奖、中奖、中彩以及其他偶然性质的所得。

(二) 征税范围

1. 居民纳税人的征税规定

居民纳税人负有无限纳税义务,应就其来源于中国境内、境外的所得缴纳个人所得税,具体规定如表 10.1 所示。

表 10.1　居民纳税人来源于中国境内、境外的所得缴纳个人所得税规定

纳税义务人	判定标准	征税对象范围
居民纳税人 (负无限纳税义务)	① 在中国境内有住所的个人; ② 在中国境内无住所,而一个纳税年度内在中国境内居住累计满 183 天的个人。居住满 1 年是指在一个纳税年度(即公历 1 月 1 日起至 12 月 31 日止,下同)内,在中国境内 365 日	境内所得 境外所得

2. 非居民纳税人的征税规定

非居民纳税人承担有限纳税义务,仅就来源于中国境内的所得缴纳个人所得税。具体规定如表 10.2 所示。

表 10.2 非居民纳税人来源于中国境内的所得缴纳个人所得税规定

纳税义务人	判定标准	征税对象范围
非居民纳税人 (负有限纳税义务)	① 在中国境内无住所且不居住的个人; ② 一个纳税年度内在中国境内居住累计不满 183 天的个人	境内所得

3. 对无住所的纳税人工资薪金所得的征税规定

结合上述规定,对中国境内无住所的个人,工资薪金所得征税规定如表 10.3 所示。

表 10.3 中国境内无住所的纳税人工资薪金所得征税规定

居住时间	纳税人性质	境内所得		境外所得	
		境内支付	境外支付	境内支付	境外支付
90 天以内	非居民	√	免税	×	×
90 天~183 天 (不满 183 天)	非居民	√	√	×	×
183 天(含)~6 年(不含)	居民	√	√	√	免税
6 年及以上	居民	√	√	√	√

注:√代表征税,×代表不征税。

(三) 所得来源的确定

所得来源地与支付地是不同的两个概念,有时二者是一致的,有时二者是不一致的。对纳税人尤其是非居民纳税人来说,判断其所得来源地,对正确履行纳税义务影响很大。

除国务院财政、税务主管部门另有规定外,下列所得,不论支付地点是否在中国境内,均为来源于中国境内的所得:

(1) 因任职、受雇、履约等在中国境内提供劳务取得的所得。

(2) 将财产出租给承租人在中国境内使用而取得的所得。

(3) 许可各种特许权在中国境内使用而取得的所得。

(4) 转让中国境内的不动产等财产或者在中国境内转让其他财产取得的所得。

(5) 从中国境内企业、事业单位、其他组织以及居民个人取得的利息、股息、红利所得。

(6) 提供专利权、非专利技术、商标权、著作权,以及其他特许权在中国境内使用的所得。

(7) 因持有中国的各种债券、股票、股权而从中国境内的公司、企业或其他经济组织及个人取得的利息、股息、红利所得。

四、个人所得税税率

个人所得税分别不同个人所得项目,规定了超额累进税率和比例税率两种形式。

(1) 综合所得。适用 3%~45%的 7 级超额累进税率,如表 10.4 所示。

表 10.4　个人所得税税率表(综合所得适用)

级　数	全年应纳税所得额	税率(%)	速算扣除数(元)
1	不超过 36 000 元的部分	3	0
2	超过 36 000 元至 144 000 元的部分	10	2 520
3	超过 144 000 元至 300 000 元的部分	20	16 920
4	超过 300 000 元至 420 000 元的部分	25	31 920
5	超过 420 000 元至 660 000 元的部分	30	52 920
6	超过 660 000 元至 960 000 元的部分	35	85 920
7	超过 960 000 元的部分	45	181 920

注 1:本表所称全年应纳税所得额是指依照个人所得税法第六条的规定,居民个人取得综合所得以每一纳税年度收入额减除费用 6 万元以及专项扣除、专项附加扣除和依法确定的其他扣除后的余额。

注 2:非居民个人取得工资、薪金所得,劳务报酬所得,稿酬所得和特许权使用费所得,适用依照表 10.4 按月换算后的超额累进税率。

(2) 经营所得,适用 5%～35%的五级超额累进税率,如表 10.5 所示。

表 10.5　个人所得税税率表(经营所得适用)

级　数	全年应纳税所得额	税率(%)	速算扣除数(元)
1	不超过 30 000 元的部分	5	0
2	超过 30 000 元至 90 000 元的部分	10	1 500
3	超过 90 000 元至 300 000 元的部分	20	10 500
4	超过 300 000 元至 500 000 元的部分	30	40 500
5	超过 500 000 元的部分	35	65 500

注:本表所称全年应纳税所得额是指依照税法的规定,以每一纳税年度的收入总额减除成本、费用以及损失后的余额。

(3) 财产租赁所得,财产转让所得,利息、股息、红利所得,偶然所得适用 20%的比例税率。

五、个人所得税税收优惠

(一) 免税项目

(1) 省级人民政府、国务院部委和中国人民解放军军以上单位,以及外国组织、国际组织颁发的科学、教育、技术、文化、卫生、体育、环境保护等方面的奖金。

(2) 国债和国家发行的金融债券利息。

(3) 按照国家统一规定发给的补贴、津贴。它是指按照国务院规定发给的政府特殊津贴、院士津贴、资深院士津贴和国务院规定免纳个人所得税的补贴、津贴。

(4) 福利费、抚恤金、救济金。

(5) 保险赔款。

(6) 军人的转业费、复员费、退役金。

(7) 按照国家统一规定发给干部、职工的安家费、退职费、基本养老金或退休费、离休

费、离休生活补助费。

离退休人员按规定领取离退休金或养老金外，另从原任职单位取得的各类补贴、奖金、实物，不属于个人所得税法规定可以免税的退休金、离休工资、离休生活补助费，应按“工资、薪金所得”应税项目的规定缴纳个人所得税。

(8) 依照我国有关法律规定应予免税的各国驻华使馆、领事馆的外交代表、领事官员和其他人员的所得。

(9) 中国政府参加的国际公约、签订的协议中规定免税的所得。

(10) 国务院规定的其他免税所得。

上述十项免税规定，由国务院报全国人民代表大会常务委员会备案。

(二) 减征项目

有下列情形之一的，经批准可以减征个人所得税：

(1) 残疾、孤老人员和烈属所得。

(2) 因严重自然灾害造成重大损失的。

上述两项减征具体幅度和期限，由省、自治区、直辖市人民政府规定，并报同级人民代表大会常务委员会备案。国务院可以规定其他减税情形，报全国人民代表大会常务委员会备案。

任务二　个人所得税应纳税所得额的计算

个人所得税的计税依据是纳税人取得的应纳税所得额。应纳税所得额是个人取得的各项收入减去税法规定的扣除项目或扣除金额之后的余额。在计算确定应纳税所得额时，应区分不同应税所得项目，分项进行费用扣除，即根据不同税目分别按定额、定率或其他会计处理方法进行扣除。

一、居民个人的综合所得应纳税所得额

居民个人的综合所得，以每一纳税年度的收入额减除费用6万元以及专项扣除、专项附加扣除和依法确定的其他扣除后的余额，为应纳税所得额。

$$\text{综合所得应纳税所得额}=\text{每一纳税年度的收入额}-\text{费用 6 万元}-\text{专项扣除}-\text{专项附加扣除}-\text{依法确定的其他扣除}$$

(一) 每一纳税年度的收入额

其中，劳务报酬所得、稿酬所得、特许权使用费所得以收入减除20%的费用后的余额为收入额。稿酬所得的收入额减按70%计算。

$$\text{劳务报酬所得、特许权使用费所得每一纳税年度的收入额}=\text{收入}\times(1-20\%)$$

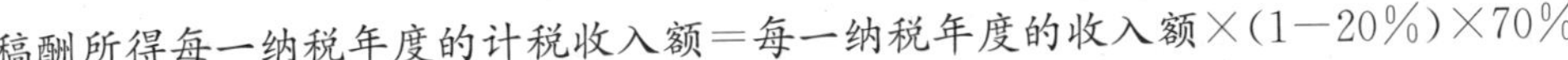

稿酬所得每一纳税年度的计税收入额＝每一纳税年度的收入额×(1－20%)×70%

(二) 各项扣除

专项扣除，包括居民个人按照国家规定的范围和标准缴纳的基本养老保险、基本医疗保险、失业保险等社会保险费和住房公积金等。

专项附加扣除，包括子女教育、继续教育、大病医疗、住房贷款利息或者住房租金、赡养老人等支出，具体范围、标准和实施步骤由国务院确定，并报全国人民代表大会常务委员会备案。2022 年 3 月 28 日国务院正式发布《关于设立 3 岁以下婴幼儿照护个人所得税专项附加扣除通知》，自 2022 年 1 月 1 日起纳税照护 3 岁以下婴幼儿子女的相关支出在计算缴纳个人所得税前按照每个婴幼儿每月 1 000 元的标准定额扣除。

依法确定的其他扣除，包括个人缴付符合国家规定的企业年金、职业年金，个人购买符合国家规定的商业健康保险、税收递延型商业养老保险的支出，以及国务院规定可以扣除的其他项目。

专项扣除、专项附加扣除和依法确定的其他扣除，以居民个人一个纳税年度的应纳税所得额为限额；一个纳税年度扣除不完的，不结转以后年度扣除。

二、非居民个人的工资、薪金所得等 4 项所得

非居民个人的工资、薪金所得，以每月收入额减除费用 5 000 元后的余额为应纳税所得额；劳务报酬所得、稿酬所得、特许权使用费所得，以每次收入额为应纳税所得额。

工资、薪金所得应纳税所得额＝每月收入额－费用 5 000 元

劳务报酬所得、稿酬所得、特许权使用费所得应纳税所得额＝每次收入额

劳务报酬所得、稿酬所得、特许权使用费所得以收入减除 20%的费用后的余额为收入额；其中，稿酬所得的收入额减按 70%计算。

劳务报酬所得、特许权使用费所得收入额＝收入×(1－20%)

其中

稿酬所得＝收入×(1－20%)×70%

三、经营所得应纳税所得额

经营所得以每一纳税年度的收入总额减除成本、费用以及损失后的余额，为应纳税所得额。计算公式为：

应纳税所得额＝纳税年度的收入总额－成本－费用－损失－税金及附加

取得经营所得的个人，没有综合所得的，计算其每一纳税年度的应纳税所得额时，应当减除费用 6 万元、专项扣除、专项附加扣除以及依法确定的其他扣除。专项附加扣除在办理汇算清缴时减除。

(一) 实行查账征收的个体工商户的应纳税所得额

对于实行查账征收的个体工商户，其生产、经营所得，以每一纳税年度的收入总额，减除成本、费用及损失后的余额，为应纳税所得额。计算公式为：

应纳税所得额=收入总额-(成本+费用+损失+准予扣除的税金)

1. 收入总额

个体工商户的收入总额是指个体工商户从事生产、经营以及与生产、经营有关的活动所取得的各项收入，包括商品(产品)销售收入、营运收入、劳务服务收入、工程价款收入、财产出租或转让收入、利息收入、其他收入和营业外收入。

2. 准予扣除的项目

(1) 成本、费用。它是指个体工商户从事生产、经营所发生的各项直接支出和分配计入成本的间接费用以及销售费用、管理费用、财务费用。

(2) 损失。它是指个体工商户在生产、经营过程中发生的各项营业外支出。

(3) 税金。它是指个体工商户按规定缴纳的消费税、城市维护建设税、资源税、土地增值税、土地使用税、房产税、车船税、印花税、耕地占用税、教育费附加。

3. 准予在所得税前列支的其他项目及列支标准

(1) 借款利息，凡有合法证明的，未超过中国人民银行规定的同类、同期贷款利率计算的数额部分，准予扣除。

(2) 财产保险、运输保险及从业人员的养老、医疗保险，按国家规定的标准计算扣除。

(3) 与生产经营有关的修理费用，可据实扣除。

(4) 缴纳的工商管理费、个体劳动者协会会费、摊位费，按实际发生数扣除。

(5) 个体工商户向其从业人员实际支付的合理的工资、薪金，允许在税前据实扣除。

(6) 个体工商户拨缴的工会经费、发生的职工福利费及职工教育经费支出分别在工资薪金总额的2%、14%、2.5%的标准内据实扣除。职工教育经费超过部分，准予结转以后纳税年度扣除。

(7) 广告费和业务宣传费用，不超过当年销售(营业)收入15%的部分，可据实扣除；超过部分，准予在以后纳税年度结转扣除。

(8) 业务招待费，按照发生额的60%扣除，但最高不得超过当年销售(营业)收入的5‰。超过部分，不得扣除。

(9) 经申报主管税务机关审核后，允许用下一年度的经营所得弥补，下一年度所得不足弥补的，允许逐年延续弥补，但最长不得超过5年。

(10) 个体户将其所得通过中国境内的社会团体、国家机关向教育和其他社会公益事业以及遭受严重自然灾害地区、贫困地区的捐赠，捐赠额不超过其应纳税所得额30%的部分可以据实扣除。纳税人直接给受益人的捐赠不得扣除。

4. 不得在所得税前列支的项目

(1) 资本性支出。

(2) 被没收的财物、支付的罚款。

(3) 缴纳的个人所得税、税收滞纳金、罚金和罚款。

(4) 各种赞助支出。
(5) 自然灾害或者意外事故损失有赔偿的部分。
(6) 分配给投资者的股利。
(7) 用于个人和家庭的支出。
(8) 个体工商户业主的工资支出。
(9) 与生产经营无关的其他支出。
(10) 国家税务总局规定不准扣除的其他支出。

(二) 个人独资企业和合伙企业的应纳税所得额

个人独资企业和合伙企业比照此税目执行。个人独资企业以投资者全部生产、经营所得为应纳税所得额;合伙企业的投资者按照合伙企业的全部生产、经营所得和合伙协议约定的分配比例确定应纳税所得额。合伙协议没有约定分配比例的,以全部生产、经营所得和合伙人数量平均计算每个投资者的应纳税所得额。

对个人独资企业和合伙企业生产经营所得缴纳个人所得税有查账征税与核定征税两种计算办法。

(1) 查账征税应纳税所得额计算公式为:

应纳税所得额=全年收入总额－成本、费用及损失

(2) 核定征税应纳税所得额计算公式为:

应纳税所得额=收入总额×应税所得率=成本费用支出额÷(1－应税所得率)×应税所得率

实行核定征税的投资者,不能享受个人所得税的优惠政策。

四、财产租赁所得的应纳税所得额

在确定财产租赁的应纳税所得额时,纳税人在出租财产过程中缴纳的税金和教育费附加,可持完税凭证,从其财产租赁收入中扣除。准予扣除的项目除了规定费用和有关税费外,还准予扣除能够提供有效、准确凭证,证明由纳税人负担的该出租财产实际开支的修缮费用。允许扣除的修缮费用,以每次800元为限。一次扣除不完的,准予在下一次继续扣除,直到扣完为止。

计算财产租赁的应纳税所得额采用定额扣除和定率扣除相结合的方法,具体计算公式如下:

(1) 每次(月)收入不超过4 000元的:

应纳税所得额=每次(月)收入额－准予扣除项目－修缮费用(800元为限)－800元

(2) 每次(月)收入超过4 000元的:

应纳税所得额=[每次(月)收入额－准予扣除项目－修缮费用(800元为限)]×(1－20%)

相关链接

财产租赁收入扣除费用范围和顺序包括税费+租金+修缮费+法定扣除标准。

在计算财产租赁所得个人所得税时,首先应扣除财产租赁过程中缴纳的税费;其次,扣除个人向出租方支付的租金(适用于个人承租房屋再行转租的情况,无转租收入不扣此项);再次,扣除由纳税人负担的该出租财产实际开支的修缮费用;最后,减除税法规定的费用扣除标准。经前两项减除后,如果余额不足4 000元,则减去800元;如果余额超过4 000元,则减去20%。

五、财产转让所得的应纳税所得额

财产转让所得以转让财产取得的收入额减除财产原值和合理费用后的余额为应纳税所得额。

财产转让所得中允许减除的财产原值具体包括如下内容:

(1) 有价证券。其原值为买入价以及买入时按规定缴纳的有关费用。

(2) 建筑物。其原值为建造费或购进价格及其他有关税费。

(3) 土地使用权。其原值为取得土地使用权所支付的金额、开发土地的费用及其他有关税费。

(4) 机器设备、车船。其原值为购进价格、运输费、安装费及其他有关费用。

(5) 其他资产。其原值参照以上方法确定。

纳税人不能提供合法、完整、准确的财产原值凭证,不能正确计算财产原值的,按转让收入额的3%征收率计算缴纳个人所得税;拍卖品为经文物部门认定是海外回流文物的,按转让收入额的2%征收率计算缴纳个人所得税。

"合理费用"是指卖出财产时按照规定支付的有关税费,经税务机关认定方可减除。

财产转让所得的应纳税所得额的计算公式为:

应纳税所得额=收入额-财产原值-合理费用

提示

财产转让所得的应交个人所得税采用按转让的每项财产计征的方法。

六、利息、股息、红利所得及偶然所得的应纳税所得额

利息、股息、红利所得,偶然所得,以每次收入额为应纳税所得额,一般无费用扣除。计算公式为:

应纳税所得额=每次收入额

七、计税依据特殊规定

（1）公益慈善事业捐赠。个人将其所得对教育、扶贫、济困等公益慈善事业进行捐赠，捐赠额未超过纳税人申报的应纳税所得额30%的部分，可以从其应纳税所得额中扣除；国务院规定对公益慈善事业捐赠实行全额税前扣除的，从其规定。

（2）个人资助，个人的所得（不含偶然所得和经国务院财政部门确定征税的其他所得）用于资助非关联的科研机构和高等学校研究开发新产品、新技术、新工艺所发生的研究开发经费，可以在下月或下次或当年计征个人所得税时，全额从应纳税所得额中扣除。

（3）个人取得的应纳税所得，包括现金、实物和有价证券。

八、每次收入的确定

个人所得税法及其实施条例在确定各项所得的应纳税所得额时，有不少项目中出现了“每次收入”的概念。正确确定每次收入，是准确计算每项所得应纳税所得额的关键。为了避免一些纳税义务人在扣缴税款时发生错误，税法对各项所得的每次收入做了严格界定。具体如下：

（1）劳务报酬所得、稿酬所得、特许权使用费所得，属于一次性收入的，以取得该项收入为一次；属于同一项目连续性收入的，以一个月内取得的收入为一次。

（2）财产租赁所得，以一个月内取得的收入为一次。

（3）利息、股息、红利所得，以支付利息、股息、红利时取得的收入为一次。

（4）偶然所得，以每次取得该项收入为一次。

任务三　个人所得税应纳税额的计算

由于个人所得税实行分税制，所以，应纳税所得项目不同，其适用税率、费用扣除标准及应纳税额的计算方法均有所不同。

一、工资、薪金所得应纳税额的计算

（一）综合所得应纳个人所得税的计算

年综合所得，适用3%～45%的超额累进税率，其应纳税额的基本计算公式为：

应纳税额＝应纳税所得额适用税率－速算扣除数

例 10－1　王东为在中国企业工作的中国公民，2019年综合所得项目年应纳税所得额为57 000元，计算其当月应纳个人所得税税额。

综合所得项目年应纳税额=57 000×10%−2 520=3 180(元)

(二) 非居民个人的工资、薪金所得等 4 项所得

非居民个人的工资、薪金所得、劳务报酬所得、稿酬所得、特许权使用费所得的月应纳税所得额,适用 3%~45%的超额累进税率。

例 10-2 华联外商投资公司中工作的美国专家史密斯(非居民纳税人)2019 年 5 月份取得由华联公司发放的工资收入 10 400 元人民币。计算其应纳个人所得税税额。

(1) 应纳税所得额=10 400−5 000=5 400(元)

(2) 应纳税额=5 400×10%−210=330(元)

(三) 个人取得全年一次性奖金等应纳个人所得税的计算

1. 全年一次性奖金的概念

全年一次性奖金是指行政机关、企事业单位等扣缴义务人根据其全年经济效益和对雇员全年工作业绩的综合考核情况,向雇员发放的一次性奖金,也包括年终加薪、实行年薪制和绩效工资办法的单位根据考核情况兑现的年薪和绩效工资、单位低于构建成本价对职工售房、雇员以非上市公司股票期权形式取得的工资薪金所得,一次收入较多的,但半年奖、季度奖、加班奖、先进奖、考勤奖等除外。

2. 全年一次性奖金的计算方法

居民个人取得全年一次性奖金,符合《国家税务总局关于调整个人取得全年一次性奖金等计算征收个人所得税方法问题的通知》(国税发〔2005〕9 号)规定的,在 2021 年 12 月 31 日前,不并入当年综合所得,以全年一次性奖金收入除以 12 个月得到的数额,按照按月换算后的综合所得税率表,确定适用税率和速算扣除数,单独计算纳税。计算公式为:

应纳税额=全年一次性奖金收入×适用税率−速算扣除数

自 2022 年 1 月 1 日起,居民个人取得全年一次性奖金,应并入当年综合所得计算缴纳个人所得税。

例 10-3 中国公民张江为居民纳税人,在东风有限责任公司工作,2020 年 1 月取得 2019 年一次性奖金 12 000 元,张江选择单独计算纳税,不并入当年综合所得计算缴纳个人所得税。计算张江 2016 全年一次性奖金应缴纳的个人所得税。

12 000÷12=1 000(元),适用税率为 3%。

2019 全年一次性奖金应纳税额=12 000×3%=360(元)

3. 关于解除劳动关系、提前退休的一次性补偿收入的政策

(1) 个人与用人单位解除劳动关系取得一次性补偿收入(包括用人单位发放的经济补偿金、生活补助费和其他补助费),在当地上年职工平均工资 3 倍数额以内的部分,免征个人所得税;超过 3 倍数额的部分,不并入当年综合所得,单独适用综合所得税率表,计算纳税。

(2) 个人办理提前退休手续而取得的一次性补贴收入,应按照办理提前退休手续至法定离退休年龄之间实际年度数平均分摊,确定适用税率和速算扣除数,单独适用综合所

得税率表，计算纳税。计算公式：

应纳税额＝{[(一次性补贴收入÷办理提前退休手续至法定退休年龄的实际年度数)－费用扣除标准]×适用税率－速算扣除数}×办理提前退休手续至法定退休年龄的实际年度数

例 10－4　中国公民王柱为居民纳税人，在新兴公司工作了15年，2019年10月与该单位解除聘用关系，取得一次性补偿收入108 000元。新兴甲公司所在地上年平均工资为18 000元。计算王柱的补偿收入应缴纳的个人所得税。

(1) 解除劳动关系取得一次性补偿收入的应纳税所得额＝108 000－18 000×3＝54 000(元)

(2) 适用税率10%，速算扣除数2 520。

(3) 应缴纳的个人所得税＝54 000×10%－2 520＝2 880(元)

经营所得应纳税额有查账征收和查定征收两种，个体工商户生产经营所得的个人所得税是按年征收，按月(或季)预缴，本教材主要介绍查账征收计算方法。

应纳税所得额＝全年收入总额－(成本＋费用＋损失＋准予扣除的税金)

应纳税额＝应纳税所得额×适用税率－速算扣除数

例 10－5　东方运输公司系中国公民张为投资经营的一个个体工商企业，2019年度取得劳动收入100万元，劳动成本55万元，税金附加3.3万元，业务招待费用3万元；共有雇员6人，人均月工资3 200元；张为每月领取工资3 000元，没有专项附加扣除费用，当年向某单位借入流动资金10万元，支付利息费用1.2万元，同期银行贷款利息率为6.8%。计算张为2019年应缴纳的个人所得税。

(1) 收入总额＝100万元。

(2) 计算扣除的成本税金。

业务招待费按实际发生额计算的扣除额＝3×60%＝1.8(万元)

与按收入计算扣除限额0.5万元(＝100×5‰)相比较，按规定只能扣除0.5万元。

雇员工资可按实际数扣除，但张为每年只能扣除生计费60 000元，超过部分不得扣除。

雇员和张为的费用扣除额＝6×0.32×12＋6＝29.04(万元)

非金融机构的借款利息费用按同期银行的贷款利率计算扣除，超过部分不得扣除。

利息费用扣除限额＝10×6.8%＝0.68(万元)

扣除的成本税金＝55＋3.3＋0.5＋29.04＋0.68＝88.52(万元)

(3) 应纳税所得额＝100－88.52＝11.48(万元)

(4) 2019年应缴纳个人所得税＝11.48×20%－1.05＝1.246(万元)

二、财产租赁所得应纳税额的计算

财产租赁所得应纳税额的计算公式为：

应纳税额＝应纳税所得额×适用税率(20%)

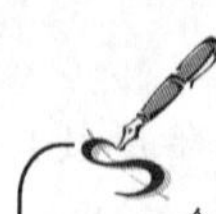

提示

个人按市场价格出租居民住房的所得，减按10%的税率征收。

例 10-6 居住在市区的中国居民李林，2019 年 5 月 1 日—7 月 30 日前往英国参加培训，出国期间将其国内自己的小汽车出租给他人使用，每月取得租金 5 000 元，出租小汽车每月缴纳税金及附加共 275 元，取得有效凭证。9 月将租入的一套住房转租，当月向出租方支付月租金 4 500 元，转租收取月租金 6 500 元，当月实际支付房屋租赁过程中的各种税费 500 元，并取得有效凭证。计算李林小汽车租金收入与转租收入应缴纳的个人所得税。

(1) 租金收入应缴纳的个人所得税＝(5 000－275)×(1－20%)×20%×3＝2 268(元)

每月租金 5 000 元，扣除 275 元税费后，余额超过 4 000 元，则减去 20%。

(2) 转租住房应缴纳的个人所得税＝(6 500－500－4 500－800) ×10%＝70(元)

注意：转租租金 6 500 元，首先扣除财产租赁过程中缴纳的税费 500 元，其次扣除个人向出租方支付的租金 4 500 元，经上述减除后，如果余额不足 4 000 元，则减去 800 元。

三、财产转让所得应纳税额的计算

财产转让所得应纳税额的计算公式为：

应纳税额＝应纳税所得额×适用税率(20%)

例 10-7 王珊 2019 年 8 月建房一栋，造价 600 000 元，支付费用 20 000 元。2019 年 12 月王珊转让房屋，售价 1 000 000 元，在卖房过程中按规定支付交易费等有关费用 30 000 元。计算王珊转让房屋应纳的个人所得税。

应纳税所税额＝财产转让收入－财产原值－合理费用

＝1 000 000－(600 000＋20 000)－30 000＝350 000(元)

应纳的个人所得税＝350 000×20%＝70 000(元)

四、利息、股息、红利所得，偶然所得和其他所得应纳税额的计算

应纳税额＝应纳税所得额(每次收入额)×适用税率(20%)

自 2013 年 1 月 1 日起，个人从公开发行和转让市场取得的上市公司股票，持股期限在 1 个月以内(含 1 个月)的，其股息红利所得全额计入应纳税所得额(税负为 20%)；持股期限在 1 个月以上至 1 年(含 1 年)的，暂减按 50%计入应纳税所得额(税负为 10%)；持股期限超过 1 年的，暂免征收个人所得税。

例 10-8 王林 2020 年 2 月购买某上市公司的股票 10 000 股，该上市公司

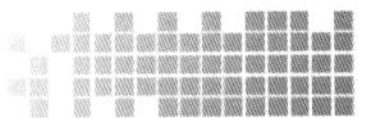

2019年度的利润方案为每10股送3股，并于2020年6月份实施，该股票的面值为每股1元。计算上市公司应扣缴王林的个人所得税。

上市公司应扣缴王林的个人所得税＝10 000÷10×3×1×50％×20％＝300(元)

五、境外所得的税额抵免

居民个人从中国境外取得的所得，可以从其应纳税额中抵免已在境外缴纳的个人所得税税额，但抵免额不得超过该纳税人境外所得依照本法规定计算的应纳税额。

居民个人从中国境内和境外取得的综合所得、经营所得，应当分别合并计算应纳税额；从中国境内和境外取得的其他所得，应当分别单独计算应纳税额。

(1) 已在境外缴纳的个人所得税税额，是指居民个人来源于中国境外的所得，依照该所得来源国家(地区)的法律应当缴纳并且实际已经缴纳的所得税税额。

(2) 纳税人境外所得依照我国个人所得税法规定计算的应纳税额，是居民个人抵免已在境外缴纳的综合所得、经营所得以及其他所得的所得税税额的限额(简称抵免限额)。除国务院财政、税务主管部门另有规定外，来源于中国境外一个国家(地区)的综合所得抵免限额、经营所得抵免限额以及其他所得抵免限额之和，为来源于该国家(地区)所得的抵免限额。

(3) 居民个人在中国境外一个国家(地区)实际已经缴纳的个人所得税税额，低于依照前款规定计算出的来源于该国家(地区)所得的抵免限额的，应当在中国缴纳差额部分的税款；超过来源于该国家(地区)所得的抵免限额的，其超过部分不得在本纳税年度的应纳税额中抵免，但是可以在以后纳税年度来源于该国家(地区)所得的抵免限额的余额中补扣。补扣期限最长不得超过5年。

例10－9　居民个人王先生2020年度在中国境内工作期间取得工资薪金收入30万元，在A国工作期间取得工资薪金收入，无其他综合所得，需合并计算其在境内、境外的综合所得。已知其综合所得可扣除基本减除费用6万元，专项扣除及专项附加扣除7万元，还可税前扣除公益性捐赠2万元。同时王先生取得来源于A国的股息红利收入10万元，已按A国税法缴纳个税1万元。假设王先生来源于境内的工资薪金没有进行预扣预缴，从A国取得的工资薪金在A国已缴个税6万元，计算王先生在中国需补缴的个税。

(1) 王先生2020年度全部境内、境外综合所得应纳税所得额＝30＋20－6－7－2＝35(万元)

(2) 王先生2020年度全部境内、境外综合所得应纳税额＝35×25％－3.192＝5.558(万元)

股息红利应纳税额＝10×20％＝2(万元)

境内外所得应纳税额＝5.558＋2＝7.558(万元)

(3) 王先生A国综合所得抵免限额＝$5.558\times\frac{20}{20+30}$＝2.223 2(万元)

其他分类所得抵免限额=10×20%=2(万元)

A国合计抵免限额=2.223 2+2=4.223 2(万元)

(4) 王先生在A国实际缴纳个税7万元,大于抵免限额,按孰低原则,王先生2020年A国所得仅可抵免4.223 2万元。

(5) 王先生应在境内缴纳税款=5.558+2−4.223 2=3.334 8(万元)

六、个人公益捐赠的计算

应纳税额=(应纳税所得额−允许扣除的捐赠额)×适用税率−速算扣除数

例 10-10 2019年12月,王林为境内某企业提供咨询取得劳务报酬40 000元,通过境内非营利性社会团体将其中9 000元捐赠给贫困地区。计算王某上述所得应该预扣预缴的个人所得税。

(1) 捐赠允许扣除的限额=40 000×(1−20%)×30%=9 600(元)

实际捐赠9 000元低于允许扣除的限额9 600元,可以据实扣除。

(2) 应缴纳的个人所得税=[40 000×(1−20%)− 9 000]×30%−2 000=4 900(元)

任务四 个人所得税的纳税申报与缴纳

一、个人所得税的纳税办法

个人所得税的纳税办法有两种:一是纳税人自行申报;二是代扣代缴。

(一) 自行申报纳税

自行申报纳税,是指在税法规定的纳税期限内,由纳税人自行向税务机关申报取得的应税所得项目和数额,如实填写个人所得纳税申报表,并按税法规定计算应纳税额的一种纳税方法。

1. 取得综合所得需要办理汇算清缴的纳税申报

取得综合所得且符合下列情形之一的纳税人,应当依法办理汇算清缴:

(1) 从两处以上取得综合所得,且综合所得年收入额减除专项扣除后的余额超过6万元。

(2) 取得劳务报酬所得、稿酬所得、特许权使用费所得中一项或者多项所得,且综合所得年收入额减除专项扣除的余额超过6万元。

(3) 纳税年度内预缴税额低于应纳税额。

(4) 纳税人申请退税。

需要办理汇算清缴的纳税人,应当在取得所得的次年3月1日至6月30日内,向任职、受雇单位所在地主管税务机关办理纳税申报,并报送"个人所得税年度自行纳税申报表"。纳税人有两处以上任职、受雇单位的,选择向其中一处任职、受雇单位所在地主管税务机关办理纳税申报;纳税人没有任职、受雇单位的,向户籍所在地或经常居住地主管税务机关办理纳税申报。

2. 取得经营所得的纳税申报

纳税人取得经营所得,按年计算个人所得税,由纳税人在月度或季度终了后15日内,向经营管理所在地主管税务机关办理预缴纳税申报,并报送"个人所得税经营所得纳税申报表(A表)"。在取得所得的次年3月31日前,向经营管理所在地主管税务机关办理汇算清缴,并报送"个人所得税经营所得纳税申报表(B表)";从两处以上取得经营所得的,选择向其中一处经营管理所在地主管税务机关办理年度汇总申报,并报送"个人所得税经营所得纳税申报表(C表)"。

(二) 代扣代缴纳税

1. 全员全额扣缴申报

扣缴义务人应当依法办理全员全额扣缴申报。扣缴义务人,是指向个人支付所得的单位或者个人。全员全额扣缴申报,是指扣缴义务人应当在代扣税款的次月15日内,向主管税务机关报送其支付所得的所有个人的有关信息、支付所得数额、扣除事项和数额、扣缴税款的具体数额和总额以及其他相关涉税信息资料。

2. 代扣代缴的范围

实行个人所得税全员全额扣缴申报的应税所得包括以下方面:① 工资、薪金所得;② 劳务报酬所得;③ 稿酬所得;④ 特许权使用费所得;⑤ 利息、股息、红利所得;⑥ 财产租赁所得;⑦ 财产转让所得;⑧ 偶然所得。

(三) 纳税期限

(1) 居民个人取得综合所得,按年计算个人所得税;有扣缴义务人的,由扣缴义务人按月或者按次预扣预缴税款;需要办理汇算清缴的,应当在取得所得的次年3月1日至6月30日内办理汇算清缴。预扣预缴办法由国务院税务主管部门制定。

居民个人向扣缴义务人提供专项附加扣除信息的,扣缴义务人按月预扣预缴税款时应当按照规定予以扣除,不得拒绝。

(2) 非居民个人取得工资、薪金所得,劳务报酬所得,稿酬所得和特许权使用费所得,有扣缴义务人的,由扣缴义务人按月或者按次代扣代缴税款,不办理汇算清缴。

(3) 纳税人取得经营所得,按年计算个人所得税,由纳税人在月度或者季度终了后15日内向税务机关报送纳税申报表,并预缴税款;在取得所得的次年3月31日前办理汇算清缴。

(4) 纳税人取得利息、股息、红利所得,财产租赁所得,财产转让所得和偶然所得,按月或者按次计算个人所得税,有扣缴义务人的,由扣缴义务人按月或者按次代扣代缴税款。

(5) 扣缴义务人每月或者每次预扣、代扣的税款,应当在次月 15 日内缴入国库,并向税务机关报送扣缴个人所得税申报表。

(6) 特殊情形:

纳税人取得应税所得没有扣缴义务人的,应当在取得所得的次月 15 日内向税务机关报送纳税申报表,并缴纳税款。

纳税人取得应税所得,扣缴义务人未扣缴税款的,纳税人应当在取得所得的次年 6 月 30 日前,缴纳税款;税务机关通知限期缴纳的,纳税人应当按照期限缴纳税款。

居民个人从中国境外取得所得的,应当在取得所得的次年 3 月 1 日至 6 月 30 日内申报纳税。

非居民个人在中国境内从两处以上取得工资、薪金所得的,应当在取得所得的次月 15 日内申报纳税。

纳税人因移居境外注销中国户籍的,应当在注销中国户籍前办理税款清算。

(四) 纳税地点

需要办理汇算清缴的纳税人,应当向任职、受雇单位所在地主管税务机关办理纳税申报,纳税人有两处以上任职、受雇单位的,选择向其中一处任职、受雇单位所在地主管税务机关办理纳税申报;纳税人没有任职、受雇单位的,向户籍所在地或经常居住地主管税务机关办理纳税申报。

纳税人取得经营所得,按年计算个人所得税,由纳税人在月度或季度终了后 15 日内,向经营管理所在地主管税务机关办理预缴纳税申报。在取得所得的次年 3 月 31 日前,向经营管理所在地主管税务机关办理汇算清缴;从两处以上取得经营所得的,选择向其中一处经营管理所在地主管税务机关办理年度汇总申报。

纳税人取得利息、股息、红利所得,财产租赁所得,财产转让所得和偶然所得的,应当在取得所得的次年 6 月 30 日前,按相关规定向主管税务机关办理纳税申报。

二、个人所得税纳税申报操作流程

根据《中华人民共和国个人所得税法》及其实施条例等相关税收法律法规规定,为保障综合与分类相结合的个人所得税制顺利实施,自 2019 年 1 月 1 日起施行修订后的个人所得税有关申报表。为保障个人所得税综合所得汇算清缴顺利实施,2019 年 12 月 31 日,国家税务总局修订了个人所得税申报表及其填表说明包括:① 个人所得税基础信息表(A 表)(B 表)(见表 10.6);② 个人所得税扣缴申报表;③ 个人所得税自行纳税申报表(A 表);④ 个人所得税年度自行纳税申报表(A 表)(见表 10.7)(简易版)(问答版)(B 表);⑤ 个人所得税经营所得纳税申报表(A 表)(见表 10.8)(B 表)(C 表);⑥ 合伙制创业投资企业单一投资基金核算方式备案表;⑦ 单一投资基金核算的合伙制创业投资企业个人所得税扣缴申报表;⑧ 代扣代缴手续费申请表。

表 10.6 个人所得税基础信息表(A 表)

(适用于扣缴义务人填报)

扣缴义务人名称:

扣缴义务人纳税人识别号(统一社会信用代码):□□□□□□□□□□□□□□□□□□

序号	纳税人基本信息(带 * 必填)						任职受雇从业信息					联系方式					银行账户		投资信息		其他信息		华侨、港澳台、外籍个人信息(带 * 必填)					备 注
	纳税人识别号	* 纳税人姓名	* 身份证件类型	* 身份证件号码	* 出生日期	* 国籍/地区	类型	职务	学历	任职受雇从业日期	离职日期	手机号码	户籍所在地	经常居住地	联系地址	电子邮箱	开户银行	银行账号	投资额(元)	投资比例	是否残疾/孤老/烈属	残疾/烈属证号	* 出生地	* 性别	* 首次入境时间	* 预计离境时间	* 涉税事由	
1	2	3	4	5	6	7	8	9	10	11	12	13	14	15	16	17	18	19	20	21	22	23	24	25	26	27	28	29

谨声明:本表是根据国家税收法律法规及相关规定填报的,是真实的、可靠的、完整的

扣缴义务人(签章): 年 月 日

经办人签字: 经办人身份证件号码: 代理机构签章: 代理机构统一社会信用代码:	受理人: 受理税务机关(章): 受理日期: 年 月 日

国家税务总局监制

表 10.7 个人所得税年度自行纳税申报表(A 表)

(仅取得境内综合所得年度汇算适用)

税款所属期:　　年　月　日至　　年　月　日

纳税人姓名:

纳税人识别号:□□□□□□□□□□□□□□□□□□□□-□□

金额单位:元(列至角分)

基本情况					
手机号码		电子邮箱		邮政编码	□□□□□□
联系地址	____省(区、市)____市____区(县)____街道(乡、镇)____				
纳税地点(单选)					
1. 有任职受雇单位的,需选本项并填写“任职受雇单位信息”				□任职受雇单位所在地	
任职受雇单位信息	名称				
	纳税人识别号	□□□□□□□□□□□□□□□□□□□□			
2. 没有任职受雇单位的,可以从本栏次选择一地				□ 户籍所在地	□经常居住地
户籍所在地/经常居住地	____省(区、市)____市____区(县)____街道(乡、镇)____				
申报类型(单选)					
□ 首次申报			□更正申报		

综合所得个人所得税计算		
项目	行次	金额
一、收入合计(第 1 行=第 2 行+第 3 行+第 4 行+第 5 行)	1	
(一) 工资、薪金	2	
(二) 劳务报酬	3	
(三) 稿酬	4	
(四) 特许权使用费	5	
二、费用合计[第 6 行=(第 3 行+第 4 行+第 5 行)×20%]	6	
三、免税收入合计(第 7 行=第 8 行+第 9 行)	7	
(一) 稿酬所得免税部分[第 8 行=第 4 行×(1-20%)×30%]	8	
(二) 其他免税收入(附报《个人所得税减免税事项报告表》)	9	
四、减除费用 10		
五、专项扣除合计(第 11 行=第 12 行+第 13 行+第 14 行+第 15 行)	11	
(一) 基本养老保险费	12	
(二) 基本医疗保险费	13	
(三) 失业保险费	14	
(四) 住房公积金	15	
六、专项附加扣除合计(附报《个人所得税专项附加扣除信息表》)(第 16 行=第 17 行+第 18 行+第 19 行+第 20 行+第 21 行+第 22 行)	16	
(一) 子女教育	17	
(二) 继续教育	18	
(三) 大病医疗	19	
(四) 住房贷款利息	20	
(五) 住房租金	21	
(六) 赡养老人	22	
七、其他扣除合计(第 23 行=第 24 行+第 25 行+第 26 行+第 27 行+第 28 行)	23	
(一) 年金	24	
(二) 商业健康保险(附报《商业健康保险税前扣除情况明细表》)	25	

续　表

<table>
<tr><th>项目</th><th>行次</th><th>金额</th></tr>
<tr><td>（三）税延养老保险(附报《个人税收递延型商业养老保险税前扣除情况明细表》)</td><td>26</td><td></td></tr>
<tr><td>（四）允许扣除的税费</td><td>27</td><td></td></tr>
<tr><td>（五）其他</td><td>28</td><td></td></tr>
<tr><td>八、准予扣除的捐赠额(附报《个人所得税公益慈善事业捐赠扣除明细表》)</td><td>29</td><td></td></tr>
<tr><td>九、应纳税所得额
(第30行=第1行-第6行-第7行-第10行-第11行-第16行-第23行-第29行)</td><td>30</td><td></td></tr>
<tr><td>十、税率(%)</td><td>31</td><td></td></tr>
<tr><td>十一、速算扣除数</td><td>32</td><td></td></tr>
<tr><td>十二、应纳税额(第33行=第30行×第31行-第32行)</td><td>33</td><td></td></tr>
<tr><td colspan="3">全年一次性奖金个人所得税计算
(无住所居民个人预判为非居民个人取得的数月奖金,选择按全年一次性奖金计税的填写本部分)</td></tr>
<tr><td>一、全年一次性奖金收入</td><td>34</td><td></td></tr>
<tr><td>二、准予扣除的捐赠额(附报《个人所得税公益慈善事业捐赠扣除明细表》)</td><td>35</td><td></td></tr>
<tr><td>三、税率(%)</td><td>36</td><td></td></tr>
<tr><td>四、速算扣除数</td><td>37</td><td></td></tr>
<tr><td>五、应纳税额[第38行=(第34行-第35行)×第36行-第37行]</td><td>38</td><td></td></tr>
<tr><td colspan="3">税额调整</td></tr>
<tr><td>一、综合所得收入调整额(需在“备注”栏说明调整具体原因、计算方式等)</td><td>39</td><td></td></tr>
<tr><td>二、应纳税额调整额</td><td>40</td><td></td></tr>
<tr><td colspan="3">应补/退个人所得税计算</td></tr>
<tr><td>一、应纳税额合计(第41行=第33行+第38行+第40行)</td><td>41</td><td></td></tr>
<tr><td>二、减免税额(附报《个人所得税减免税事项报告表》)</td><td>42</td><td></td></tr>
<tr><td>三、已缴税额</td><td>43</td><td></td></tr>
<tr><td>四、应补/退税额(第44行=第41行-第42行-第43行)</td><td>44</td><td></td></tr>
<tr><td colspan="3">无住所个人附报信息</td></tr>
<tr><td colspan="3">纳税年度内在中国境内居住天数 ____ 已在中国境内居住年数 ____</td></tr>
<tr><td colspan="3">退税申请
(应补/退税额小于0的填写本部分)</td></tr>
<tr><td colspan="2">□ 申请退税(需填写“开户银行名称”“开户银行省份”“银行账号”)</td><td>□ 放弃退税</td></tr>
<tr><td colspan="3">开户银行名称 ____ 开户银行省份 ____</td></tr>
<tr><td colspan="3">银行账号 ____</td></tr>
<tr><td colspan="3">备注</td></tr>
<tr><td colspan="3"></td></tr>
<tr><td colspan="3">谨声明:本表是根据国家税收法律法规及相关规定填报的,本人对填报内容(附带资料)的真实性、可靠性、完整性负责
纳税人签字:　　年　月　日</td></tr>
<tr><td>经办人签字:
经办人身份证件类型:
经办人身份证件号码:
代理机构签章:
代理机构统一社会信用代码:</td><td colspan="2">受理人:
受理税务机关(章):
受理日期:　　年　月　日</td></tr>
</table>

国家税务总局监制

表 10.8　个人所得税经营所得纳税申报表(A 表)

税款所属期：　　　年　　月　　日至　　　年　　月　　日
纳税人姓名：
纳税人识别号：□□□□□□□□□□□□□□□□□□
金额单位：元(列至角分)

被投资单位信息		
名称		
纳税人识别号(统一社会信用代码)	□□□□□□□□□□□□□□□□□□	
征收方式(单选)		
□查账征收(据实预缴)　□查账征收(按上年应纳税所得额预缴)　□核定应税所得率征收　□核定应纳税所得额征收　□税务机关认可的其他方式________		
个人所得税计算		
项目	行次	金额/比例
一、收入总额	1	
二、成本费用	2	
三、利润总额(第 3 行=第 1 行-第 2 行)	3	
四、弥补以前年度亏损	4	
五、应税所得率(%)	5	
六、合伙企业个人合伙人分配比例(%)	6	
七、允许扣除的个人费用及其他扣除(第 7 行=第 8 行+第 9 行+第 14 行)	7	
(一) 投资者减除费用	8	
(二) 专项扣除(第 9 行=第 10 行+第 11 行+第 12 行+第 13 行)	9	
1. 基本养老保险费	10	
2. 基本医疗保险费	11	
3. 失业保险费	12	
4. 住房公积金	13	
(三) 依法确定的其他扣除(第 14 行=第 15 行+第 16 行+第 17 行)	14	
1.	15	
2.	16	
3.	17	
八、准予扣除的捐赠额(附报《个人所得税公益慈善事业捐赠扣除明细表》)	18	
九、应纳税所得额	19	
十、税率(%)	20	
十一、速算扣除数	21	
十二、应纳税额(第 22 行=第 19 行×第 20 行-第 21 行)	22	
十三、减免税额(附报《个人所得税减免税事项报告表》)	23	
十四、已缴税额	24	
十五、应补/退税额(第 25 行=第 22 行-第 23 行-第 24 行)	25	
备注		
谨声明：本表是根据国家税收法律法规及相关规定填报的，本人对填报内容(附带资料)的真实性、可靠性、完整性负责 纳税人签字：　　　年　　月　　日		
经办人签字： 经办人身份证件类型： 经办人身份证件号码： 代理机构签章： 代理机构统一社会信用代码：	受理人： 受理税务机关(章)： 受理日期：　　　年　　月　　日	

国家税务总局监制

任务五　个人所得税的会计处理

个人所得税就其实质来说不是企业的纳税业务，但根据《中华人民共和国个人所得税法》的规定，除少数情况（如个体工商户的生产经营所得由个人自行申报缴纳）外，大部分个人所得税以支付个人应税所得的单位为扣缴义务人。扣缴义务人在向个人支付应税所得时应按规定代扣代缴个人所得税，进行相应的会计处理，正确记录和反映个人所得税的扣缴事项。对自行进行个人所得税纳税申报的纳税人，如果是自然人个人，则属于个人行为，不需要进行会计处理；如果是账册健全的个体工商户，则应做相应的会计处理。

因此，个人所得税的会计处理分为两种类型：一是个体工商户生产经营所得个人所得税的会计处理；二是扣缴义务人代扣代缴个人所得税的会计处理。

个人所得税的会计核算，在"应交税费"账户下设置"应交个人所得税"明细账户。该账户贷方登记企业应当代扣的个人所得税，借方登记企业代缴的个人所得税，期末余额在贷方，表示企业应缴未缴的个人所得税。

一、个体工商户生产经营所得缴纳个人所得税的会计处理

个体工商户生产经营所得应缴纳的个人所得税，应按年计算，分月预缴，年度终了后汇算清缴。企业按月预缴个人所得税时，借记"应交税费——应交个人所得税"科目，贷记"库存现金"等科目；年度终了，计算出全年实际应缴的个人所得税，借记"留存利润"科目，贷记"应交税费——应交个人所得税"科目。

补缴个人所得税时，记入"应交个人所得税"明细账户的借方；收到退回的多缴的个人所得税时，记入"应交个人所得税"明细账户的贷方，如果多缴的所得税不退回，而是用来抵顶以后期间的个人所得税，多缴的个人所得税金额就作为下一年度的预缴个人所得税金额。

例 10－11　东方个体工商户经过主管税务机关核定，按照上年度实际应缴个人所得税金额，确定本年各月的预缴个人所得税金额。上年的应缴个人所得税金额为 60 000 元，本年全年经营收入 600 000 元，发生生产经营成本、费用总额为 400 000 元。计算其应缴纳的个人所得税税额，并编制相应的会计分录。

(1) 本年各月的个人所得税预缴金额＝60 000÷12＝5 000(元)

借：应交税费——应交个人所得税　　5 000

　　贷：库存现金　　5 000

(2) 本年度生产经营活动应纳的个人所得税＝(600 000－400 000)×35%－14 750＝55 250(元)

借：留存利润　　55 250

　　贷：应交税费——应交个人所得税　　55 250

(3) 全年1—12月已预缴个人所得税60 000元，实际应缴纳55 250元，应交金额比预缴的金额少4 750元，由主管税务机关按规定退回。企业收到退税时，会计分录如下：

借：银行存款　　4 750

　贷：应交税费——应交个人所得税　　4 750

如果企业将多缴的4 750元抵顶下年的个人所得税，只需将该余额转入下一年度即可。

二、扣缴义务人代扣代缴个人所得税的会计处理

(一) 工资、薪金个人所得税的会计处理

工资、薪金所得应缴的个人所得税，由支付工资、薪金所得的单位代扣代缴。代扣代缴的个人所得税，应通过"应交税费——应交个人所得税"账户核算；同时涉及应付职工薪酬的会计处理，"应付职工薪酬"会计科目的运用应符合企业会计准则的规定。

例 10-12　兴大公司2019年11月发放职工工资50万元，其中生产工人工资30万元，管理人员工资10万元，销售人员工资10万元。计算出应由职工个人承担的个人所得税为3万元。编制相应的会计分录。

(1) 月末计算分配工资时：

借：生产成本　　300 000

　管理费用　　100 000

　销售费用　　100 000

　贷：应付职工薪酬——工资　　500 000

(2) 用银行存款支付工资时：

借：应付职工薪酬——工资　　500 000

　贷：应交税费——应交个人所得税　　30 000

　　银行存款　　470 000

(3) 实际缴纳个人所得税时：

借：应交税费——应交个人所得税　　30 000

　贷：银行存款　　30 000

(二) 承包、承租经营所得应缴个人所得税的会计处理

承包、承租经营有两种情况，个人所得税也有两种处理方式。

(1) 承包、承租人对企业经营成果不拥有所有权，仅是按合同(协议)规定取得一定所得的，其所得按工资、薪金所得项目征税，适用3%～45%的超额累进税率。这种情况下，承包、承租人取得所得的性质与工资、薪金类似，企业的会计处理方式与工资薪金所得扣缴所得税的会计处理相同。

(2) 承包、承租人按合同(协议)规定只向发包、出租方缴纳一定费用后，企业经营成

果归其所有的，承包、承租人的所得，按对企事业单位的承包、承租经营所得项目征税，适用5%～35%的超额累进税率。这种情况下，由承包、承租人自行申报缴纳个人所得税，而发包、出租方不做扣缴所得税的会计处理。

（三）劳务报酬、稿酬、特许权使用费、会计租赁、财产转让所得的个人所得税的会计处理

劳务报酬、稿酬、特许权使用费、财产租赁、财产转让所得的个人所得税的会计处理基本相同，一般由支付单位作为扣缴义务人向纳税人扣缴税款，并记入该企业的有关期间费用账户。企业在支付上述费用时，借记“管理费用”“生产成本”“销售费用”等科目，贷记“应交税费——应交个人所得税”科目；实际上缴代扣代缴的个人所得税时，借记“应交税费——应交个人所得税”科目，贷记“银行存款”科目。

例 10-13　兴兴公司邀请一位艺术家为其进行广告设计，支付其设计劳务报酬10 000元。计算应由公司代扣代缴的个人所得税，并编制相应的会计分录。

(1) 企业应代扣代缴的个人所得税＝10 000×(1－20%)×20%＝1 600(元)

(2) 企业支付该劳务报酬时：

借：管理费用　　1 600
　　贷：应交税费——应交个人所得税　　1 600
　　　　库存现金　　8 400

(3) 实际上缴代扣代缴的个人所得税时：

借：应交税费——应交个人所得税　　1 600
　　贷：银行存款　　1 600

例 10-14　李力教授在海潮出版社出版一部专著，出版社支付其稿酬50 000元。计算该出版社应代扣代缴的个人所得税，并编制相应的会计分录。

(1) 出版社应代扣代缴的个人所得税＝50 000×(1－20%)×20%×70%＝5 600(元)

(2) 支付稿酬时：

借：生产成本　　50 000
　　贷：应交税费——应交个人所得税　　5 600
　　　　银行存款　　44 400

(3) 实际上缴代扣代缴的个人所得税时：

借：应交税费——应交个人所得税　　5 600
　　贷：银行存款　　5 600

例 10-15　长城公司向某专家购买了一项专利技术使用权，支付特许权使用费100 000元。计算该企业应代扣代缴的个人所得税，并编制相应的会计分录。

(1) 长城企业应代扣代缴的个人所得税＝100 000×(1－20%)×20%＝16 000(元)

（2）支付特许权使用费时：

借：管理费用　　100 000

　　贷：应交税费——应交个人所得税　　16 000

　　　　银行存款　　84 000

（3）实际上缴代扣代缴的个人所得税时：

借：应交税费——应交个人所得税　　16 000

　　贷：银行存款　　16 000

项目小结

个人所得税是国家以个人（自然人）取得的各项应税所得为征税对象所征收的一种所得税，体现了国家与个人之间的分配关系。

根据住所和居住时间两个标准，个人所得税的纳税人可以分为居民纳税人和非居民纳税人两类。居民纳税人负无限纳税义务，其所取得的应税所得，无论是来源于中国境内还是来源于中国境外，都要缴纳个人所得税。非居民纳税人承担有限纳税义务，仅就其来源于中国境内的所得缴纳个人所得税。

我国现行的个人所得税采用分类所得税制，将个人取得的各种应税所得划分为11项：① 工资、薪金所得。② 个体工商户的生产、经营所得。③ 对企事业单位的承包经营、承租经营所得。④ 劳务报酬所得。⑤ 稿酬所得。⑥ 特许权使用费所得。⑦ 利息、股息、红利所得。⑧ 财产租赁所得。⑨ 财产转让所得。⑩ 偶然所得。⑪ 经国务院财政部门确定征税的其他所得。

个人所得税税率分为超额累进税率和比例税率。现行个人所得税法采用分项定率办法，对不同的应税所得项目，分别规定了其适用的超额累进税率和比例税率。

个人所得税应纳税额，按应纳税所得额和相应的税率计算。

纳税人在中国境外的所得，准予其在应纳税额中扣除已在境外缴纳的个人所得税税额，但扣除额不得超过该纳税人境外所得依照我国税法规定计算的应纳税额。

个人所得税的纳税办法，有自行申报纳税和代扣代缴两种。